FRANK ESCHE

THÜRINGER MORD-PITAVAL

(1915–1960)

Erschreckliche Mord- und Übeltaten
aus alten Thüringer Kriminalakten

BAND 3

KIRCHSCHLAGER

INHALT

»MISSETHÄTER, VERBRECHER *... derjenige der sich eines straffbaren Verbrechens schuldig gemacht. Wenn das Verbrechen schwer, und die Todes Straffe nach sich ziehet, wird er alsobald, auch wenn nur ein starcker Verdacht und glaubliche Anzeigen wider ihn vorhanden, eingezogen ...«*

(Aus: Dr. Johann Heinrich Zedlers Grosses vollständiges Universal-Lexicon aller Wissenschafften und Künste, Band 21, Leipzig und Halle 1739)

ZUM AUTOR

Frank Esche

Frank Esche wurde 1953 in Jena geboren. Nach dem Abitur studierte er Archivwesen in Potsdam und war viele Jahre im Landesarchiv Thüringen – Staatsarchiv Rudolstadt tätig.

Neben zahlreichen regionalgeschichtlichen Beiträgen publizierte Esche das 1992 erschienene Buch *Auf dem Karzer lebt sich's frei – Studentengeschichten aus dem alten Jena* (zusammen mit Rüdiger Glaw). 1999 erschien sein Werk *Das Thüringer Anekdotenbuch* im Hain-Verlag Rudolstadt & Jena. Die Publikation erfuhr 2006 im quartus-Verlag Bucha bei Jena eine erweiterte Nachauflage.

Im Verlag Kirchschlager erschienen seine Bücher *Thüringer Hochzeitsbüchlein – Erotische, amüsante und kuriose Geschichten über Liebe, Heirat, Ehefreud'* (2008), *Thüringer Mörderinnen 1859–1938 – Frauenschicksale zwischen Liebe und Schafott* (zusammen mit Wolfgang Krüger, 2009) und 2016 *Thüringer Mord-Pitaval (1766–1938) – Erschreckliche Mord- und Übeltaten aus alten Thüringer Kriminalakten (Band 1)*. Der 2. Band *Thüringer Mord-Pitaval (1606–1968)* folgte im Jahr 2017. Zu dem bei Kirchschlager 2020 erschienenen Werk *Blutspur durch Thüringen – Berichte/Bilder/Dokumente (1884–2020)* hat der

Rudolstädter Archivar drei Fälle aus alten Kriminalakten beigetragen.

Frank Esche ist Mitautor der Werke *Die Fürsten von Schwarzburg-Rudolstadt* (1997) und *Die Grafen von Schwarzburg-Rudolstadt* (2000). Aus seiner Feder stammen überdies die Textbücher für Sonderführungen mit einem Pagen durch die Festräume der Heidecksburg in Rudolstadt (*Ein Page redet sich um Kopf und Kragen*, 2002), mit einer Zofe durch die Wohnräume des Schlosses (*Lust und Frust am Fürstenhof*, 2003), durch die Thüringer Bauernhäuser in Rudolstadt mit einem Buckelapotheker (*Gauner, Grausen und Gespenster*, 2004), mit Georg Heinrich Macheleid (dem Erfinder des thüringischen Porzellans) in der Aeltesten Volkstedter Porzellanmanufaktur (*Weißes Gold und schwarze Seelen*, 2007), mit dem Zimmermädchen Sofie zur Sondershäuser Musikgeschichte (*Sofies musikalische Anekdoten*, 2009) und eine Kostümführung um das Schloß Sondershausen (*Liebe und Skandale am Sondershäuser Fürstenhof*, 2012).

E-Mail: FEsche@web.de
Homepage: http://schriftsteller-frank-esche.jimdo.com/

VORWORT

Für den nunmehr dritten *Thüringer Mord-Pitaval* werte-te der Verfasser zahlreiche Akten des Landesarchivs Thüringen und einiger Stadtarchive aus. Er wählte 20 besonders spektakuläre Mordfälle vornehmlich aus der Zeit zwischen den beiden Weltkriegen aus, die von Zeitgenossen nicht selten als sensationelle Ereignisse wahrgenommen und in den Gerichtssälen mit Spannung verfolgt wurden. Die Hauptverhandlungen zu den Schwerstverbrechen gerieten oft über die Grenzen Thüringens hinaus zu bedeutenden Medienereignissen, die die Gemüter der Prozeßbeobachter erregten.

Beim Lesen der Dokumente über an Grausamkeit kaum zu überbietenden Mordtaten erging es dem Verfasser wie vielen Menschen, die damals in Scharen die öffentlichen Gerichtsverhandlungen besuchten und denen bei Schilderungen der Verbrechen, manchmal sogar direkt aus dem Mund des Mörders, ein Schauder über den Rücken lief. Meistens mußte die Wahrheit mühselig ermittelt werden. Das Geständnis war dabei aber immer die »Königin der Beweismittel«, wie in einem ZDF-Beitrag über die Kriminalgeschichte in den 20er Jahren des 20. Jahrhunderts so treffend gesagt wurde.

Waren es tatsächlich die »Goldenen Zwanziger« oder gab es eine Kehrseite der Medaille? In dieser Zeit häuften sich Kapitalverbrechen.

Im dritten Band des *Thüringer Mord-Pitavals* werden Verbrechen in einer äußerst widersprüchlichen Zeit deutscher Geschichte nicht nur beschrieben, sondern es wird auch den gesellschaftlichen Ursachen, der Psyche sowie den Motiven der Täter nachgegangen und gleichwohl den bedauerlichen Opfern eine Stimme gegeben.

Viele Menschen hatten das Grauen des Ersten Weltkrieges erlebt, ihre Gesundheit verloren. Soldaten kamen versehrt von den Schlachtfeldern zurück, wo es für Empathie kaum Platz gab, ja Töten wurde zur Überlebensstrategie des Soldaten im Schützengraben. Die Umstände des täglichen Abschlachtens hinterließen auch bei Thüringern tiefe seelische Spuren. Sie hatten Angehörige verloren, waren traumatisiert und verinnerlichten ein gefährliches Verständnis von Gewalt. Vornehmlich durch Massenarbeitslosigkeit nahmen soziale Unterschiede exorbitant zu. Während viele vor allem in der Nachkriegszeit und in Zeiten der Weltwirtschaftskrise nur dank Suppenküchen für Arme nicht verhungerten und täglich im ständigen Überlebenskampf standen, lebten Vermögende oft in »Saus und Braus«, ließen zum Beispiel die prüden Moralvorstellungen der »Wilhelminischen Kaiserzeit« fallen und feierten ausschweifend. Nach Jahren der Kriegsschrecken und Entbehrungen wollten viele Menschen nun das Leben in vollen Zügen auskosten, auch jene, die nun glaubten, durch Verbrechen an diesem neuen glamourösen Leben teilhaben zu können. In dieser Zeit der tiefgreifenden gesellschaftlichen Umbrüche und Kontraste stieg nicht nur die Zahl der Raubmorde.

In diesem reich bebilderten Band werden zudem Beziehungstaten geschildert, wie der perfide Doppelmord in Rabis, der Revierförstertotschlag auf dem Rathsfeld, eine Strangulation wegen vorgetäuschter Schwangerschaft und ein Mord zur Befriedigung der Geschlechtslust. Auch erfährt die Leserschaft von einem Justizirrtum, der sich zu einem Justizmord entwickelte, einem Richter, der selbst zum Massenmörder wurde, einem hohen Kriminalbeamten, der eine Frau erhängte, und von einer im Wahn mordenden Frau.

In der Zeit der Weimarer Republik wurden zahlreiche Mörder für ihre Verbrechen zum Tode verurteilt und danach zu lebenslänglicher Zuchthaushaft begnadigt, die den Tätern die Option offenhielt, irgendwann wieder das Licht der Freiheit zu erblicken.

Deren weiteres Schicksal ist der Öffentlichkeit meist im Verborgenen geblieben. Auch gab es dazu oft keinen Hinweis in den Gerichtsakten der thüringischen Archive. Durch umfassende Recherchen in verschiedenen Institutionen Deutschlands und des Arolsen Archives, International Center on Nazi Persecution, konnte der Verfasser deren Todesumstände oder weiteres Schicksal, zum Beispiel im Fall des zweifachen Mörders Albert Kellner nach 100 Jahren Ungewißheit, ermitteln.

Für wertvolle Hinweise, sachkundige Begleitung bzw. Unterstützung bei der Bearbeitung der Kriminalfälle dankt der Verfasser ganz besonders dem Verleger Michael Kirchschlager, Kriminalrat a. D. Hans Thiers aus Gera, Wolfgang Krüger aus Celle, Christel Gäbler (Leiterin des Stadtarchivs Gera), Manja Rabenau (Leiterin des Stadtarchivs Rudolstadt), Dr. Ulrich Hahnemann (Leiter des Stadtarchivs Bad Frankenhausen), Heimatforscherin Frau Christine Biedermann aus Rabis, den Mitarbeiterinnen und Mitarbeitern der Staatsarchive des Landesarchivs Thüringen, insbesondere Kathrin Ewald, Grit Kurth und Katharina Witter, den Archivarinnen und Archivaren des Arolsen Archives, International Center on Nazi Persecution sowie des Archivs der Gedenkstätten Buchenwald und Mittelbau-Dora.

Frank Esche

Im Interesse des Schutzes der Persönlichkeitsrechte der Opfer, Zeugen und Täter wurden bei den Kriminalfällen aus der Zeit nach 1945 Namen von Beteiligten verfremdet, sofern sie nicht in Zeitungen oder anderen Publikationen veröffentlicht wurden.

DER WÜRGER VON SCHMIEDEHAUSEN

SACHSEN-MEININGEN (1915–1919)

Er erinnert in allen seinen Handlungen
in geradezu überraschender Weise
an jenen sagenhaften Ritter, der von Ort zu Ort
zog und um des blinkenden Goldes willen
die ihm ins Garn gegangenen
Frauen und Mädchen ums Leben brachte.

Am 22. Mai 1919, im vollbesetzten Sitzungssaal des Rudolstädter Landgerichts, fragten sich in Anspielung auf »Das Märchen vom Ritter Blaubart« nicht wenige Prozeßbeobachter, als der Delinquent von zwei Polizisten begleitet in Handschellen vorgeführt wurde: Das soll wirklich ein Blaubart sein? Nicht zu fassen, denn äußerlich war dieser schlanke, blondhaarige Mann, der 25jährige Landwirt Kurt Lippach aus Schmiedehausen* in Sachsen-Meiningen, durchaus eine sympathisch wirkende Person. Auch der mitangeklagte Versicherungsangestellte Otto Tischler aus Apolda wirkte mit seinem »flott gedrehten Schnurrbart« so gar nicht gefährlich. Wie schon Tage vor Beginn der Verhandlung der interessierten Öffentlichkeit mitgeteilt wurde, klagte die Staatsanwaltschaft Rudolstadt ersteren des zweifachen Mordes und der Verleitung zum Meineid und den Versicherungsinspektor der Anstiftung zum Mord an.

* Schmiedehausen gehörte damals zum sachsen-meiningischen Verwaltungsamt Camburg.

Den Vorsitz im Gerichtshof führte der Landgerichtsrat Geheimer Justizrat Dr. Bleichrodt, als Beisitzer fungierten der Landgerichtsrat Schaller aus Sachsen-Weimar und der Rudolstädter Landgerichtsrat Liebmann. Als Vertreter der Anklage hatte Dr. Bernhardt Platz genommen und die Verteidigung der Angeklagten übernahmen die Rudolstädter Rechtsanwälte Dr. Paul Fambach und Kurt Lairitz.

Dem am 24. März 1893 geborenen Kurt Lippach aus Schmiedehausen bei Camburg warf die Staatsanwaltschaft vor, seine beiden Ehefrauen erwürgt zu haben. Der Landwirt hatte das Leben seiner ersten Gattin mit 20.000 Mark und das seiner zweiten mit 50.000 Mark versichert. Der Versicherungsinspektor Otto Tischler aus Apolda, er war Gläubiger des 26jährigen Landwirts, hatte sich wegen Anstiftung zum Mord zu verantworten, wovon die Staatsanwaltschaft im Ergebnis der Voruntersuchung überzeugt war.

In seiner Vernehmung gab der im Ersten Weltkrieg gediente und im Dezember 1918 aus dem Militärdienst entlassene Soldat Lippach zu, daß er frühzeitig in schlechte Gesellschaft geraten sei, die ihm zum Schuldenmachen verleitet habe. Zu großen Geldausgaben und hoher Verschuldung hätten ihn vornehmlich der Mitangeklagte Tischler und Fleischermeister Dietzsch aus Apolda animiert. Weil permanent über seine Verhältnisse lebend, sei er gezwungen gewesen, immer neue Hypotheken auf die kleine Schmiedehausener Landwirtschaft seines Vaters, der im Prozeß als ein gutmütiger, schwächlicher Mensch geschildert wurde, zu nehmen. Der Gerichtsreporter der *Rudolstädter Zeitung* berichtete darüber, daß der Vater *»seinem Sohn freie Hand ließ, so daß dieser ziemlich selbständig auflebte«*.

Nachdem Kurt Lippach Ende 1914 seine erste Frau in Ohrdruf* geheiratet hatte, stellte er bald mit Entsetzen fest, daß die ihm in Aussicht gestellte Mitgift nicht gezahlt wurde. In seiner immer prekärer werdenden Situation habe sich Lippach an Otto Tischler gewandt, der ihm geraten habe, eine hohe Versicherung auf das Leben seiner Gattin aufzunehmen. Diese Aussage bewog den Vorsitzenden Dr. Bleichrodt zu der Frage:

»Was waren nun Ihre Pläne, als Sie die Versicherung aufnahmen?«

Angeklagter: *»Ich wollte damit meine Schuldenlast vermindern und mit den 20.000 Mark Hypotheken ablösen.«*

Vorsitzender: *»Da mußte doch aber Ihre Frau erst tot sein.«*

Angeklagter: *»Ja.«*

Vorsitzender: *»Wie lebten Sie denn mit Ihrer Frau?«*

Angeklagter: *»Im Allgemeinen gut, aber wir hatten öfter Auseinandersetzungen wegen der Mitgift und ich stand unter dem Druck der Verhältnisse.«*

Vorsitzender: *»Wie kam es nun im Jahr 1915 zu dem Tod Ihrer Frau?«*

Angeklagter: *»Wir luden eines Tages in der Scheune Strohseile auf. Dabei hielt mir meine Frau vor, daß ich so oft nach Camburg hineinginge. Ich erwiderte, daß ich es nicht brauchte, wenn ihr Vater sein Wort gehalten und meine Schulden bezahlt hätte. Aus dem Wortwechsel wurde eine ›Schupperei‹ und dabei faßte ich sie an die Kehle und drückte sie tot.«*

Vorsitzender: *»Früher haben Sie angegeben, die Frau wäre mit einer Sense auf Sie zugekommen, dann haben Sie wieder gesagt, es hätte nur so ausgesehen, aber Sie hätten*

* Ohrdruf ist eine Kleinstadt im heutigen thüringischen Landkreis Gotha.

Angst gehabt. Geben Sie doch der Wahrheit die Ehre. Sie hatten doch längst die Absicht, sie zu töten, haben angeblich von Tischler sogar vorher die Anregung erhalten, ihr Gift beizubringen und warteten also nur auf die Gelegenheit, sie umzubringen. Es wird also wohl so sein, daß Sie den Streit suchten, die Frau dann hinwarfen und ihr so kräftig den Hals zudrückten, daß ihr das Zungenbein zerbrach. Dafür spricht auch ihr späteres Verhalten. Sie sind sofort mit kaltem Blut daran gegangen, sich ein einwandfreies Alibi zu verschaffen und mit einer für Ihr jugendliches Alter geradezu erstaunlichen Kaltblütigkeit bemüht gewesen, die Sache erfolgreich zu vertuschen, so daß auch wirklich niemand Verdacht schöpfte. Die Leiche wurde anstandslos beerdigt, die Versicherung glatt ausgezahlt, und wenn Sie nicht wie ein alter, gewiefter Verbrecher die gleiche Tat später noch einmal verübt und das Verhängnis Sie ereilt hätte, wäre niemals etwas herausgekommen. Geben Sie doch zu, daß die Geschichte mit der Sense und Ihrer angeblichen Erregung nicht richtig ist.«

Der Angeklagte schwieg. Darauf hielt ihm der Vorsitzende vor, er habe schon in der Voruntersuchung den Mitangeklagten Otto Tischler schwer belastet, und ersucht ihn, die reine Wahrheit zu sagen. Darauf bekräftigte Lippach seine Aussage, die er in der Voruntersuchung abgegeben hatte, der Versicherungsinspektor habe ihm anfangs zur Verwendung von Gift geraten, um seine Frau unauffällig aus dem Weg zu räumen und dann die Versicherungssumme zu kassieren. Auch habe er ihm ein Päckchen mit weißem Pulver gegeben, aber eine Gelegenheit, es seiner Frau zu verabreichen, ergab sich nicht. Otto Tischler habe des weiteren seine Provision beim Abschluß der Versicherung bzw. Abgabe eines Wechsels mit der Begründung, daß er das Risiko des geplanten Verbrechens mit in Rechnung ziehen müsse, auf

20 Prozent erhöht. Große Unruhe löste die Behauptung des Angeklagten im Sitzungssaal aus, Tischler meinte damals auch, so ein Mord sei besser als eine Erbschaft, und wenn die Sache gut ausgehe, könne Lippach schließlich auch Agent der »Iduna-Versicherung« werden und die Sache anderen empfehlen. Seine Bedenken wegen einer möglichen Entdeckung seien dann von Tischler mit den Worten niedergeschlagen worden: Die Versicherungsmenschen seien auch nur Bürokraten. *»Die tun was ich will, und ich werde schon dafür sorgen, daß alles glatt geht!«*

Bevor Dr. Bleichrodt den Versicherungsinspektor anhörte, stellte er aus den Akten vortragend fest, daß der angeklagte Landwirt noch am Todestag seiner Frau deren Ableben bei der »Iduna« anzeigte und um eine beschleunigte Auszahlung der Versicherungssumme ersuchte. Bei den Versuchen, sich ein Alibi zu verschaffen, habe ihm offenbar seine Mutter Vorschub geleistet.

Otto Tischler bestritt mit aller Entschiedenheit, Anstifter zu den beiden Mordtaten des Versicherungsnehmers Lippach gewesen zu sein. Versicherungen auf solche Möglichkeiten abzuschließen, habe er nie veranlaßt. *»Ich habe ihm nur gesagt, daß durch Lebensversicherungen allerlei Geschäfte zu machen sind und die Familien der Versicherten allerlei Vorteile haben. So hat in Apolda ein Mann seiner Frau 100.000 Mark hinterlassen, für die er, da er drei Wochen nach dem Abschluß starb, nur eine Prämie bezahlt hat. Ein anderer Versicherter bekam 30.000 Mark Rente, nachdem ihn sein Hund gebissen hatte.«*

Vorsitzender an Tischler gewandt: *»Nun, Ihr eigener Vater schildert Sie als einen sehr leichtsinnigen und unzuverlässigen Menschen, als einen wilden Spieler. Sie haben auch hier bei der ›Iduna‹ für Lippach gebürgt, obwohl Ihnen doch bekannt war, daß er nichts mehr hinter sich, son-*

dern lauter Schulden hatte. Es besteht der Verdacht, daß Sie nicht nur den Lippach auf diese Weise in Ihrer Eigenschaft als Versicherungsinspektor bearbeitet haben, sondern auch andere Leute. Das würde ja die entsetzlichsten Perspektiven eröffnen und Sie als einen der größten Verbrecher der Jetztzeit charakterisieren.«

Tischler bekräftigte daraufhin nochmals mit weinerlicher Stimme, daß er keine Ahnung von Lippachs Absichten hatte. In dieser Situation fuhr ihm der Haupangeklagte ins Wort: *»Es ist alles so, wie ich es gesagt habe!«*

Der erste Zeuge, »Iduna«-Subdirektor Oesterreich aus Halle, bekundete, Tischler sei ein sehr rühriger Vertreter der Versicherung, der Auskünfte über den Versicherungsnehmer Lippach günstig gestaltete, so daß man keine Bedenken hatte, den Versicherungsvertrag nicht in Kraft treten zu lassen. Auch erfolgte die Auszahlung der Versicherungssumme anstandslos.

Die Nachbarn des Lippach schilderten, wie oberflächlich die Totenschau bei der ersten Ehefrau erfolgte, und das kaltblütige, emotionslose Vorgehen des Mannes beim Beschaffen eines Alibis. Der Gerichtsvorsitzende berichtete in diesem Zusammenhang über das Aufdecken auch eines zweiten durch den Angeklagten verübten Mordes durch eine Zeitungsanzeige. Als nämlich Kurt Lippach den in Peißen* bei Halle eingetretenen Tod seiner zweiten Frau in einem Camburger Blatt bekanntmachte, schöpfte der dortige Gendarmerie-Wachtmeister Werner Verdacht und empfahl der Staatsanwaltschaft in Halle, man solle doch die Leiche ausgraben, um die genaue Todesursache feststellen zu können, denn schon die erste Frau des Landwirts sei eines ganz

* Peißen ist heute eine Ortschaft der Stadt Landsberg im Saalekreis in Sachsen-Anhalt.

plötzlichen Todes gestorben. Die daraufhin erfolge Exhumierung führte zu der Erkenntnis, daß die junge Ehefrau ermordet wurde. Folglich grub man nun die erste Gattin des Lippach aus und stelle auch bei ihr das zerbrochene Zungenbein fest.

Am zweiten Sitzungstag war der Gerichtssaal wieder bis auf den letzten Platz gefüllt. Aufgrund der Bedeutung des Prozesses, der über Thüringen hinaus außerordentliche Beachtung fand, wohnten ihm vom Jenaer Oberlandesgericht Präsident von Stichling und Oberstaatsanwalt Dr. Trautvetter bei. Im weiteren Verlauf der Verhandlung äußerte sich zunächst Professor Dr. Rößler, Direktor des Pathologischen Instituts Jena, über den Befund an der ersten Frauenleiche. Äußere Merkmale von Gewalt waren an dem Opfer nicht feststellbar. Der Bruch des Zungenbeins konnte jedoch nur durch festen Druck am Hals entstanden sein. Allein dieser Bruch habe den Tod nicht verursachen können, vielmehr müsse die Frau erstickt sein. Der Sachverständige konnte sich allerdings nicht die Blutung in der Nase erklären. Er vermute, so der renommierte Professor, die Frau sei gestürzt und dann auf dem Boden liegend erwürgt worden. Indizien dafür seien auch der Befund des Haares und die am Tatort aufgefundenen zerbrochenen Haarspangen.

Anschließend wurde der Tod der zweiten Ehefrau des Angeklagten erörtert. Marie, die Tochter des Lehrers Weidig aus Mühlhausen, hatte auf seine Heiratsannonce geantwortet. Die junge Frau brachte immerhin 15.000 Mark mit in die Ehe und trotzdem mußte der Vater bald mit erheblichen Summen »dem jungen Glück« nachhelfen. Im Juli 1917, kurz nachdem er zum Erfurter Feldartillerieregiment Nr. 19 eingezogen worden war, veranlaßte Kurt Lippach, daß seine Frau für sich eine Lebensversicherung über 30.000 Mark bei der »Concordia« abschloß. Diese üppige Summe wurde schon am 4. September genannten Jahres um 20.000 Mark aufgestockt, also nachversichert. Da Lippach sich ihr gegenüber immer gröber verhielt, siedelte Marie aus Furcht vor ihrem Mann nach Peißen über, wo sie angeblich am 29. April 1918 an Herzlähmung verstarb.

Auf Nachfrage blieb Lippach auch in der Hauptverhandlung bei seiner Behauptung, seine zweite Frau sei nicht durch sein Verschulden ums Leben gekommen. Die auf dem Totenschein angegebene Todesursache entspreche jedoch nicht der Wahrheit, denn sie habe sich selbst getötet, zumal Marie schon längere Zeit lebensmüde gewesen sei. Schon am Vormittag zuvor habe seine Gattin in der Küche versucht, ihrem Leben durch Aufhängen ein Ende zu setzen. Es gelang ihr nur deshalb nicht, weil er sie rechtzeitig wiederbelebte. Auch habe die Ehefrau ihn danach gebeten, niemandem von dem Selbsttötungsversuch zu erzählen, weil die Absicht, sich selbst zu töten, ihr peinlich gewesen sei. Nach dem Mittagessen sei Marie in die Küche zum Geschirrspülen gegangen. Da sie längere Zeit nicht zurückkam, eilte Lippach angeblich in die Küche, wo er sie am Fenster erhängt vorfand. Obwohl von ihm aufs Bett gelegt und mit Wasser besprengt, habe seine Frau nicht wieder das Bewußtsein erlangt.

Der Vorsitzende informierte daraufhin das Gericht darüber, daß Lippach nach dem Tod der Frau, um sich ein Alibi zu verschaffen, den Hausmeister rief und diesem einredete, seine Frau habe einen Schlaganfall erlitten. Die nun befragten Zeugen aus Peißen berichteten, ihnen sei bekannt, daß die junge Frau wiederholt von ihrem Mann schwer mißhandelt worden war. Auch habe sie einmal gesagt: *»Wenn ich plötzlich sterben sollte, möge man meinen Mann anzeigen, damit die Wahrheit an den Tag kommt.«*

Der Untersuchungsgefangene Selte aus Halle, der mit Lippach in einer Zelle saß, bezeugte, daß der Angeklagte ihm gegenüber behauptet habe, seine zweite Frau sei gestolpert und dadurch zu Tode gekommen. Auch empfand er seinen Mitgefangenen als einen besonders geldgierigen Menschen, der schon wieder über eine dritte Heirat laut nachdachte. Jedenfalls erzählte dieser ihm von einem Mädchen, an das er sich *»heranmachen«* wolle.

Der Hallenser Sachverständige Prof. Schulz, der übrigens darüber informierte, beide ermordeten Ehefrauen seien in anderen Umständen gewesen, stellte fest, daß der Angeklagte vier Ursachen für den Tod seiner zweiten Frau angab.

»Zuerst sagte er aus, sie sei an Herzlähmung gestorben, dann erklärte er, sie habe ihren Tod durch Vergiftung gefunden. Eine Zeitlang später gab er an, seine Frau habe Selbstmord verübt, und zwar sollte sie zunächst sich mit einer dreifachen Schnur an einem Nagel an der Wand erhängt haben. Nach der vierten Schilderung des Angeklagten jedoch, hätte sich Frau Lippach mit einem Handtuch am Fenster erhängt. In dem Leichenbefund ergab sich jedoch eine flüssige Beschaffenheit des Blutes, was vermuten läßt, daß sie bei völliger Gesundheit plötzlich starb. Auffällig war, daß die Haut blaurot war. Auch in den Augen und an sonstigen Stellen fanden sich Blutungen vor, was auf Erstickungstod infolge Erdrosselung oder Erwürgung schließen läßt. Das Gutachten der ärztlichen Untersuchungskommission ergibt gewaltsame Erstickung infolge Erwürgung.«

Anschließend verhandelte das Gericht über die Anklage wegen Verleitung zum Meineid. Kurt Lippach hatte aus dem Untersuchungsgefängnis heraus versucht, den Erfurter Versicherungsagenten Weber zu veranlassen, in der

Versicherungsangelegenheit Marie Lippach zu seinen Gunsten auszusagen.

Nach Abschluß der Zeugenbefragung betonte der Ankläger, Erster Staatsanwalt Geheimer Justizrat Dr. Bernhardt, daß er bestreite, Lippach habe im Fall der ersten Frau diese womöglich in Abwehr eines Angriffs getötet. Vielmehr sei er in beiden Fällen ganz zielbewußt, überlegt und vorsätzlich darauf ausgegangen, die 25- und 27jährigen jungverheirateten und Mutterfreuden entgegensehenden Frauen in einem Zustand, in dem sie ihm körperlich nicht gewachsen waren, umzubringen und dann die Versicherungssummen zu kassieren. Versicherungsinspektor Otto Tischler sei sein böser Geist gewesen, habe ihn fortgesetzt ermuntert, Unrecht zu begehen. Er sei sein Gläubiger gewesen, der auf diese Weise zu seinem finanziellen Anteil an dem Deal kommen wollte. Dabei sollten die Geschworenen den für Tischler sehr belastenden Umstand beachten, daß dieser die Bürgschaft für Lippach übernommen hatte.

Der vom Gericht bestellte Pflichtverteidiger Rechtsanwalt Dr. Paul Fambach bestritt den Vorsatz bei den Handlungen des Angeklagten, der sich in eigenartiger Weise durch seine Aussage selbst belastet habe, Gift für eine Tat bereitgehalten zu haben, für deren Ausführung sich nie die Gelegenheit ergab. Auch habe Lippach nicht mit Überlegung und vorsätzlich die beiden Frauen erwürgt. Selbstverständlich stimme er dem Staatsanwalt zu, der Angeklagte handelte im ersten Fall nicht in Notwehr, wohl aber könne Totschlag vorliegen.

»Zu glauben sei ihm jedenfalls, seine Erregung infolge seiner wirtschaftlichen Notlage und der Bedrängnis durch seinen Mitangeklagten Tischler.«

Im zweiten Fall könne es durchaus so gewesen sein, daß seine Frau vielleicht doch, der ständigen Schikanen ihres

Mannes überdrüssig, sich selbst getötet habe. Das Verhalten des Angeklagten sei allerdings in jedem der beiden Fälle unentschuldbar und daher überlasse er alles Weitere den Geschworenen.

Als Verteidiger des Inspektors Otto Tischler bezeichnete dessen Rechtsanwalt Kurt Lairitz den Hauptangeklagten Kurt Lippach als *den* neuen Blaubart Thüringens und betonte: *»Er erinnert in allen seinen Handlungen in geradezu überraschender Weise an jenen sagenhaften Ritter, der von Ort zu Ort zog und um des blinkenden Goldes willen die ihm ins Garn gegangenen Frauen und Mädchen ums Leben brachte. Es fragt sich nur, ob er zu seinen fast märchenhaft anmutenden Schreckenstaten noch eines Anstifters in der Person seines Mitangeklagten Tischler bedurfte«,* was Lairitz für ausgeschlossen hielt.

Sicherlich war es nicht recht, dem wirtschaftlich schwachen Lippach Versicherungen anzubieten, aber er gehe davon aus, daß der Hauptangeklagte, der in seinen Augen über erstaunliche Überredungskunst verfüge, den Versicherungsinspektor über seine wahre finanzielle Situation im unklaren gelassen habe. Es sei nun wirklich nicht anzunehmen, daß der bis dahin unbescholtene Tischler, der ein musterhaftes Familienleben führe, den Unhold Lippach mit Gift zu den Taten angestiftet habe. Dazu bedurfte so ein »routinierter Mensch« wie der Angeklagte nicht der Unterstützung eines Otto Tischler. Im Gehirn des Mörders habe in der Voruntersuchung und jetzt in der Hauptverhandlung nur der Gedanke gearbeitet: *»Wenn du als Verführter dastehst, wirst du milder beurteilt!«*

Er hoffe als Verteidiger des Inspektors, die Geschworenen mögen erkennen, daß Lippach nur den Versuch unternehme, sich mildernde Umstände zu verschaffen, und seinen Mandanten von der Schuld freisprechen.

Während der letzten Ausführungen des Anwaltes Lairitz brach Lippach sichtlich in sich zusammen, weshalb der Geschworene Wendenburg den Vorsitzenden eindringlich bat, dem Angeklagten nochmals ins Gewissen zu reden und zu befragen, ob er seine Beschuldigungen gegenüber Tischler aufrechthalten wolle.

Unter Tränen und wiederholter Anrufung Gottes blieb Lippach bei seinen letzten Ausführungen, Tischler habe ihn zu der Tat ermuntert und das Gift beschafft.

Zum letzten Wort aufgefordert, erklärte Otto Tischler: *»Ich habe den Lippach niemals zu irgendwelchen ehrenrührigen Handlungen verleitet. Ich habe nur meine geschäftlichen Interessen im Auge gehabt. Ich habe auch die beiden Frauen Lippachs wiederholt in Schutz genommen, denn es war mir nicht entgangen, daß Lippach es ihnen gegenüber an Liebe und Achtung fehlen ließ. Niemals ist es mir in den Sinn gekommen, Lippach Gift zu verschaffen oder zu geben.«*

Um 14.30 Uhr zogen sich die Geschworenen zur Beratung zurück. Der Obmann der Geschworenen verkündete nach einer halbstündigen Beratung den in der *Rudolstädter Zeitung* am 25. Mai 1919 und auch in anderen Blättern veröffentlichten Wahrspruch und das daraus resultierende Urteil des Rudolstädter Schwurgerichts: Todesstrafe.

Am 3. Juni teilte die *Rudolstädter Zeitung* ihrer Leserschaft unter der Überschrift *»Das Todesurteil gegen Lippach rechtskräftig«* mit:

»Der vom hiesigen Schwurgericht wegen Ermordung seiner beiden Ehefrauen zweimal zum Tode verurteilte Landwirt Kurt Lippach hat von seinem Recht Berufung beim Reichsgericht einzureichen keinen Gebrauch gemacht. Da die Berufungsfrist inzwischen abgelaufen ist,

hat der Urteilsspruch des Schwurgerichts Rechtsgültigkeit erlangt.«

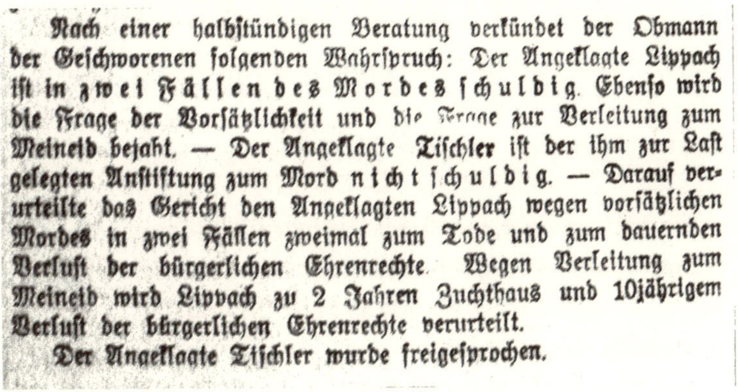

Nach einer halbstündigen Beratung verkündet der Obmann der Geschworenen folgenden Wahrspruch: Der Angeklagte Lippach ist in zwei Fällen des Mordes schuldig. Ebenso wird die Frage der Vorsätzlichkeit und die Frage zur Verleitung zum Meineid bejaht. — Der Angeklagte Tischler ist der ihm zur Last gelegten Anstiftung zum Mord nicht schuldig. — Darauf verurteilte das Gericht den Angeklagten Lippach wegen vorsätzlichen Mordes in zwei Fällen zweimal zum Tode und zum dauernden Verlust der bürgerlichen Ehrenrechte. Wegen Verleitung zum Meineid wird Lippach zu 2 Jahren Zuchthaus und 10jährigem Verlust der bürgerlichen Ehrenrechte verurteilt.

Der Angeklagte Tischler wurde freigesprochen.

Verkündung des Wahrspruches der Geschworenen und des Gerichtsurteils in der Rudolstädter Zeitung *vom 25. Mai 1919.*

DER PERFIDE DOPPELMORD IN RABIS

SACHSEN-ALTENBURG, THÜRINGEN (1918–1944)

Angeblich sei nur beabsichtigt gewesen,
die Ehefrau Schröders aus dem Wege zu räumen;
das Schicksal hat es gewollt, daß die
unglücklichen Kinder der Untat zum Opfer fielen.

Die Nahrungsmittelversorgung war Anfang des fünften Kriegsjahres in Thüringen, wie in ganz Deutschland, äußerst schlecht. Die Menschen hungerten und waren ausgezehrt. In den großen Städten meist mehr als in den kleinen Dörfern. Martha Schröder, die gerade für ihre beiden Söhne Arthur und Waldemar das Frühstück bereitete, erhielt am frühen Morgen des 25. Januar 1918, einem Freitag, unerwarteten Damenbesuch in ihrer Wohnung. Die so plötzlich vor Martha stehende Frau war aus Jena nach Rabis* gekommen.

Damit sollte ein schrecklicher Mordfall seinen Lauf nehmen, der bis heute aufgrund seiner Wirkung die Gemüter vor allem von Bürgern des thüringischen Ortes Rabis bewegt. Der Heimatforscherin Christine Biedermann ist zu verdanken, daß der Doppelmord von Rabis dem Vergessen entrissen wurde. Die von der Autorin in ihren Chroniken zu Rabis Teil 1 und Teil 2 verfaßten Darstellungen sollen in

* Rabis ist heute ein Ortsteil der Gemeinde Schlöben im Saale-Holzland-Kreis in Thüringen.

diesem Beitrag durch weitergehende Forschungsergebnisse ergänzt werden. Aus den genannten Veröffentlichungen, zeitgenössischen Zeitungen sowie weiteren Archivquellen ergibt sich zu dem Fall folgendes Bild:

Nach Aussage der 32jährigen Martha Schröder, der Gattin des damals 42 Jahre alten Landwirtes Max Schröder, vor dem Gendarmerie-Wachtmeister Dorn aus Laasdorf* am 31. Januar 1918 wollte die unbekannte Frau am 25. Januar 1918 gegen 7.15 Uhr an der Haustür des kleinen Gutshofes der Schröders in Rabis Eier und Quark erstehen. Nach längerem Drängen, wechselten zwei Pfund Quark und einige Eier die Besitzerin. Dabei kamen die Frauen wohl mehr und mehr ins Gespräch. Die unbekannte Frau klagte dabei, ihr Mann sei zu Anfang des Krieges gefallen und sie müsste nun schwer im Jenaer Zeiss-Werk arbeiten. Sie habe große Nahrungssorgen, zumal sie drei Kinder zu versorgen habe. Aus Mitleid gestattete die Landwirtsfrau der Fremden nun Eintritt in die Wohnung, und sie tranken gemeinsam Kaffee und aßen Kuchen. Dabei reichte die Eingeladene Marthas Kindern mitgebrachte Plätzchen. Schließlich ging die unbekannte Frau, die vorgab, in der Universitätsstadt Jena geboren worden zu sein und dort auch ihren Wohnsitz zu haben, nicht ohne sich freundlich für Marthas Gastfreundschaft zu bedanken. Tage später, am Mittwoch, dem 30. Januar 1918, übergab der zuständige Postbote Frau Schröder ein Päckchen, in dem sich neun Plätzchen, eine Flasche Rotwein sowie ein Schreiben mit folgendem Inhalt befanden: *»Weil Sie mir damals den Kaffee geschenkt haben, sende ich Ihnen für ihre Kinder einige Plätzchen und für Sie eine Flasche Wein.«*

---

* Laasdorf ist heute eine Gemeinde im Süden des Saale-Holzland-Kreises in Thüringen.

Der am 1. März 1913 geborene, somit fünfjährige Sohn Walter Arthur nahm ein Plätzchen aus dem Päckchen und verköstigte sich damit. Martha zerbrach nun ein zweites Stück Gebäck und verteilte die Hälften an den zweijährigen Max Waldemar (* 29. November 1915) und ihre ebenfalls anwesende Mutter, die 60jährige Frau Stade. Die restlichen Plätzchen aß sie selbst. Kaum hatte jedoch Arthur das Plätzchen in den Mund gesteckt, so jammerte er: *»Mutter, das Zeug brennt aber!«*

»Geh, hole dir einen Apfel!« antwortete Martha.

Kurz darauf übergaben sich die vier Schröders ununterbrochen und wimmerten wegen der heftigen Magenschmerzen, obwohl sie von herbeigeeilten Nachbarn wieder und wieder Milch als vermeintliches Gegengift in der Hoffnung eigeflößt bekamen, dem qualvollen Leiden Einhalt zu gebieten. Blut mischte sich unter das Erbrochene. Ein telefonisch aus Roda* herbeigeholter Arzt konnte trotz Verabreichung von Gegenmitteln leider nicht verhindern, daß der kleine todkranke Arthur gegen 16 Uhr qualvoll verstarb. Unter entsetzlichen Schmerzen verschied auch Waldemar etwa 90 Minuten später. Als der Großvater am späten Nachmittag nach Hause kam, waren seine beiden geliebten Enkelkinder bereits tot, Frau und Tochter kämpften um ihr Leben. Die Großmutter und Martha überstanden den offensichtlichen Giftanschlag nach einigen Tagen. Zum Zeitpunkt des grausigen Geschehens befand sich der Ehemann Max Schröder, der seit Kriegsausbruch 1914 eingezogen war, als Artillerie-Sergeant in Apolda. Stunden nach dem Verbrechen muß der Militär von der Tat Kenntnis erlangt haben, denn er ritt bereits in der folgenden Nacht von

* Roda (ab 1925 Stadtroda) ist heute eine Stadt im thüringischen Saale-Holzland-Kreis.

Grabmal der Kinder
Walter Arthur und Max Waldemar Schröder.

Apolda zu seinen Angehörigen nach Rabis. An der unter großer Anteilnahme der Ortsbevölkerung und von Bewohnern der Umgebung am 2. Februar 1918 erfolgten Beerdigung der Kleinkinder, die in ein gemeinsames Grab gebettet wurden, nahm Max teil.

Am folgenden Sonntag begab sich der Vater der vergifteten Kinder zum Hausschlachten ins mütterliche Gut in einem anderen thüringischen Ort.

Gendarmerie-Wachtmeister Dorn hatte noch am Tage der Todesfälle in Rabis protokollarisch an seine vorgesetzte Dienststelle berichtet:

»Die betreffenden Gegenstände sind sofort beschlagnahmt und dem Nahrungsmitteluntersuchungsamt in Jena übergeben worden. Der Absender des Paketes war A. Schied Jena alles Nähere fehlte. Die sofort angestellten Erörterungen mit Kriminalschutzmann Roth in Jena sind ergebnislos verlaufen. Der Name Schied ist in Jena überhaupt nicht zu finden und gibt es nicht. Die Flasche stammt aus der Weinschänke (Rabenschänke) in Jena. Der Kauf dieser Flasche liegt aber einige Wochen zurück, weil sich inzwischen die Etiketten geändert haben. Außerdem werden täglich solche Flaschen dort verkauft. Das Paket ist scheinbar in Jena aufgegeben worden, ob aber der Täter dort wohnt ist fraglich. Das übrige Ergebnismaterial befindet sich in meinen Händen. Das Untersuchungsergebnis ist mir nicht bekannt. Die Herzogliche Staatsanwaltschaft hat ausführliche Anzeige bekommen. Meines Erachtens nach kann es sich nur um einen Racheakt handeln.«

Nach den ersten kriminalpolizeilichen Untersuchungen teilte das *Jenaer Volksblatt* seiner Leserschaft zeitnah mit, daß man von dieser Vermutung schnell abgerückt sei, nachdem einiges über den Lebenswandel des Max Schröder bekannt geworden war. Der als arbeitsam bekannte Landwirt soll demnach in der Vergangenheit immer mal »über die Stränge gehauen haben«. So habe er immer wieder mal einen »Saufer« gemacht, wie es in dem Blatt hieß. Danach weilte der Mann, nachdem er aus dem Felde nach Apolda versetzt worden war, des öfteren bei einer Geliebten in Jena, der er angeblich auch die Heirat versprach. Diese Beziehung brachte die Ermittler schließlich auf die entscheidende Spur.

Max Schröder (1876, † 1949) in Uniform um 1917.*

Das Ehepaar Martha und Max Schröder.

Schon einige Tage später wurde der vorgesetzten Dienststelle des Gendarmerie-Wachtmeisters Dorn, dem Landratsamt Roda, mitgeteilt, daß es sich bei dem doppelten Mordfall an den Kindern der Schröders bzw. den versuchten Morden an Martha und der Großmutter um eine Arsenvergiftung handele, die Giftmörderin, eine gewisse Emilie Wolf in Jena, ein Geständnis abgelegt habe und nun im Jenaer Amtsgerichtsgefängnis einsitze. Sie habe bei der polizeilichen Vernehmung am 3. Februar 1918 angegeben, daß Marthas Ehemann Max Schröder ihr das Arsenik verschaffte, sie also gemeinsam den teuflischen Plan ausgeheckt hätten. Ferner unterrichtete sie die Beamten darüber, daß der Anschlag eigentlich nur der Ehefrau Schröder gegolten habe, aber mitnichten den Kindern. Aufgrund dieser Aussage wurde auch der als Mittäter verdächtigte Ehemann Schröder vom Hausschlachten weg durch den Jenaer Kriminalschutzmann Hoffmann in Haft genommen. Bei seiner Verhaftung wirkte er gefaßt und ruhig.

Und schon wollte das *Jenaer Volksblatt* wissen, die schauerliche Tat habe rasch Aufklärung gefunden! Der Verdacht, der eigene Vater habe bei der Ermordung seiner unschuldigen Kinder die Hand mit im Spiel gehabt, sei nun bewiesen. Zur Seite habe ihm seine Geliebte gestanden, ein *»ehr- und gewissenloses Frauenzimmer, die seit einiger Zeit in der Neugasse hier (Nr. 17) wohnhafte Witwe Emilie Wolf, mit der der pflichtvergessene Schröder schon seit Jahren ein intimes Verhältnis unterhielt. Beide wurden [...] in Gewahrsam gebracht; an ihrer Schuld ist kein Zweifel mehr. Unter der Wucht erdrückender Beweise gestand die Wolf schließlich ihre Mittäterschaft an dem Verbrechen zu; auch ihr gleichwertiger Galan gestand, das Arsenik geliefert und mit seiner Geliebten den Plan besprochen zu haben. Angeblich sei nur beabsichtigt gewesen, die Ehefrau Schrö-*

ders aus dem Wege zu räumen; das Schicksal hat es gewollt, daß die unglücklichen Kinder der Untat zum Opfer fielen«.

Die Nachricht über das Geständnis des Max Schröder stellte sich alsbald als eine Falschmeldung heraus, denn zwei Wochen später teilte die ebenfalls in der Stadt an der Saale verlegte *Jenaische Zeitung* ihrer Leserschaft mit, daß der Vorwurf der Mittäterschaft, bezogen auf Max Schröder, unhaltbar sei und selbiger aus der Untersuchungshaft entlassen worden sei. Inzwischen war nämlich durch die Jenaer Kriminalbeamten ermittelt worden, woher das todbringende Arsen stammte. Nicht Ehemann Schröder hatte es beschafft, sondern Emilie Wolf, die bereits drei Jahre ein Liebesverhältnis zu Max Schröder unterhielt, erstand es in einer Jenaer Drogerie, deren Besitzer zum Heeresdienst eingezogen war und dessen junger Bediensteter beim Verkauf der Menge des Giftes die gesetzlichen Vorschriften mißachtet hatte. Da die Kriminalpolizei bei einer Durchsuchung der Wolfschen Wohnung weiteres belastendes Material bei Frau Wolf sicherstellte, zog diese daraufhin die schweren Beschuldigungen gegenüber ihrem Geliebten zurück und gestand, sich das Verbrechen selbst ausgedacht und allein ausgeführt zu haben. Es verdichteten sich immer mehr die Hinweise, daß die Kinder durch die vergifteten Plätzchen und Martha Schröder mit Hilfe des Weins liquidiert werden sollten. Bald ging die Jenaer Kriminalpolizei von einem geplanten Dreifachmord aus! In Jena kursierte zur gleichen Zeit übrigens das unzutreffende Gerücht, die Wolf habe bereits vor Jahren ihren Ehemann vergiftet.

Vom 5. Februar bis zum 15. März wurde die Mörderin aus der Untersuchungshaft im Amtsgerichtsgefängnis Jena in die Psychiatrische Universitätsklinik der Saalestadt verbracht, die damals unter der Leitung des angesehenen

Schweizer Psychiaters und Neurologen Geheimrat Prof. Dr. Otto Binswanger* stand. In ihrem Gutachten verneinten der Oberarzt Prof. Dr. Strohmeyer und der Abteilungsarzt Dr. Eiling die Frage, ob bei Frau Wolf hinsichtlich ihrer Handlung die Kriterien des § 51 StGB** zuträfen. Sie sei zwar *»mäßig begabt«* aber nicht in einem solchen Grade schwachsinnig, der ihre Exkulpierung*** rechtfertigen könne. Gegen eine solche Annahme spreche der ganze Lebensgang der Frau, die näheren Tatumstände und die in der Klinik vorgenommene Intelligenzprüfung. Auch könnten deren feststellbare hysterischen Erscheinungen nicht als Exkulpierungsgrund gelten, denn es handele sich dabei um *»nervöse«* Krankheitssymptome, die von einer krankhaften Störung der Geistestätigkeit, die die freiwillige Willensbestimmung ausschließe, weit entfernt seien. Es ließe sich somit aus dem vorliegenden Aktenmaterial und den persönlichen Untersuchungen der Wolf nicht stichhaltig begründen, daß sie dem Einfluß anderer Personen unterlag, in dem Sinne gar ein willenloses Werkzeug etwa in der Hand des Max Schröder gewesen sei. In dem Gutachten deuteten die Ärzte wiederholt den Verdacht an, daß sie übertreibe und simuliere.

---

* Prof. Dr. Otto Ludwig Binswanger (* 14. Oktober 1852, † 15. Juli 1929), 1891 zum Ordentlichen Professor der Psychiatrie ernannt, leitete er die Psychiatrische Universitätsklinik bis zu seiner Emeritierung am 1. Oktober 1919.

** § 51 StGB. Eine strafbare Handlung ist nicht vorhanden, wenn der Täter zur Zeit der Begehung der Handlung sich in einem Zustande von Bewußtlosigkeit oder krankhafter Störung der Geistestätigkeit befand, durch welchen seine freie Willensbestimmung ausgeschlossen war (Strafgesetzbuch für das Deutsche Reich 1871).

*** Schuldbefreiung.

Die bei ihrer Aufnahmeuntersuchung mäßig ernährte Frau hatte laut Klinikbericht kurz vor der Einlieferung durch zwei Gerichtsdiener ins Krankenhaus einen »hysterischen Anfall«, verhielt sich jedoch nach der Ankunft völlig passiv und erweckte den Eindruck, als habe sie die Sprache verloren. Erst nachdem Prof. Binswanger ihr vor Augen geführt hatte, sie müsse bei diesem Verhalten zurück ins Gerichtsgefängnis, begann Emilie ihr Betragen zu ändern. Sie behauptete nun, so berichteten die behandelnden Mediziner, *»von dem Mann, dessen Frau sie vergiften sollte, erst durch viele Briefe dazu überredet worden zu sein zu dieser Tat. Er habe ihr alle Einzelheiten genannt, wie sie es machen sollte. Er habe ihr oft vorgeklagt, wie unglücklich er sei und wie froh, wenn er seine Frau erst los wäre. Er hat ihr angeblich alle Einzelheiten erklärt, wie sie seine Frau um die Ecke bringen solle und sie habe sich schließlich aus Mitleid überreden lassen«.*

Über ihr Vorleben gab sie an, durch verschiedene Krankheiten viel Schulunterricht versäumt zu haben, das Lernen fiel ihr schwer und sie blieb wiederholt sitzen. In dieser Zeit wurde sie sowohl von ihrem Lehrer als auch dem Vater wiederholt geschlagen, hatte häufig Nasenbluten und wurde von den Geschwistern ausgelacht. Nachdem Emilie Wolf die Schule verlassen hatte, arbeitete sie, ständig den Arbeitsort wechselnd, in verschiedenen Anstellungen. Einmal kehrte sie sehnsüchtig nach Hause zurück, wurde aber vom Vater abgewiesen. Mehrmals habe Emilie Anfälle bekommen, um sich geschlagen und dabei das Bewußtsein verloren. Mit 22 Jahren heiratete sie einen Witwer, der vier Kinder aus seiner Ehe mitbrachte. Anfangs verlief die Ehe glücklich, bald jedoch verlor der Mann im Zusammenhang mit einem Hauskauf einen erheblichen Teil seines Vermögens und fing an zu trinken und seine Frau schlecht zu behandeln. Ihr mit dem Gatten gezeugter Sohn starb acht Wochen nach seiner Geburt an Krämpfen. Von dem Mann wiederholt schwer mißhandelt, reichte Emilie 1913 die Scheidung ein. Da sie keine Zeugen für diese schweren Übergriffe vorweisen konnte, zog sich das Verfahren Jahre hin, währenddessen der Ehemann 1916 im Alter von 51 Jahren starb. Es folgten wieder wechselnde Anstellungen, bis sie am 30. Oktober 1916 eine Arbeit im Jenaer Zeiß-Werk bekam. Im 34. Lebensjahr mußte sich die junge Frau wegen einer Unterleibserkrankung in Weimar einer Operation unterziehen, in deren Folge sie fortan unter erhöhter Nervosität, chronischen Kopfschmerzen, Schlafstörungen und Appetitlosigkeit litt. Max Schöder hatte Emilie Wolf vor ihrem Umzug nach Jena in dessen Militärstandort Fulda kennen und lieben gelernt. Von ihm war sie geschwängert worden, hatte den Embryo jedoch im zweiten Schwangerschaftsmonat verloren. Max besuchte sie mehrmals in Jena und sie trafen sich oft auch in anderen Orten. Während dieser Treffen habe er wiederholt davon gesprochen, sich von seiner Frau scheiden zu lassen, da er sie loswerden wolle. Mitte Januar 1918 sprach Schröder nach ihren Aussagen erstmalig davon, sie möge seine Frau vergiften.

Der für den Doppelmord in Rabis zuständige Untersuchungsrichter Dr. Geisenhainer beim Herzoglichen Landgericht Altenburg überstellte am 19. April 1918 die Untersuchungsgefangene Emilie Hermine Anna, verwitwete Wolf, geborene Große, aus Jena zur Herstellung ihrer Verhandlungsfähigkeit vor einem Schwurgericht vom Altenburger Landgerichtsgefängnis, wo die Gefangene nach Entlassung aus der Jenaer Klinik einsaß, in die Irrenabteilung des Genesungshauses Roda. Zu dieser Entscheidung trugen verschiedene dramatische Ereignisse bei.

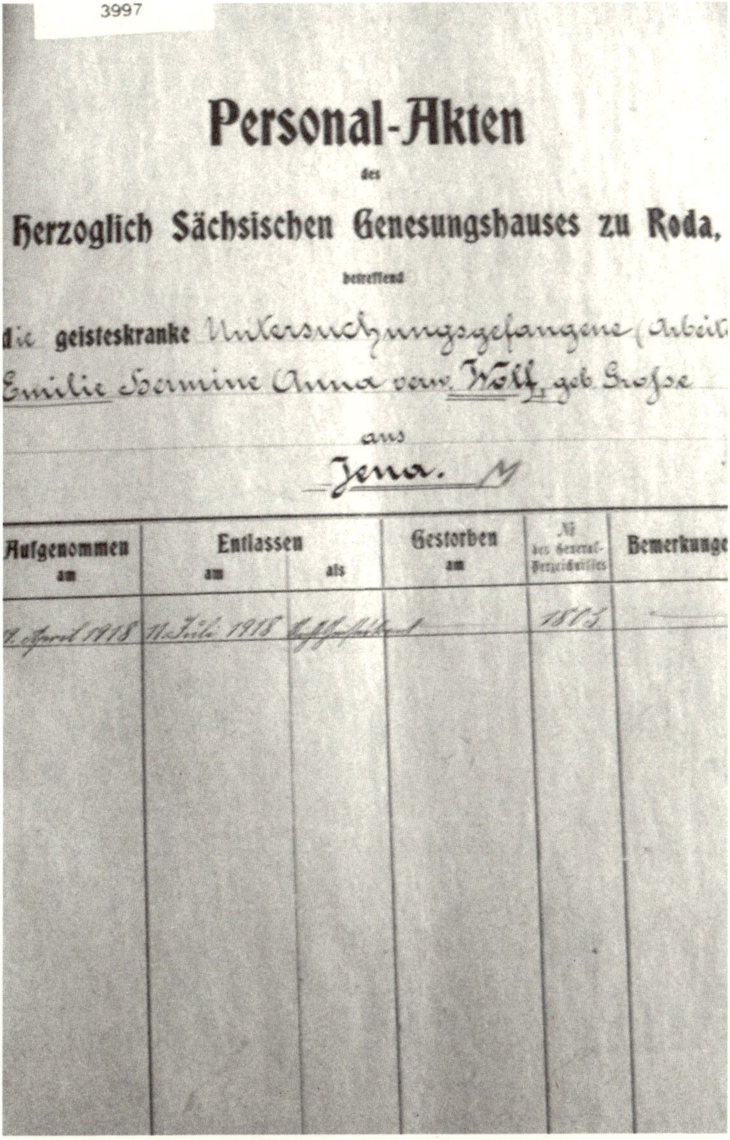

3997

Personal-Akten

des

Herzoglich Sächsischen Genesungshauses zu Roda,

betreffend

die geisteskranke Untersuchungsgefangene (Arbeit[illegible]

Emilie Hermine Anna verw. Wolf, geb. Grosse

aus

Jena.

Aufgenommen am	Entlassen am	als	Gestorben am	№ des General-Verzeichnisses	Bemerkungen
[illegible] April 1918	11. Juli 1918	[illegible]		1805	

Akte des Genesungshauses zu Roda
über die Patientin Emilie Wolf.

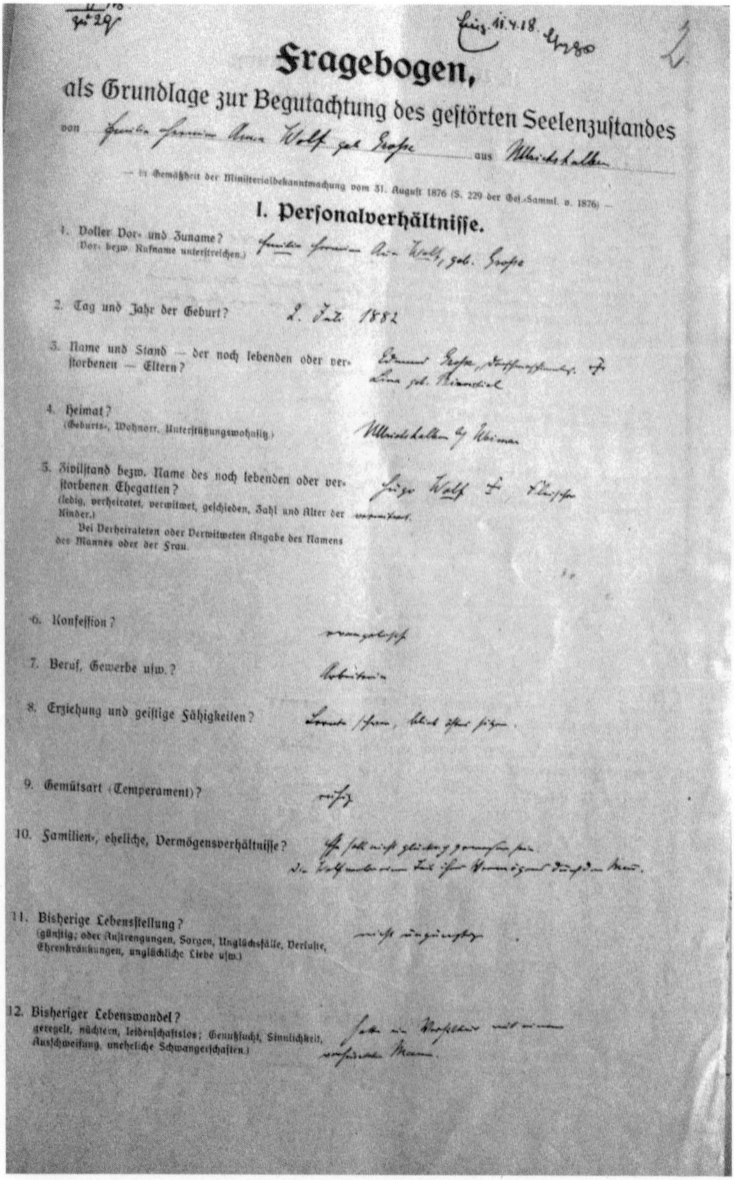
Eing. 11.4.18.

Fragebogen,

als Grundlage zur Begutachtung des gestörten Seelenzustandes

von Emilie Hermine Anna Wolf geb. Große aus Ulrichshalben

— in Gemäßheit der Ministerialbekanntmachung vom 31. August 1876 (S. 229 der Ges.-Samml. v. 1876) —

I. Personalverhältnisse.

1. Voller Vor- und Zuname? (Vor- bezw. Rufname unterstreichen.) — Emilie Hermine Anna Wolf, geb. Große
2. Tag und Jahr der Geburt? — 2. Jul. 1882
3. Name und Stand — der noch lebenden oder verstorbenen — Eltern? — Edmund Große, [illegible] Anna geb. [illegible]
4. Heimat? (Geburts-, Wohnort, Unterstützungswohnsitz.) — Ulrichshalben b. Weimar
5. Zivilstand bezw. Name des noch lebenden oder verstorbenen Ehegatten? (ledig, verheiratet, verwitwet, geschieden, Zahl und Alter der Kinder.) Bei Verheirateten oder Verwitweten Angabe des Namens des Mannes oder der Frau. — [illegible] Wolf [illegible], verwitwet.
6. Konfession? — evangelisch
7. Beruf, Gewerbe usw.? — Arbeiterin
8. Erziehung und geistige Fähigkeiten? — [illegible]
9. Gemütsart (Temperament)? — ruhig
10. Familien-, eheliche, Vermögensverhältnisse? — Sie soll nicht glücklich gewesen sein. [illegible] Teil ihres Vermögens durch den Mann.
11. Bisherige Lebensstellung? (günstig; oder Anstrengungen, Sorgen, Unglücksfälle, Verluste, Ehrenkränkungen, unglückliche Liebe usw.) — nicht ungünstig.
12. Bisheriger Lebenswandel? (geregelt, nüchtern, leidenschaftslos; Genußsucht, Sinnlichkeit, Ausschweifung, uneheliche Schwangerschaften.) — hatte ein Verhältnis mit einem verheirateten Mann.

S. 38 bis 41: Fragebogen zur Persönlichkeit von Emilie Wolf vom 11. April 1918.

II. Ursachen der Erkrankung.

a) auf körperlichem Gebiet.

13. Ist die Seelenstörung angeboren oder bereits in den ersten Lebensjahren beobachtet worden? — nein

14. a) Sind Geistes- oder Nervenkrankheiten, Syphilis, Trunksucht, Selbstmord, auffallende Charaktere vorgekommen bei den Eltern, Großeltern, Geschwistern oder anderen nahestehenden Verwandten des Kranken väterlicher- oder mütterlicherseits? — Vater starb mit 59 J. an einem Lungenleiden, soll immer sehr nervös gewesen sein. Vater des Vaters starb durch Selbstmord. Mutter soll sehr wenig begabt sein

b) Sind die Eltern desselben miteinander blutsverwandt und in welchem Grade? — nein

15. Inwieweit kommen die besonderen Verhältnisse des Kindesalters, der Pubertät, des Wochenbetts, des Klimakterium, des Greisenalters in Frage? — ohne Belang

16. Hat der Kranke eine Kopfverletzung bezw. Gehirnerschütterung erlitten? — nein

Hat er sich mit Tuberkulose, Syphilis oder einer anderen Infektionskrankheit angesteckt? — nein

Neigt er zum Trunk? — nein

b) auf seelischem Gebiet.

17. Kommen geistige Überanstrengung oder Gemütsbewegungen in Betracht, und welcher Art sind sie? — nein

III. Untersuchungsbefund.

a) in körperlicher Beziehung.

18. Wie verhalten sich:
Ernährungs- und Kräftezustand, Gesichtsfarbe und -ausdruck, Körperhaltung, Schädelbildung, Temperatur.

Atmungsorgane; gesund

Kreislaufsorgane; [illegible]

Verdauungsorgane; soweit in Ordnung.

Harn- und Geschlechtsorgane (Menses)? keine krankhaften Veränderungen

19. Befund am Nervensystem:

Sehnen- und Hautreflexe; schwach vorhanden

Sensibilität; [illegible] läßt sich nicht prüfen

Motilität (Gliedmaßen, Gang, Gleichgewicht); liegt immer

Pupillen; gleichweit, reagieren langsam

Gesichtsmuskeln, Zunge, Sprache; nicht zu prüfen

Urin- und Stuhlentleerung? in Ordnung

20. Sind epileptische Erscheinungen vorhanden? nein

21. Wie ist der Schlaf? schläft viel

22. Liegt sonst ein bestimmtes Organ- oder Allgemein-Leiden vor? nein

b) in seelischer Beziehung.

23. Ist der Kranke allmählich oder plötzlich, zum ersten Male oder im wievielsten Rückfalle erkrankt? im Rückfall

24. Bisheriger Verlauf (ruhig oder aufgeregt, Orientierung erhalten oder nicht, Angst, Depression oder Heiterkeit, Halluzinationen oder Illusionen, Wahnvorstellungen, auffallende oder gemeingefährliche Handlungen, Lebensüberdruß, Selbstmordtrieb). [illegible]

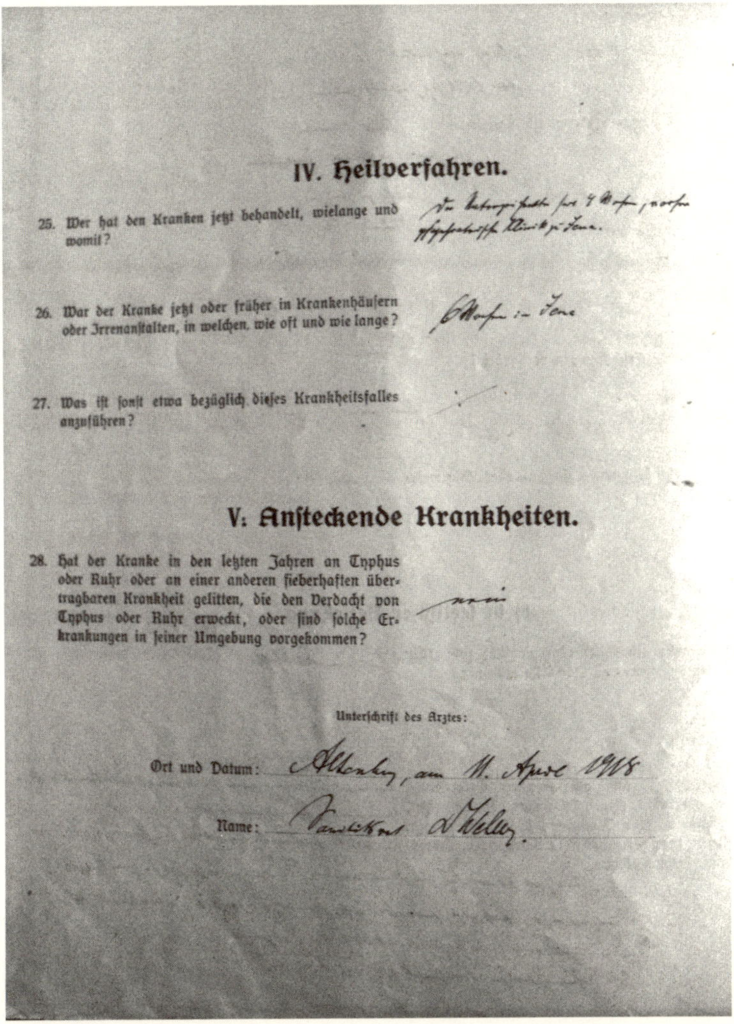

IV. Heilverfahren.

25. Wer hat den Kranken jetzt behandelt, wielange und womit? — [illegible] 4 Wochen [illegible] Klinik zu Jena.

26. War der Kranke jetzt oder früher in Krankenhäusern oder Irrenanstalten, in welchen, wie oft und wie lange? — 6 Wochen in Jena

27. Was ist sonst etwa bezüglich dieses Krankheitsfalles anzuführen? — —

V. Ansteckende Krankheiten.

28. Hat der Kranke in den letzten Jahren an Typhus oder Ruhr oder an einer anderen fieberhaften übertragbaren Krankheit gelitten, die den Verdacht von Typhus oder Ruhr erweckt, oder sind solche Erkrankungen in seiner Umgebung vorgekommen? — nein

Unterschrift des Arztes:

Ort und Datum: Altenburg, am 11. April 1908

Name: [illegible] Dr. [illegible]

Zuvor hatte nämlich Emilie Wolf in ihrer Zelle einen Selbsttötungsversuch unternommen, der nur deshalb mißlang, weil das zum Aufhängen am Fensterverschluß benutzte »drei oder vier Mal durchflochtene Garn« abriß und sie so bewußtlos am Boden liegend aufgefunden wurde sowie die sofort eingeleitete Wiederbelebung erfolgreich verlief. Zurück blieb eine blutunterlaufene Strangulationsnarbe am Hals der Untersuchungsgefangenen.

Danach, so der Bericht des Gefangenenmeisters Rudolph, *»spielte sie den Wilden Mann. Sie verunreinigte die Zelle, zerschlägt das Geschirr, zerreißt ihre Sachen. Meistens läuft sie nackend in der Zelle herum. Eine Unterhaltung ist nicht mit ihr zu führen. Ich habe ihr oft zugeredet doch Vernunft anzunehmen. Es ist aber alles vergebens. Ich meine, es wäre am besten wenn die Wolf in einer Anstalt untergebracht würde, da sich ihr Zustand im Gefängnis nicht bessert. Ich glaube nicht, daß die Wolf simuliert.«*

Der Altenburger Sanitätsrat Dr. Weber gab zeitgleich zu Protokoll, daß Frau Wolf gegenwärtig nicht verhandlungsfähig sei, da sie in der Untersuchungshaft offensichtlich *gemütskrank* geworden sei und zur Behandlung ihres Zustandes einige Zeit im Genesungshaus zu Roda untergebracht werden solle, bis sie wieder verhandlungsfähig sei.

Mit der Gefangenen erreichte das Genesungshaus ein von Dr. Weber am 11. April 1918 ausgestellter *»Fragebogen, als Grundlage zur Begutachtung des gestörten Seelenzustandes«* über die am 2. Juli 1882 in Ulrichshalben* geborene Beschuldigte, der unter anderem erste Anhaltspunkte über die Lebensumstände und die Persönlichkeit der Wolf lieferte.

---

* Ort im damaligen Großherzogtum Sachsen-Weimar-Eisenach, heute Ortsteil der Landgemeinde Ilmtal-Weinstraße im thüringischen Landkreis Weimarer Land.

Am 24. April 1918 teilte Geheimrat Dr. Schäfer von der Direktion des Genesungshauses dem Altenburger Untersuchungsrichter Geisenhainer mit, der Zustand von Frau Wolf habe sich so gebessert, daß sie nun verhandlungsfähig sei, verbunden mit der Empfehlung, sie möge zunächst nicht ins Gerichtsgefängnis zurückkehren, sondern von der Genesungsanstalt direkt zur Gerichtsverhandlung gebracht werden. Erst kurz vor der Abholung solle man sie von dem Gerichtstermin in Kenntnis setzen.

Am 31. Mai 1918 erhob der Erste Staatsanwalt beim Herzoglichen Landgericht Altenburg, Dr. Gleißner, Anklage wegen Doppelmordes und versuchten Mordes *»gegen die Fabrikarbeiterin Emilie Hermine Anna Wolf, geborene Große, aus Ulrichshalben, evangelisch, kinderlos, ohne Vermögen, in Jena wohnhaft, nicht vorbestraft, zur Zeit im Genesungshaus Roda«*.

Die Eröffnung der Hauptverhandlung wurde auf Donnerstag, den 11. Juli 1918, vormittags neun Uhr, vor dem Schwurgericht Gera angesetzt.

Dem Gericht stand als Vorsitzender der Landgerichtsdirektor Stephanus vor. Die Anklage vertrat der Erste Staatsanwalt Heinrich aus Altenburg. Als Verteidiger agierte Rechtsanwalt Dr. Brehme. Für die besondere Bedeutung der Schwurgerichtsverhandlung sprach auch die Anwesenheit des Oberstaatsanwalt Dr. Trautvetter aus Jena und einiger Mitglieder der Altenburger Regierung, denn der Mordfall hatte in ganz Thüringen große Aufmerksamkeit erregt.

Die in großer Zahl erschienenen Prozeßbeobachter sahen in Emilie Wolf eine kleine, schlanke, schwarzhaarige Frau mit blassem, hagerem Gesicht, eine Person, die gebrochen und unsicher wirkte. Ihre Vernehmung, die sich wegen ihres psychischen Zustandes als sehr schwierig gestaltete, und die Zeugenvernehmungen bestätigten überwiegend die Ergebnisse der Voruntersuchungen. Nach Aussagen der Frau Wolf habe Max Schröder ihr als seiner Geliebten in Aussicht gestellt, sie nach dem Krieg zu heiraten, wenn seine Ehefrau nicht mehr lebe. Im Widerspruch dazu hatte die eifersüchtige Wolf Wochen zuvor verspürt, daß sich Schröder aus ihr nicht mehr viel machte, wie in der Anklageschrift festgehalten wurde. Am 7. Januar 1918 schrieb sie ihm daher: *»Meine Liebe zu Dir treibt mich zur Eifersucht. Ich bin in einen Abgrund gestürzt, wo ich nicht wieder lebendig herauskomme [...]. Du bist jetzt nicht mehr der Max wie voriges Jahr. Dich hat eine Schlange umschlungen, mein Gewissen hat Tag und Nacht keine Ruhe mehr.«*

Auch habe Emilie laut Aussage einer Apoldaer Zeugin Mitte Januar 1918 in einem Brief an Schröder geschrieben: *»Wenn Du mich verläßt, wirst Du Dein Lebtag nicht mehr glücklich sein.«*

Die Beweisaufnahme ergab nach Auffassung des Staatsanwalts, daß die Angeklagte den Plätzchen und der Flasche Rotwein 20 Gramm Arsenik beigemengt hatte.

Die Geschworenen folgten den Schlußfolgerungen des Staatsanwaltes und sprachen Emilie Wolf des mit Vorsatz und Überlegung begangenen Mordes nach § 211 StGB* an den beiden Kindern der Schröders und des versuchten Mordes an Martha Schröder schuldig. Daraufhin beantragte der Staatsanwalt die Todesstrafe, die das Gericht nach kurzer Beratung auch aussprach. Während die Prozeßzuschauer die Entscheidung des Gerichtes aufgrund der Grausamkeit des Verbrechens billigten, wie die *Jenaische Zeitung* einige Tage später berichtete, legte die Verurteilte, die

* § 211 StGB, des Deutschen Reiches 1871: Wer vorsätzlich einen Menschen tötet, wird, wenn er die Tötung mit Überlegung ausgeführt hat, wegen Mordes mit dem Tode bestraft.

den Richterspruch ohne sonderliche Erschütterung aufgenommen hatte, Revision gegen das Urteil beim Reichsgericht* in Leipzig ein.

Sowohl die staatsanwaltlichen Untersuchungsakten und Geraer Schwurgerichtsunterlagen als auch die Unterlagen zum Revisionsprozeß gelten als verschollen oder vernichtet. Trotzdem konnte das weitere Schicksal der Emilie Wolf durch umfangreiche Recherchen ermittelt werden.

Im August 1918 weilte Emilie Wolf noch im Altenburger Gefängnis, wovon ein Brief an Dr. Schäfer in ihrer Akte des Genesungshauses Roda zeugt, der auf den 17. August 1918 datiert ist.

Das Reichsgericht ist jedoch offensichtlich in seiner Verhandlung zu keinem anderen Ergebnis gekommen als das Geraer Schwurgericht, denn am 9. Dezember 1918 lehnte in einem überlieferten Entwurfsschreiben an das Ministerium Altenburg, Abteilung Justizangelegenheiten, der Oberlandesgerichtspräsident in Jena eine Begnadigung der verurteilten Doppelmörderin mit der Begründung ab: *»Daß insbesondere der Vorsatz der Wolf sich nicht auf die Tötung der Frau Schröder beschränkt, sondern die Kinder umfaßt hat, haben die Geschworenen offenbar mit Recht angenommen. An der vollen Zurechnungsfähigkeit der Frau Wolf zu zweifeln, liegt kein Grund vor. Der Berufung auf ihre hysteropathische Beschaffenheit kann ich keine Berechtigung zuerkennen. So geschwächt war weder ihr Denk- noch ihr Willensvermögen, daß ihr nicht zuzumuten gewesen wäre, der Versuchung zu einer so grauenvollen Tat, wie sie hier vorliegt, zu widerstehen, daß es also unbillig erschiene, sie diese Tat voll verantworten und büßen zu*

* Das Reichsgericht mit Sitz in Leipzig war von 1879 bis 1945 der für die ordentliche Gerichtsbarkeit zuständige höchste Gerichtshof im Deutschen Reich.

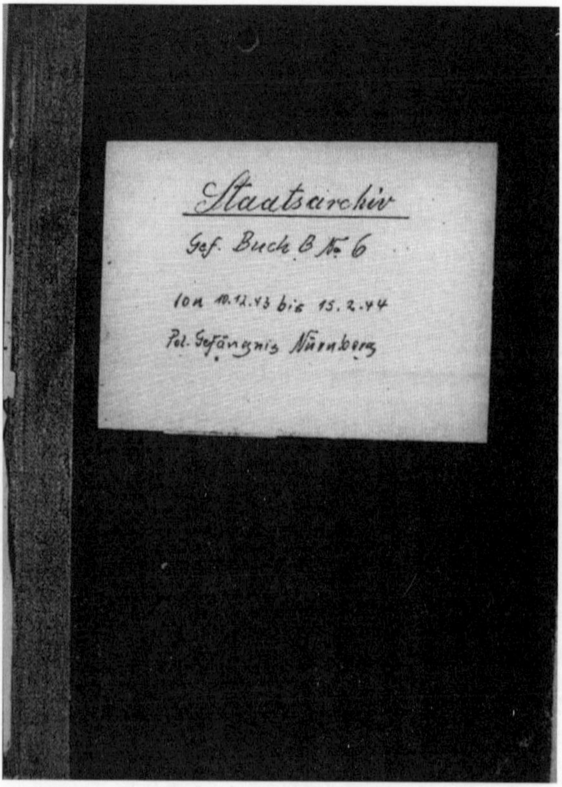

Gefangenenbuch des Polizeigefängnisses Nürnberg.

lassen. Das Gegenteil widerspräche gesundem Rechtsempfinden.«[*]

Dann verliert sich die Spur der Emilie Wolf. Wurde die Doppelmörderin hingerichtet? Wenn ja, wann und wo?

Diese Frage konnte erst im April 2018, also nach fast einhundert Jahren und nach umfangreichen Recherchen in zahlreichen Archiven, beantwortet werden! Im Stadtarchiv Apolda befindet sich der Geburtseintrag (Nr. 12, Ulrichshal-

* Landesarchiv Thüringen – Hauptstaatsarchiv Weimar, Thüringisches Oberlandesgericht Jena Nr. 2025.

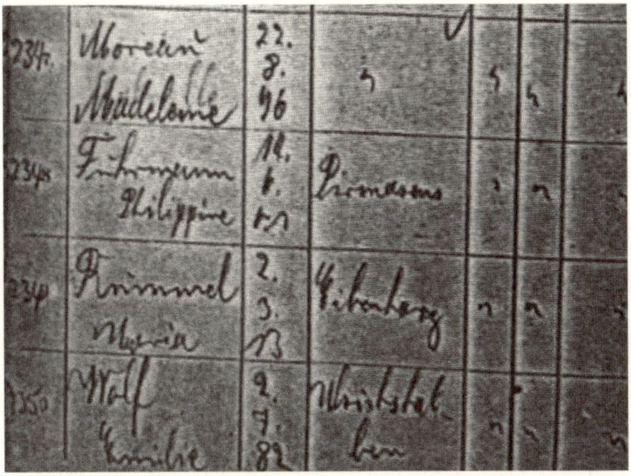

Eintrag der Emilie Wolf in das Gefangenenbuch (unterste Zeile).

ben, am 5.7.1882) für Emilie Hermine Anna Wolf.* Auf dem Dokument wurde das Todesdatum wie folgt beigeschrieben: *»Wolf, geb. Große verst[orben] 3.4.44. No. LN 93/1944 Standesamt II Auschwitz.«***

Offensichtlich wurde die im Juli 1918 verhängte Todesstrafe gegen Emilie Wolf doch noch in eine lebenslängliche Zuchthausstrafe umgewandelt.

Am 10. Februar 1944 wurde Frau Wolf aus einem deutschen Zuchthaus in das Polizeigefängnis Nürnberg überführt. Im Gefangenenbuch B Nr. 6, in dem der Eingang und Abgang von Gefangenen für die Zeit vom 10. Dezember 1943 bis 15. Februar 1944 vermerkt sind, ist sie als Transportgefangene mit dem Vermerk zu finden:

»Beendigung der Haft am 14. Februar 1944.«

---

* In anderen Dokumenten wird das Geburtsdatum der Emilie Wolf auf den 2. Juli 1882 datiert!

** Stadtarchiv Apolda, Geburtseintrag Standesamt Ulrichshalben Nr. 12/1882.

Dabei handelte es sich um einen Sammeltransport nach Auschwitz.[*]

In den nationalsozialistischen Konzentrationslagern wurden unter Aufsicht der SS auch zu lebenslänglichem Zuchthaus verurteilte Mörderinnen und Mörder gemäß dem Programm *»Vernichtung durch Arbeit«* liquidiert.[**]

---

* Auskunft des Arolsen Archives, International Center on Nazi Persecution.

** Am 18. September 1942 vereinbarten Reichsjustizminister Otto Georg Thierack (* 1889, † 1946) und Reichsführer SS Heinrich Himmler (* 1900, † 1945) das Vernichtungsprogramm »Auslieferung asozialer Elemente aus dem Strafvollzug an den Reichsführer SS zur Vernichtung durch Arbeit.« Ab 8. Januar 1943 wurden mit dem ersten Transport nach Auschwitz erstmals auch sicherungsverwahrte Frauen in die »Vernichtung durch Arbeit« einbezogen (vgl. Nikolaus Wachsmann: Gefangen unter Hitler – Justizterror und Strafvollzug im NS-Staat, Siedler Verlag, München, 2006, S. 309 ff.).

ALBERT KELLNER – DAS SCHICKSAL EINES ZUM TODE VERURTEILTEN ZWEIFACHMÖRDERS

SACHSEN-MEININGEN, THÜRINGEN (1918–1940)

Die behandelnden Ärzte in Münster vermerkten in den mitgeschickten Behandlungsunterlagen über den psychischen Zustand des Häftlings, daß dieser u. a. Kot und Urin unter sich läßt, sich damit selbst und sein Bettzeug beschmutzt sowie über starke Kopfschmerzen und Schmerzen in der rechten Körperseite klagte. Auch stöhnte er laut und litt unter Atemnot. Er sprach stetig gehemmt und gab auf Fragen nur zögernd Antwort.

Es geschah am hellichten Tag! Zwei schreckliche Taten sollten vornehmlich die Bevölkerung der thüringischen Landratsamtsbezirke Saalfeld und Rudolstadt Tage, Wochen und Monate in Atem halten![*] Auch wenn die Verbrechen bald aufgeklärt wurden und der Mörder gefaßt wurde, so fragen sich bis heute Einheimische einhundert Jahre da-

* Vgl. Manja Rabenau: Der Doppelmord in den Wäldern bei Preilipp im Kriegsjahr 1918. In: Rudolstädter Heimathefte, 65. Jg. (2019) Heft 5/6 (Mai/Juni), Herausgeber: Landkreis Saalfeld-Rudolstadt, Presse- und Kulturamt, S. 134 ff. Manja Rabenau ist für den interessanten Beitrag zu danken, gab er doch die Anregung für weitergehende Forschungen, die im nachfolgenden Beitrag ihren Niederschlag gefunden haben.

Wegweiser am Fuße des »Langen Tals« mit Entfernungsangaben für umliegende Orte

nach, was mit dem 1918 zum Tode verurteilten Täter passierte.

Erst umfangreiche, sehr aufwendige Recherchen in zahlreichen thüringischen Archiven und denen in anderen deutschen Bundesländern konnten nun Licht ins Dunkel bringen.

Was war geschehen? Am 26. Februar 1918 berichteten lokale Zeitungen, darunter die *Rudolstädter Landeszeitung für die Fürstentümer Schwarzburg* über eine schreckliche Tat, die sich ganz in der Nähe der Residenzstadt Rudolstadt des Fürstentums Schwarzburg-Rudolstadt, aber auf dem Territorium des Herzogtums Sachsen-Meiningen im sogenannten »Langen Tal« vermutlich am Sonnabend nachmittag oder frühen Abend des 23. Februar zwischen Dorfkulm und Oberpreilipp ereignet hatte.

Martha Lipfert, die Tochter des Oberpreilipper Dorfschulzen, wohnte mit dem Landwirt Lipfert, der erst jüngst mit der 24jährigen Frau verheiratet worden war und zur Zeit der Tat als Reserveoffizier an der Front stand, in Dorfkulm. An besagtem Tag kehrte Martha nicht von einem Besuch bei ihren Großeltern in Oberpreilipp zurück, so daß sich die Angehörigen der jungen Frau wegen der unsicheren Kriegszeiten große Sorgen machten und die Suche nach ihr aufnahmen. Am folgenden Sonntag morgen bot sich den Suchenden ein grausiges Bild. Martha lag mit durchgeschnittener Kehle in einem Gebüsch am sogenannten Schulweg. Sofort wurde das zuständige Rudolstädter Amtsgericht informiert, und die Staatsanwaltschaft in Person des Rudolstädter Ersten Staatsanwaltes Geheimer Justizrat Bernhardt nahm die Untersuchung des Verbrechens auf, wobei die erste Tatortbesichtigung die Vermutung nahelegte, es sei zu einem Kampf zwischen dem Opfer und dem Täter gekommen, und womöglich liege nicht nur ein Raubmord, sondern auch ein Lustmord vor. Gewißheit über die genauen Umstände der Tat sollte die Obduktion der Leiche erbringen, die ergab, daß die junge Frau Lipfert nicht sexuell mißbraucht worden war. Die ermittelten Umstände des Verbrechens deuteten nicht auf eine Beziehungstat, sondern auf einen brutalen Raubmord hin, denn von den durch die Ermordete mitgeführten Gegenständen fehlte jede Spur. Zu dem Raubgut gehörten hausgeschlachtete Wurst und Schweinefleisch, Eier, ein paar selbstgeflochtene Schuhe und etwas Geld. Vor allem die mitgeführten Lebensmittel dürften in der von Hunger geprägten Zeit des Kriegsjahres 1918 Objekte der Begierde des Täters gewesen sein.

Die Ermittlungen gingen in alle Richtungen. Der anfängliche Verdacht gegen einen russischen Kriegsgefangenen, der bereits bei einem Lebensmitteldiebstahl ertappt worden war, bestätigte sich nicht. Die Umstände der Tat erinnerten die Untersuchungsbeamten an ein ebenfalls grauenhaftes und noch unaufgeklärtes, etwa zwölf Jahre zurückliegendes Tötungsverbrechen an der 28jährigen ledigen Bertha Jahn aus Langenschade*, die auf ihrem Heimweg vom Saalfelder Markt an der Straße Saalfeld–Schloßkulm in der Nähe des Forstortes »Katze« erdrosselt aufgefunden wurde. Die eiligst aus der Altregistratur der schwarzburgischen Staatsanwaltschaft beim Landgericht Rudolstadt hervorgeholte Untersuchungsakte ergab aber keine weiterführenden Ermittlungsansätze für den aktuellen Mordfall. Nicht unerwähnt bleiben soll, daß in diesem Zusammenhang die Presse von einem noch weiter zurückliegenden Mord am Rande der Berichterstattung über den aktuellen Mordfall informierte, eventuell um Bewohner einsamer Gegenden vor allem in den unsicheren Zeiten des Krieges vor Raubüberfällen zu warnen. Und zwar hatte 1831 der Raubmörder Johann Christian Mackedanz den Zöllner und Tischler Johann Gottlieb Samuel Amende aus Naschhausen unweit des sogenannten Katzenweges erschlagen.**

Aufgrund von Zeugenaussagen umliegender Ortschaften, die einem verdächtigen Mann begegnet waren, ergab sich zum aktuellen Fall der ermordeten Frau Lipfert schon kurz darauf ein Bild von dem Täter. Die nun vorliegenden Erkenntnisse wurden der örtlichen Presse in Rudolstadt und Saalfeld übermittelt. Am 26. Februar 1918 beschrieb die *Rudolstädter Landeszeitung für die Fürstentümer*

---

* Vgl. Frank Esche: Der Zuckerstrickfall in Langenschade – eine thüringische Dorftragödie, 1912. In: Thüringer Mord-Pitaval, 1606–1968, Band 2, Verlag Kirchschlager 2017, S. 104–152.

** Vgl. Frank Esche: Das heilende Blut des Saalfelder Raubmörders, 1831. In: Thüringer Mord-Pitaval, 1766–1938, Band 1, Verlag Kirchschlager 2016, S.40–71.

Schwarzburg den Mörder wie folgt: *»Als Täter kommt ein bis jetzt noch nicht gefaßter Soldat in Frage, der folgendermaßen beschrieben wird: Größe etwa 1,70 Mt., mittlere Statur, dunkles Haar, unrasierter dunkler Bart, blasse, gelbliche Farbe, feldgraue Uniform, Hose in die Stiefel gesteckt, Kopfbedeckung Feldmütze, Seitengewehr nicht umgeschnallt.«*

Während der Suche nach dem gefährlichen Täter ereignete sich ein weiterer Mord. Die Ereignisse überschlugen sich. Alles deutete darauf hin, daß der gesuchte Militärangehörige eine zweite Bluttat, diesmal im wenig entfernten Remschütz, begangen habe. Dort fand man den einbeinigen Kriegsveteranen Robert Staps in seinem Bahnwärterhäuschen. Der Schrankenwärter war mit elf Messerstichen niedergestreckt und zum Teil entkleidet worden. Vor seinem Tod muß sich der Angegriffene heftig gewehrt haben, denn der vorgefundene Tatort und eine später beim Täter festgestellte Verletzung bezeugten dies. Am 28. Februar 1918 vermeldeten die Zeitungen auch, daß der Täter sich in der bei Rudolstadt liegenden Militärbadeanstalt Schillershöhe umgekleidet habe, denn seine Militärkleidungsstücke wurden dort aufgefunden. Die Ermittler konnten nun davon ausgehen, einen Mann in der Bekleidung eines Bahnwärters suchen zu müssen. Der Mörder, so berichtete die *Rudolstädter Landeszeitung für die Fürstentümer Schwarzburg* weiter, sei, wie man erfahren habe, der Reservist *»Albert Kellner von der Genesungskompagnie des Ersatzbataillons des Reserve-Infanterie-Regiments Nr. 82, welcher flüchtig ist und – im heutigen Anzeigeteil ersichtlich – vom hiesigen Bataillonskommandeur wegen unerlaubter Entfernung und Einbruchdiebstahls steckbrieflich verfolgt wird [...] Auf seine Ermittlung hat der hiesige Erste Staatsanwalt 1000 Mark Belohnung ausgesetzt. [...] Wie gemein-*

gefährlich der Verbrecher ist, kann man auch daraus ersehen, daß er schon vorbestraft war, weil er im Felde eine 65–70jährige Französin vergewaltigt hatte.«

Die Bevölkerung wurde ausdrücklich vor dem gefährlichen Täter gewarnt, und aufgefordert, abgelegene Landstriche nicht alleine zu betreten.

Der am 6. Februar 1886 in Niedersachswerfen* geborene und wohnende Albert Kellner konnte am Sonnabend, dem 2. März 1918, nach Hinweisen einer Frau aus seinem Wohnort in Nordhausen beim Besteigen eines Zuges verhaftet werden. Der Militärangehörige leugnete zunächst seine Identität und die Morde. Nachdem man jedoch bei der Durchsuchung seiner Wohnung die Mütze des Bahnwärters entdeckt hatte, gestand er die Tat an Robert Staps, leugnete aber die Ermordung Martha Lipferts. Noch am Abend seiner Festnahme überstellten ihn die Beamten an das zuständige Gericht in Rudolstadt, wo ihn Begleitsoldaten am Bahnhof vor Lynchjustiz wütender Bürger schützen mußten. Etwa zehn Tage später gestand Kellner auch den brutalen Mord an Frau Lipfert.

Das *Saalfelder Kreisblatt* hatte inzwischen Einzelheiten über das Leben des Täters in den Tagen nach dem Verbrechen berichtet. Danach habe dieser in Saalfeld ein »schönes Leben geführt«, bei verschiedenen Frauen sowie im Gasthaus gezecht und von einer seiner Liebschaften das geraubte Fleisch zubereiten lassen, das sie gemeinsam verzehrt hätten. Einer anderen Frau habe er die erbeuteten Schuhe geschenkt.

Am 19. April 1918 begann im Landgericht Rudolstadt unter großer Anteilnahme der Bevölkerung, darunter 50 Frau-

---

* Niedersachsenwerfen ist heute ein Ortsteil der Landgemeinde Harztor im Landkreis Nordhausen im Freistaat Thüringen.

Weitere amtliche Bekanntmachungen.

1000 Mark Belohnung.

Am Sonnabend, den 23. Februar nachmittags ist bei Oberpreilipp Frau Marta Lipfert, geb. Kellner aus Dorfkulm ermordet worden.

Auf die Ermittelung des Täters ist eine Belohnung von **eintausend Mark** ausgesetzt.

Ich ersuche Verdachtsspuren hierher zu J 328 18 mitzuteilen.

Rudolstadt, den 26. Februar 1918.

Der Erste Staatsanwalt.
Bernhardt.

Steckbrief.

Gegen den unten beschriebenen Reservisten **Albert Kellner**, Genesenenkompagnie des Ersatzbataillons des Reserve-Infanterie-Regiments 82, welcher flüchtig ist, wird wegen unerlaubter Entfernung und Einbruchdiebstahls dieser Steckbrief erlassen.

Kellner ist am 6. 2. 1886 in Niedersachswerfen, Kreis Ilfeld, geboren und im bürgerlichen Beruf Fabrikarbeiter in Nordhausen.

Es wird ersucht, in zu verhaften und an den unterzeichneten Bataillonskommandeur in die Militärarrestanstalt in **Rudolstadt** oder an die nächste Militärbehörde zum Weitertransport hierher abzuliefern.

Rudolstadt, den 23. Februar 1918.

Meier,
Major und Batl. Kdr.

Beschreibung:

Alter 32 Jahre,
Statur kräftig
Größe 1 m 70 cm,
Haare blond,
Augen braun,
Mund gewöhnlich,
Gesicht länglich,
Sprache angeblich stumm,
Nase groß,
Bart blonder Schnurrbart,
Gesichtsfarbe gesund,
Besondere Kennzeichen: —

Kleidung: Feldgraue Uniform, Band zum Eisernen Kreuz II. Klasse, Feldmütze, Militärstiefel, Mantel, kein Koppel.

Steckbrief zur Suche nach Albert Kellner, veröffentlicht in der Rudolstädter Landeszeitung für die Fürstentümer Schwarzburg *vom 28.2.1918.*

Landgericht Rudolstadt um 1930.

en aus Rudolstadt und Umgebung, sowie Pressevertretern aus ganz Thüringen der mit Spannung erwartete Prozeß gegen den Deserteur und Raubmörder Albert Kellner.

Da der Angeklagte Militärangehöriger war, verhandelte das Erfurter Kriegsgericht die Kapitalverbrechen Kellners im Rudolstädter Schwurgerichtssaal unter dem Vorsitz des Majors Meier mit den Beisitzern Hauptmann Wittekind und Oberleutnant Koch, dem Verhandlungsführer Kriegsgerichtsrat Lippert und dem Anklagevertreter Kriegsgerichtsrat Klemm. Als Hilfsrichter fungierte Oberleutnant Dr. Remmler. Die Verteidigung des Angeklagten übernahm Justizrat Wedel aus Rudolstadt.

Albert Kellner wurde kurz vor Beginn der Verhandlung gefesselt von vier bewaffneten Soldaten in den Saal geführt. Die Presse berichtete einheitlich, daß der Delinquent einen gebrochen Eindruck machte und merklich zusammenzuckte, als seine Frau als Zeugin erschien. Zu Beginn der Verhandlung wurde festgestellt, daß der Vater von vier Kindern am 7. August 1914 in den Krieg eingezogen worden war und an der Westfront an 14 Gefechten teilgenommen hatte. Der mit dem Eisernen Kreuz 2. Klasse Ausgezeichnete wurde später verwundet und dabei verschüttet, wobei er zeitweilig die Sprache verlor.

Nach einem Hühner- und Kaninchendiebstahl während seiner Dienstzeit in Rudolstadt war der Militär der Tat überführt worden und aus Angst vor einer Strafe desertiert. Auf die Frage des Verhandlungsführers Kriegsgerichtsrat Lippert, ob er sich dauerhaft vom Militär entfernen wollte, schwieg der Angeklagte.

Daraufhin forderte Lippert Kellner auf zu berichten, was am Tag nach der Desertation geschehen sei. Der Befragte berichtete, am 23. Februar 1918 in Richtung Saalfeld gegangen und Frau Lipfert im »Langen Tal« begegnet zu sein.

Lippert: *»Was geschah dann?«*

Kellner: *»Wie ich ein Stück an ihr vorbei war, fiel mir ein, daß sie eine Tasche trug, und so ging ich zurück und fragte sie, ob sie in ihrer Handtasche etwas zu essen habe, ich wollte ihr etwas abkaufen. Sie sagte, sie hätte nichts. Darauf faßte ich in die Tasche und fühlte, daß Eier drin waren. Da wollte ich sie ihr wegnehmen. Da riß sie sich los. Da kriegte ich sie und habe sie festgehalten und habe die Tat begangen.«*

Lippert: *»Was für eine Tat? Erzählen Sie das doch auch so ausführlich wie seinerzeit in der Voruntersuchung. Sie sagen, Sie hätten zunächst nur die Lebensmittel der Frau Lipfert haben wollen. Sie haben sie aber doch umgebracht.«*

Kellner: *»Weil sie sich wehrte.«*

Lippert: *»Nur deshalb?«*

Kellner: *»Ja. Als ich sie gepackt hatte, wehrte sie sich so, daß sie den Hut verlor und die Haare aufgingen.«*

Lippert: *»Wie kamen Sie aber dazu, sie ohne weiteres umzubringen?«*

Kellner: *»Ich weiß es selber nicht.«*

Lippert: *»Na, na, früher haben Sie das ganz anders erzählt. Um ein paar Eier zu bekommen, bringt man doch nicht gleich einen Menschen um, namentlich Sie nicht, der Sie bis dahin doch überhaupt nicht wegen Diebstahls bestraft waren.«*

Kellner: *»Ich weiß überhaupt nicht, wie ich dazu gekommen bin.«*

Lippert: *»In der Voruntersuchung haben Sie ausgesagt: Im Kampf warf ich sie zu Boden, holte mein großes Zuklappmesser heraus und schnitt ihr den Hals durch. Ich überlegte, daß der Raub nicht verborgen bleiben könnte, wenn ich sie nicht beseitigte.«*

Auch nach dieser Bemerkung des Verhandlungsführers schwieg der Angeklagte. Daraufhin hielt ihn Lippert sein Verhalten nach der Tat vor, vor allem die nacheinander erfolgten Übernachtungen bei drei Frauen in Saalfeld.

»Als ich merkte«, so Kellner, *»daß man mich steckbrieflich suchte, wanderte ich mit dem Ziel umher, mir Zivilkleidung zu besorgen, in der Gegend von Saalfeld und erreichte das Bahnwärterhäuschen des Robert Staps an der Zugstrecke Remschütz–Schwarza.«*

Lippert: *»Zu welchen Maßnahmen waren Sie entschlossen, als Sie die Bude betraten?«*

Kellner: *»Ich wollte den Mann kampfunfähig machen.«*

Lippert: *»Sie hatten doch mehrere Messer bei sich?«*

Kellner: *»Ja. Ich wollte ihn in die Arme stechen.«*

Lippert: *»Sonst nichts?«*

Kellner: *»Nein.«*

Lippert: *»Fürchteten Sie nicht, daß der Mann um Hilfe rufen könnte?«*

Kellner: *»Das Haus war sehr abgelegen.«*

Lippert: *»Wie ging nun die ganze Sache vor sich?«*

Kellner: *»Ich trat ein und bat den Staps um etwas Kaffee. Er sagte aber, er hätte keinen. Darauf stach ich auf ihn ein.«*

Lippert: *»Sie haben ihn nun aber nicht nur in die Arme gestochen, sondern derartig zugerichtet, daß er alsbald tot war.«*

Nun schwieg der Angeklagte wieder und es wurde ihm vorgehalten, daß er den einbeinigen Invaliden mit elf Dolchstichen traktiert habe, ihm Kleidung und 25 Mark raubte.

Albert Kellner war dann nach Hause zu seiner Frau gefahren und bekanntlich kurz darauf in Nordhausen gestellt worden.

Im Verlauf der Verhandlung wurde auch die Frage erörtert, ob Kellner nicht auch anfangs die Absicht gehabt haben könnte, an Frau Martha Lipfert ein Sittlichkeitsverbrechen zu verüben.

Lippert: *»Es spricht auch gegen Sie, daß Sie viel mit Weibern zu tun gehabt und sich sexuell immer stark betätigt haben. Ihre im Felde vernommenen Kameraden haben ausgesagt, daß Sie im besetzten Gebiet alsbald auf die Dörfer gegangen seien. Auch in Ihrer Dienstzeit in Mörchingen sollen Sie hinter den Mädchen her gewesen sein?«*

Kellner: *»Da gab es nicht so viele, daß für mich etwas übrig blieb.«*

Lippert: *»Sie sind ja auch wegen Sittlichkeitsverbrechen bestraft und haben doch in Saalfeld nach Ihrer Rückkehr aus dem Felde mit verschiedenen Frauenzimmern zu tun gehabt. Die Französin, die Sie vergewaltigten, soll sogar ganz alt und buckelig gewesen sein. Das alles läßt doch den Schluß zu, daß Sie von der Frau Lipfert mehr wollten als nur ein paar Lebensmittel.«*

Kellner: *»Nein. Ich wollte nur die Sachen haben.«*

Der Verhandlungsführer stellte ihm nun die Frage, ob er geistig beziehungsweise körperlich krank gewesen oder diesbezüglich erblich belastet sei, worauf Kellner antwortete, er sei weder geschlechtskrank noch ein Trinker. Dagegen leide er seit seiner Verschüttung dauernd an Schwindelanfällen.

Unter Ausschluß der Öffentlichkeit erfolgte die Vernehmung der Zeuginnen, mit denen der Angeklagte nach dem Mord an Frau Lipfert kurzzeitig verkehrte, die ihm aber kein abnormes Sexualverhalten attestierten.

Zur Anhörung der Sachverständigen war das Publikum dann wieder zugelassen. Der Saalfelder Sanitätsrat Heimkampf begutachtete, daß Frau Lipfert sich heftig gegen den Angreifer gewehrt habe und infolge der Durchtrennung ihrer Halsschlagader verblutet sei. Auch der Bahnwärter sei durch hohen Blutverlust nach zahlreichen Messerstichen verblutet. Auf entsprechende Anfrage des Verteidigers, ob der Angeklagte *»erblich belastet«* bzw. krank sei, als geborener Verbrecher angesehen werden müsse oder ob er sich bei Begehung seiner Straftaten im Zustand einer Willensunfreiheit befunden habe, erwiderte der Sachverständige, daß man den Angeklagten für völlig zurechnungsfähig halten müsse.

Im Ergebnis mehrerer Besuchsgespräche in der Untersuchungshaftanstalt Rudolstadt führte Stabsarzt Schneider aus, daß der Angeklagte normal geboren und bis zum Krieg gesund gewesen sei.

»Erst der Krieg«, so berichtete die Landeszeitung über die Ausführungen Schneiders, *»habe ihn zum sexuell stark erregbaren und zugleich unsozialen Menschen gestaltet. Er, der Sachverständige, glaube bestimmt, daß Kellner zunächst ein Sittlichkeitsverbrechen an Frau Lipfert beab-*

sichtigt habe und erst im Augenblick der Nichterfüllung seiner Wünsche zu dem Raube und im Anschluß daran zu der Mordtat gekommen sei. Ein Strafausschließungsgrund liege natürlich auch deshalb nicht vor.«

Der Zeugenvernehmung folgte das Plädoyer des Anklagevertreters Kriegsgerichtsrat Klemm. Da Kellner sich dauerhaft von der Truppe entfernen wollte, forderte er für die Fahnenflucht ein Jahr Gefängnis und Versetzung in die zweite Klasse des Soldatenstandes.* Für die Mordtaten beantragte der Jurist die zweifache Todesstrafe, 15 Jahre Zuchthaus sowie dauerhaften Ehrverlust.

Der Rudolstädter Verteidiger Justizrat Wedel bezeichnete das Verhalten seines Mandanten als abnorm. Schließlich habe der Angeklagte kurz nach seinem Mord an Frau Lipfert die geraubten Eier seelenruhig verspeist. Kellner bewies damit, daß ihm sämtliche sittlichen Hemmungen fehlten. Er habe beide Opfer sinn- und gedankenlos abgeschlachtet, ohne darüber nachzudenken, ob die Taten zur Erreichung seiner Ziele überhaupt erforderlich seien. Da der Angeklagte ohne Vorsatz und Überlegung gehandelt

---

* Die Versetzung in die zweite Klasse des Soldatenstandes war eine Militärstrafe, die zwischen 1808 und 1921 zunächst in Preußen, später auch in allen anderen deutschen Staaten gegen Soldaten ausgesprochen werden konnte. Sie galt als besonders schwere Ehrenstrafe und wurde bei Unteroffizieren und Mannschaften angewendet; Unteroffiziere wurden gleichzeitig degradiert. Offiziere wurden statt dessen, unter Verlust all ihrer erworbenen Rechte, aus dem Dienst entfernt. Die Bestraften hatten ihre Soldatenehre verwirkt, selbst dann, wenn sie infolge des Urteils ihre bürgerlichen Ehrenrechte nicht verloren hatten. Eine Rehabilitierung konnte nur auf besonderen Antrag erfolgen und bedurfte der Zustimmung des Landesherrn. Erst dann war auch eine Beförderung im Dienstgrad wieder möglich. Äußerlich kenntlich waren die Bestraften durch den Verlust der Nationalkokarde an der Kopfbedeckung sowie aller aberkennungsfähigen äußeren Ehrenzeichen (Dienstauszeichnungen u.ä.). Vor der Aberkennung besonderer Auszeichnungen (z.B. für Tapferkeit) war die Zustimmung des verleihenden Landesherrn einzuholen.

habe, liege in beiden Fällen rechtlich nicht Mord, sondern Totschlag vor.

Albert Kellner erklärte in seinem letzten Wort: *»Ich bitte um mildernde Umstände!«*

Darauf entgegnete ihm der Verhandlungsführer: *»Das gibt es bei Mord doch nicht. Haben Sie sonst nichts anzuführen?«*

Kellner: *»Nein.«*

Daraufhin zog sich das Gericht zur Beratung zurück und verkündete 13.30 Uhr folgendes Urteil:

»1. Der Angeklagte wird wegen Desertion zu einem Jahr Gefängnis und zur Versetzung in die zweite Klasse des Soldatenstandes,

2. Wegen Mordes an Frau Lipfert in Tateinheit mit Raub zum Tode und

3. Wegen Totschlages an dem Bahnwärter Stabs zu lebenslänglichem Zuchthaus, ferner zu dauerndem Verlust der bürgerlichen Ehrenrechte und zur Entfernung aus dem Heer verurteilt.«

Während der gesamten Verhandlung, die vier bis fünf Stunden dauerte, verhielt sich der Angeklagte zwar bedrückt und kleinlaut, zeigte aber kaum Reue über seine grausamen Verbrechen. Bei Verkündung des Urteils befiel den Angeklagte keinerlei Erregung, nahm es mit kalter Gleichgültigkeit entgegen und wurde schließlich in klirrenden Ketten abgeführt. Am 27. April 1918 teilte die *Landeszeitung* mit, Albert Kellner habe Berufung gegen das Urteil eingelegt, *»was wohl nur eine Verzögerung in der Vollstreckung desselben herbeiführen wird«*.

Wie sehr sich der hier federführende Journalist täuschte, sollte sich später herausstellen! Am 2. Mai 1918 teilte die *Rudolstädter Zeitung* in einem Vierzeiler unter der Schlagzeile *»Der Mörder Kellner geisteskrank?«* mit, daß aufgrund von Informationen der Ehefrau des Albert Kellner dessen Verteidiger Wedel einen Antrag gestellt habe, den verurteilten Mörder in einer Irrenanstalt auf seinen Gesundheitszustand untersuchen zu lassen, was der Justizrat einen Tag später dementierte.

In seinem rechtskräftig eingelegten Berufungsantrag gegen das Urteil des Kriegsgerichts Erfurt hatte Verteidiger Wedel jedoch wie in seinem Plädoyer im Rudolstädter Prozeß moniert, das Militärgericht habe die Umstände der Taten Kellners nicht korrekt bewertet, denn auch bei dem Tod der Frau Lipfert handele es sich um Totschlag, womit die Todesstrafe nicht zu verhängen, sondern in eine lebenslängliche Zuchthausstrafe umzuwandeln sei. In dem Verhalten Albert Kellners sehe er eine durch die Grausamkeiten des Krieges hervorgerufene schwere Persönlichkeitsstörung.

Das zuständige Berufungsgericht, das Oberkriegsgericht in Kassel, bestand aus sieben Richtern, allesamt Offiziere, daß in seiner juristischen Würdigung auf die schriftlich fixierten Zeugenaussagen im Rudolstädter Prozeß zurückgriff. Am 13. Juli 1918 bewertete das Oberkriegsgericht in Kassel beide Verbrechen Albert Kellners als Morde, stellte dessen Schuldfähigkeit fest und verurteilte ihn zweimal zum Tode. Gegen das Urteil des Oberkriegsgerichts stand als letztes Rechtsmittel der Antrag auf Revision vor dem Reichsmilitärgericht zur Verfügung. Kurz darauf wurde bekannt, daß Kellner tatsächlich Revision beantragte und außerdem darum bat, ihn unter Straferlaß an die Front zu schicken.

Am 10. September 1918 teilten die Rudolstädter Zeitungen mit, Kellners Prozeß habe nun, nachdem das Reichsmilitärgericht ihn wegen zweifachen Mordes zum Tode verurteilt habe, die letzte Instanz durchlaufen und ihm stehe nur noch der Gnadenweg offen.

Trotz des vor allem in Rudolstadt, Saalfeld und Umgebung weiterhin bestehenden großen Interesses an dem weiteren Geschehen in der Mordangelegenheit berichtete die Presse in den folgenden Monaten sehr spärlich über den Fortgang der Ereignisse. Dies war sicherlich auch den Wirren und bewegten politischen Ereignissen während und nach der Novemberrevolution 1918 in Deutschland geschuldet. Fest steht, daß Kellner Ende 1918 im Erfurter Militärgefängnis einsaß. Möglicherweise profitierte der Raubmörder von den im Sommer 1919 in Gang gesetzten Bestrebungen zur Abschaffung der Todesstrafe in Deutschland, so daß die *Landeszeitung* am 10. Juli 1919 in einem Beitrag spekulierte, die Todesstrafe des Mörders könne in eine lebenslängliche Zuchthausstrafe oder Festungshaft umgewandelt worden sein.

Danach verlor sich die Spur des zum Tode verurteilten Zweifachmörders* Albert Kellner. Unklar war, ob das Todesurteil gegen Kellner vollstreckt wurde oder seine Begnadigung zu einer lebenslänglichen Zuchthausstrafe erfolgte, die ihm zumindest Option ließ, irgendwann durch Erlassung der Reststrafe auf dem Gnadenweg die Freiheit zurückzuerlangen.

Recherchen über den weiteren Verbleib des Albert Kellner erwiesen sich als außerordentlich zeitaufwendig und kompliziert, da die Akten des Heeresarchivs der Preußischen Armee bei einem Luftangriff auf Potsdam 1945 zum größten Teil verbrannt sind. Einhundert Jahre nach Kell-

* Albert Kellner war ein Mörder, der zwei Menschen ermordet hat, aber kein Doppelmörder. Von einem Doppelmord wird gesprochen, wenn es bei den Morden einen unmittelbaren zeitlichen und örtlichen Zusammenhang gibt.

ners brutalen Morden ergaben nun Recherchen, welches Schicksal den Niedersachswerfener ereilte.

Am 23. Januar 1940 wurde der Zuchthaushäftling Albert Kellner (Aufnahmenummer 11776) in die Provinzialheilanstalt Eickelborn* mit der Diagnose »atherosklerotische** Verblödung« sowie der vermuteten Ursache auf Erweichungsherde im Gehirn eingeliefert und damit die Strafvollstreckung seiner lebenslänglichen Zuchthausstrafe unterbrochen.

Die Strafe des am 6. Februar 1886 in Niedersachswerfen bei Nordhausen geborenen, vom Reichsmilitärgericht in letzter Instanz zum Tode verurteilten Mörders war demnach offensichtlich in der Zeit der Weimarer Republik in lebenslängliches Zuchthaus umgewandelt worden. Die letzte Zeit vor seiner Einweisung verbrachte der Häftling laut Krankenunterlagen im Haftkrankenhaus des Zuchthauses Münster, das ihn als inzwischen Geisteskranken in die Anstalt Eickelborn transportieren ließ. Den dortigen Aufnahmepapieren und weiteren Vorgängen in der Patientenakte ist folgendes zu entnehmen:

Albert Kellner besuchte die Volksschule in Niedersachswerfen mit ausreichendem Erfolg. Der seit Juli 1907 mit Anna, geborene Steinecker, verheiratete Fabrikarbeiter war Vater von zwei Söhnen und zwei Töchtern (zwei weitere Kinder waren tot geboren worden). Mit Kriegsbeginn 1914 zog er ins Feld. Während seiner Militärzeit wurde er 1915

---

* Eickelborn ist heute ein Stadtteil der westfälischen Stadt Lippstadt. Das dort gelegene ehemalige Rittergut der Herren von Ekeneberne gelangte 1878 in den Besitz der Provinz Westfalen, die darin 1882 eine Pflegeanstalt eröffnete.

** Atherosklerose (unpräzise auch Arteriosklerose) bezeichnet die krankhafte Einlagerung von Cholesterinestern und anderen Fetten in die innere Wandschicht arterieller Blutgefäße. Die Atherosklerose tritt bevorzugt an den Herzkranzgefäßen, der Aufzweigung der Halsschlagader und den großen Beinarterien auf.

wegen unzüchtiger Handlungen an einer Französin zu eineinhalb Jahren Gefängnis verurteilt und nach seiner Rückkehr zum Militär 1917 an der Front verschüttet. 1917 zog die Familie von Salza* nach Nordhausen um.

Im Jahr 1938 erlitt der einstige Reservist im Zuchthaus Kassel-Wehlheiden einen Schlaganfall, der zur Bewußtseinstrübung, verbunden mit starker Unruhe, sowie zur Lähmung der rechten Körperhälfte führte. Monate später wurde er zur weiteren Beobachtung in das Zuchthaus Münster verlegt.

Die Krankenakte Albert Kellners enthält folgende Bemerkung: *»Seit dem 3.10.1918 verbüßt er wegen Fahnenflucht, 2maligem Todtschlag und Raub eine lebenslängliche Zuchthausstrafe.«*

Dies läßt darauf schließen, daß seine Verbrechen juristisch letztendlich doch nicht als Morde, sondern als Totschläge bewertet wurden. Die weiterführende Notiz *»Während seiner Strafverbüßung wurde er wegen schwerer Meuterei mit 4 Jahren Zuchthaus bestraft«* bestätigt, daß Kellner auch während seiner Haftzeit ein gefährlicher Mensch blieb.

Die behandelnden Ärzte in Münster vermerkten in den mitgeschickten Patientenunterlagen über den psychischen Zustand des Häftlings, daß dieser u. a. Kot und Urin unter sich lasse, sich damit selbst und sein Bettzeug beschmutze sowie über starke Kopfschmerzen und Schmerzen in der rechten Körperseite klage. Auch stöhne er laut und leide unter Atemnot. Er sprach stetig gehemmt und gab auf Fragen nur zögernd Antwort.

In der Akte der Heilanstalt Eickelborn vermerkten die ihn ab Januar 1940 behandelnden Ärzte:

---

* Salza ist heute ein Stadtteil im Norden der Stadt Nordhausen in Thüringen.

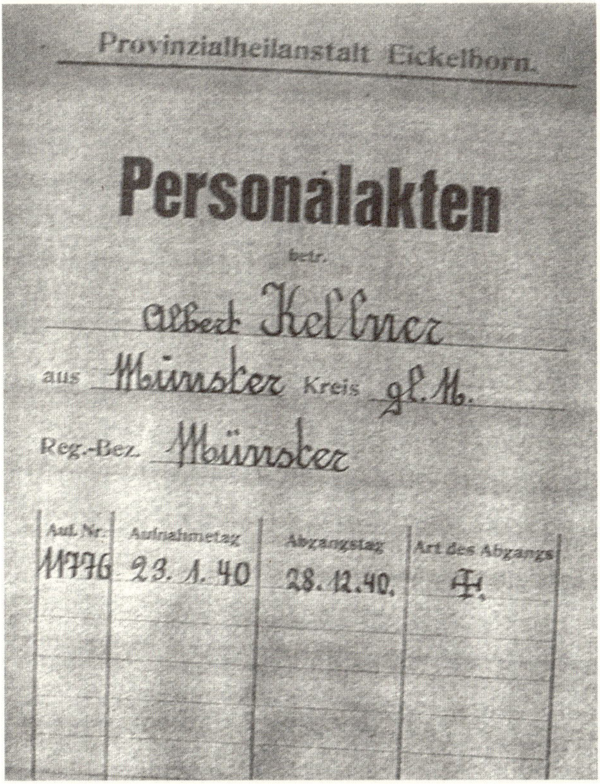

Provinzialheilanstalt Eickelborn.

Personalakten

betr.

Albert Kellner

aus Münster Kreis gl. M.

Reg.-Bez. Münster

Aufl. Nr.	Aufnahmetag	Abgangstag	Art des Abgangs
11776	23. 1. 40	28. 12. 40.	†.

Personalakte des Albert Kellner aus Münster –
Provinzialheilanstalt Eickelborn.

»Bei der Exploration geht Patient auf Fragen ein, die Antworten folgen langsam, zögernd, die Sprache ist undeutlich verwaschen. Gibt gute Auskunft über seine Angehörigen, mit denen er noch in Verbindung stünde. Zeigt keine Anteilnahme für die Ereignisse der Zeit, weiß nicht, daß Krieg ist, liegt stumpf im Bett, tritt nie mit Fragen an einen Pfleger heran. Drängt alle halbe Stunde zur Defäka-*

* Exploration: Erkunden bestimmter Sachverhalte und Stimmungen mittels qualifizierter Gesprächsführung.

tion[*]*, muß dabei unterstützt werden, hält sich aber sauber, hilfsbedürftig. Nahrungsaufnahme und Schlaf ohne Befund«*

März 1940 verschlechterte sich der Zustand Kellners zunehmend. Seine Gehirngefäßverkalkung verstärkte sich und eine Gehirnblutung verschärfte den schlechten Gesundheitszustand des Patienten. In den Behandlungsunterlagen wurde festgehalten, daß er immer verwirrter wurde und eine Verständigung nicht mehr möglich war. Schließlich gelangte die Notdurft nur noch ins Bett und die Nahrungsaufnahme war lediglich mit Hilfe möglich.

Nur wenige Tage vor dem Jahreswechsel 1940/41 teilte der Direktor der Provinzialheilanstalt Eickelborn Frau Anna Kellner in Nordhausen mit, daß ihr Mann Albert Kellner am 28. Dezember 1940 verstorben sei. Falls sie die Leiche nicht abhole, so der Leiter der Anstalt, finde die Beerdigung am 31. Dezember 1940, 14.30 Uhr, auf dem Anstaltsfriedhof statt. Aus einem Schreiben der Patientenakte geht jedoch hervor, daß die Leiche Kellners, dessen Todesursache mit Marasmus nach Apoplexie[**] angegeben wurde, dem Anatomischen Institut in Münster zur Verfügung gestellt wurde.

Im Gedenken an die bedauernswerte Martha Lipfert wurde am Ort des Verbrechens ein Gedenkstein mit einer Bank errichtet, der sich jedoch inzwischen nicht mehr an der ursprünglichen Stelle befindet, sondern an einem anderen Standort, der das »Lange Tal« genannt wird. Außerdem erinnert eine Gedenktafel an die so grausam ermordete junge Frau.

---

* Defäkation ist ein physiologischer Vorgang, der das Rektum entleert und damit die unverdaulichen Nahrungsbestandteile entsorgt.

** Proteinmangel nach Schlaganfall.

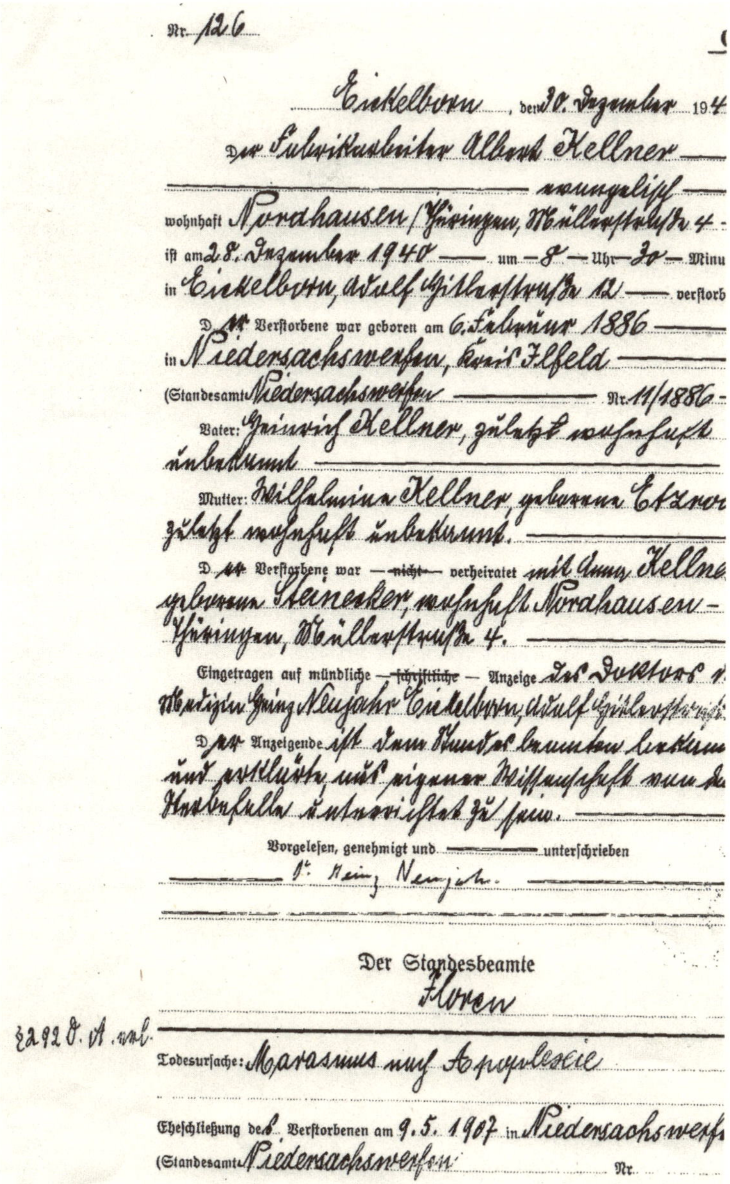
Nr. 126

Eickelborn, den 30. Dezember 194

Der Fabrikarbeiter Albert Kellner

evangelisch

wohnhaft Nordhausen/Thüringen, Müllerstraße 4

ist am 28. Dezember 1940 um 8 Uhr 30 Minu

in Eickelborn, Adolf Hitlerstraße 12 verstorb

Der Verstorbene war geboren am 6. Februar 1886

in Niedersachswerfen, Kreis Ilfeld

(Standesamt Niedersachswerfen Nr. 11/1886

Vater: Heinrich Kellner, zuletzt wohnhaft unbekannt

Mutter: Wilhelmine Kellner, geborene Etzro zuletzt wohnhaft unbekannt.

Der Verstorbene war ~~nicht~~ verheiratet mit Anna Kellne geborene Steinecker, wohnhaft Nordhausen-Thüringen, Müllerstraße 4.

Eingetragen auf mündliche ~~schriftliche~~ Anzeige des Doktors der Medizin Heinz Neujahr Eickelborn, Adolf Hitlerstraße

Der Anzeigende ist dem Standesbeamten bekannt und erklärte aus eigener Wissenschaft vom dem Sterbefalle unterrichtet zu sein.

Vorgelesen, genehmigt und unterschrieben

Dr. Heinz Neujahr.

Der Standesbeamte

Floren

E 2928. A. [illegible]

Todesursache: Marasmus nach Apoplexie

Eheschließung des Verstorbenen am 9. 5. 1907 in Niedersachswerf

(Standesamt Niedersachswerfen Nr.

Sterbeurkunde für Albert Kellner vom 30. Dezember 1940.

Gedenktafel für Martha Lipfert an einem Baum im »Langen Tal«.

DER REVIERJÄGERTOTSCHLAG AUF DEM RATHSFELD BEI FRANKENHAUSEN

SCHWARZBURG-RUDOLSTADT, THÜRINGEN (1918–1926)

Selbst die letzte Feststellung der Geschworenen, daß der Beamte in geistiger Hinsicht zu Sonderlichkeiten neige, weil er zum Beispiel seine Töchter auf einer Wiese Parademarsch üben ließ und deshalb in der Gegend allgemein als verrückt angesehen wurde, sollte wohl seiner Begnadigung dienlich sein.

Der Rudolstädter Erste Staatsanwalt Justizrat Dr. Bernhardt hatte allen Grund, den Beamten am 7. September 1918 eines schweren Verbrechens anzuklagen und damit das Hauptverfahren vor dem Gemeinschaftlichen Schwurgericht in Weimar* zu beantragen.

* Unter dem Oberappellationsgericht Jena hatten sich ab 1850 für die thüringischen Staaten drei große Gerichtsbezirke gebildet: 1. Die Gerichtsgemeinschaft der thüringischen Staaten, bestehend aus dem Großherzogtum Sachsen-Weimar-Eisenach und den beiden schwarzburgischen Fürstentümern, denen sich 1863 das Fürstentum Reuß j.L. und 1868 Sachsen-Coburg und Gotha sowie das Fürstentum Reuß ä.L. anschlossen, 2. Sachsen-Meiningen und 3. Sachsen-Altenburg. Das Reichs-Gerichtsverfassungsgesetz vom 27. Januar 1877 brachte mit Wirkung vom 1. Oktober 1879 eine Vereinheitlichung des Gerichtswesens im gesamten Reichsgebiet, denn die Instanzenfolge war jetzt: Amtsgericht, Landgericht, Oberlandesgericht und Reichsgericht. Damit wurde das Oberappellationsgericht Jena zum Gemeinschaftlichen Thüringischen Oberlandesgericht Jena. Mehrere Landgerichtsbezirke bildeten einen Schwurgerichtsbezirk.

Der beschuldigte 53jährige Revierjäger Oskar Helke, am 4. Februar 1865 in Eckartsberga geboren, zur Zeit der Tat wohnhaft im Jagdschloß Rathsfeld* bei Frankenhausen, wurde wegen vorsätzlicher Tötung angeklagt.

Der Mann hatte sich 1890 mit der Rudolstädterin Luise Wölbling verlobt. Als er vom Schwarzburgischen Oberforstamt Rudolstadt nach Thaleben** versetzt wurde, knüpfte er ein Verhältnis mit der ortsansässigen Landwirtstochter Charlotte Gothe an. Luise, die Oskar Helke im April 1892 ehelichte, erfuhr von dem vermeintlichen Seitensprung ihres Partners und hielt ihm diese Verfehlung häufig und heftig vor, auch nachdem er 1898 zum Jagdschloß Rathsfeld versetzt worden war.

Zu den Streitigkeiten kamen in der Kriegszeit ab 1914 noch finanzielle Sorgen, denn obwohl Luise im Schloß als Verwalterin arbeitete, reichte das Familieneinkommen nicht aus, zumal die Kosten für die Ausbildung und Erziehung der drei gemeinsamen Töchter nicht unerheblich zu Buche schlugen. Hinzu kam noch, daß sich die Mutter mit der zweitgeborenen Tochter Grete überworfen hatte und Oskar die von seiner Frau oft gemaßregelte junge Frau immer wieder in Schutz nahm.

Der Förster beschwerte sich auch des öfteren über die aus seiner Sicht ihm gegenüber mangelnde Zuwendung seiner Frau. So beklagte sich Oskar immer wieder darüber, daß er morgens, bevor ihn sein Weg ins Revier führte, von seiner

---

* Der letzte regierende Fürst zu Schwarzburg, Günther Viktor von Schwarzburg-Rudolstadt (* 1852, † 1925), wohnte nach seiner Abdankung im November 1918 bis zum Jahr 1925 überwiegend im Jagdschloß Rathsfeld, danach erlosch das Wohnrecht für die fürstliche Familie.

** Thaleben war damals ein Ort in der Unterherrschaft des Fürstentums Schwarzburg-Rudolstadt und gehörte zum Landratsamtsbezirk Frankenhausen.

Schloß Rathsfeld am 1. September 1908, links daneben die Wohnung der Familie Helke.

Die älteste Tochter Else Helke mit Dackel Morddachs und Kitzbock, im Hintergrund am Hauseingang Revierförster Oskar Helke.

Gattin weder Frühstück noch Kaffee und bei Heimkehr kein Abendessen gereicht bekam.

Am Freitag, dem 26. Juli 1918, hatte sich der ermüdete Forstmann, weil er am folgenden Morgen sehr zeitig ins Revier wollte, bereits gegen 21.30 Uhr in sein im Dachgeschoß gelegenes Schlafzimmer zur Nachtruhe begeben, während sich Luise Helke erst sehr viel später ins Bett legte, das sich in einem Raum auf ebener Erde neben dem Wohnzimmer befand.

Am frühen Sonnabend morgen, dem 27. Juli, wurde Luise vom herbeigerufenen Forstassessor Krause in ihrem Schlafzimmer neben einem Kleiderschrank und einer Wäschemangel liegend tot aufgefunden. Ihr Kopf lag in einer großen Blutlache, ihre Hand barg einen Revolver, aus dem zwei Patronen abgeschossen waren.

Schloß Frankenhausen im Jahr 1922.
Hier war das Amtsgericht im ersten Obergeschoß untergebracht, wo sich auch die Arrestzelle und der Vorführraum für Festgenommene befanden.

Aufgrund des dringenden Anfangsverdachtes wurde Oskar Helke noch am Abend des 27. Juli 1918, gegen 22.30 Uhr, ins Amtsgerichtsgefängnis Frankenhausen überführt.

Stunden zuvor war bereits folgende Todesanzeige in der *Frankenhäuser Zeitung* erschienen:

Todesanzeige.

Heute morgen starb ganz plötzlich und unerwartet meine liebe Frau, unsere gute Mutter,

Frau Luise Helke

geb. Wölbling,

im 46. Lebensjahre.

In tiefer Trauer:
Familie Helke.

Rathsfeld, den 27. Juli 1918.

Beerdigung wird noch bekannt gegeben.

Todesanzeige für Frau Luise Helke vom 27. Juli 1918.

Zwei Tage später berichtete die *Frankenhäuser Zeitung* über das Kapitalverbrechen:

»Erschossen vorgefunden wurde am vergangenen Sonnabend in früher Morgenstunde in ihrem Schlafzimmer die Ehefrau des Revierjägers Oskar Helke auf dem Rathsfelde. Wie wir hören, weist der Leichnam der Frau Helke am Kopfe zwei Schuß- und außerdem wahrscheinlich Stichverletzungen auf. Eine Gerichtskommission begab sich noch am selben Tage zur Aufnahme des Tatbestandes an Ort und Stelle und veranlaßte die Verhaftung des Ehemannes. Ob Selbstmord oder Totschlag vorliegt, läßt sich z.Zt. noch nicht sagen; darüber wird die eingeleitete Untersuchung Aufschluß geben.«

Frankenhäuser Zeitung

Erscheint täglich abends mit Ausnahme an Sonn- und Festtagen.

Bezugspreis: durch Zeitungsträger vierteljährlich 2,40 M., monatlich 80 Pf.; durch den Briefträger frei ins Haus 2,82 M., monatlich 94 Pf.

Amtliches Nachrichtsblatt

für die Unterherrschaft des Fürstentums Schwarzburg-Rudolstadt

mit der wöchentlichen Beilage „Des Landmanns Sonntagsblatt".

Anzeigenpreis: 6gespaltene Zeile 15 Pf., für Orte im Leserkreise 10 Pf.

Anzeigenannahme (in der Geschäftsstelle, Klosterstr. 5) größere Anzeigen bis 9 Uhr früh, kleinere bis 12 Uhr mittags am Erscheinungstage.

№ 175 — Fernsprechanschluß Nr. 6. — Solbad Frankenhausen, Montag, 29 Juli 1918 — Postscheckkonto Leipzig Nr. 23 420. — 37. Jahrg

Die letzte Kriegswoche.

Der Schluß des vierten Kriegsjahres.

…iegsjahre zählen doppelt. Und jetzt, wo das vierte von … seinen Abschluß findet, summieren sich die Erinnerungen …tlich. Die Fülle der Ereignisse seit dem 1. August 1914 … beträchtlich, daß Einzelheiten bereits verblaßt sind, aber …rgessen nicht die Helden, die kämpften und litten und strit… …d wir sahen, daß eine Großtat sich an die andere fügte, … Grundmauern für das neue Friedensgebäude zu stärken. …es ganz unter Dach und Fach gelangt sein wird, wissen …ie noch nicht, die riesenhafte Ausdehnung dieses Feld… …er heute wirklich alle Erdteile umfaßt, gestattet nicht, die …istern zu wollen. Aber wir beherrschen die Entwicklung …h wie wirtschaftlich, und der Friede im Osten gibt uns …währ dafür, daß er auch im Westen nicht ausbleiben kann. … Raum einer Schlacht von heute kommt dem manchem …

Amtlicher Tagesbericht.

(Wiederholt, da nur in einem Teile der letzten Auflage enthalten.)

Großes Hauptquartier, den 27. Juli 1918.

Westlicher Kriegsschauplatz:

Heeresgruppe Kronprinz Rupprecht:

Die Kampftätigkeit lebte vielfach am Abend auf. Sie … während der Nacht besonders beiderseits der Scarpe in Verbindung mit erfolglosen Vorstößen englischer Infanterie gesteigert.

Heeresgruppe Deutscher Kronprinz:

An der Schlachtfront zwischen Soissons und Reims flaute die Gefechtstätigkeit gestern weiterhin merklich ab. In der Champagne wurden Teilangriffe der Fran…

…unserer deutschen ostafrikanischen Schutztruppe ist den Engl…dern noch immer nicht gelungen, die tapfere Schar setzt nach … vor den Widerstand fort. So dürfen wir mit Recht vom Kri…jahr 1918 sagen, daß es ein großes Jahr war, es hat so man… Unmögliche möglich gemacht. Und das deutsche Ferngeschütz … Paris schießt dazu Salut!

Politische Tagesschau.

Der Staatssekretär des Auswärtigen Amts, Herr v. H… begab sich ins Hauptquartier, wo er einige Tage verweilen …

Das Wort „Faustpfand" ist den Engländern schwer au… Nerven gefallen, denn sie können nicht anders, als sich daran …innern, daß ihre Politik zum sehr großen Teil eine Faustp… Politik gewesen ist. Es ist nur ein freilich sehr großer … schied zu der vom deutschen Reichskanzler vertretenen Auffa… nämlich der, daß sie behalten haben, was sie in die Händ… kamen. Gibraltar, Malta, Cypern, Aegypten und noch …

Ausschnitt Titelseite der Frankenhäuser Zeitung *vom Montag, dem 29. Juli 1918.*

Die ärztliche Leichenöffnung ergab, daß die Frau neben zwei Stich- bzw. Schnittwunden eine drei Zentimeter oberhalb des rechten Auges befindliche Einschußwunde aufwies, in die nacheinander zwei Bleikugeln eingedrungen waren. Die ärztlichen Sachverständigen aus Frankenhausen, der Geheime Sanitätsrat Dr. med. Gräf und Dr. Wolthaus, stellten fest, es sei *»in höchstem Maße unwahrscheinlich, daß die Verstorbene sich zunächst derartige Schnittwunden von oben herunter und danach noch die zwei Schußverletzungen beigebracht habe«.*

Oskar Helke hatte auf polizeiliche Befragung zunächst von Selbsttötung seiner Frau gesprochen und dies auch gegenüber der Rudolstädter Staatsanwaltschaft behauptet.*

* Da Oskar Helke seine Frau auf dem Territorium von Schwarzburg-Rudolstadt getötet hatte, war für die Untersuchung des Falls die Rudolstädter Staatsanwaltschaft zuständig. Die Gerichtsverhandlung jedoch fand im III. Schwurgerichtsbezirk des Gemeinschaftlichen Thüringischen Oberlandesgerichts zu Jena vor dem Schwurgericht Weimar statt.

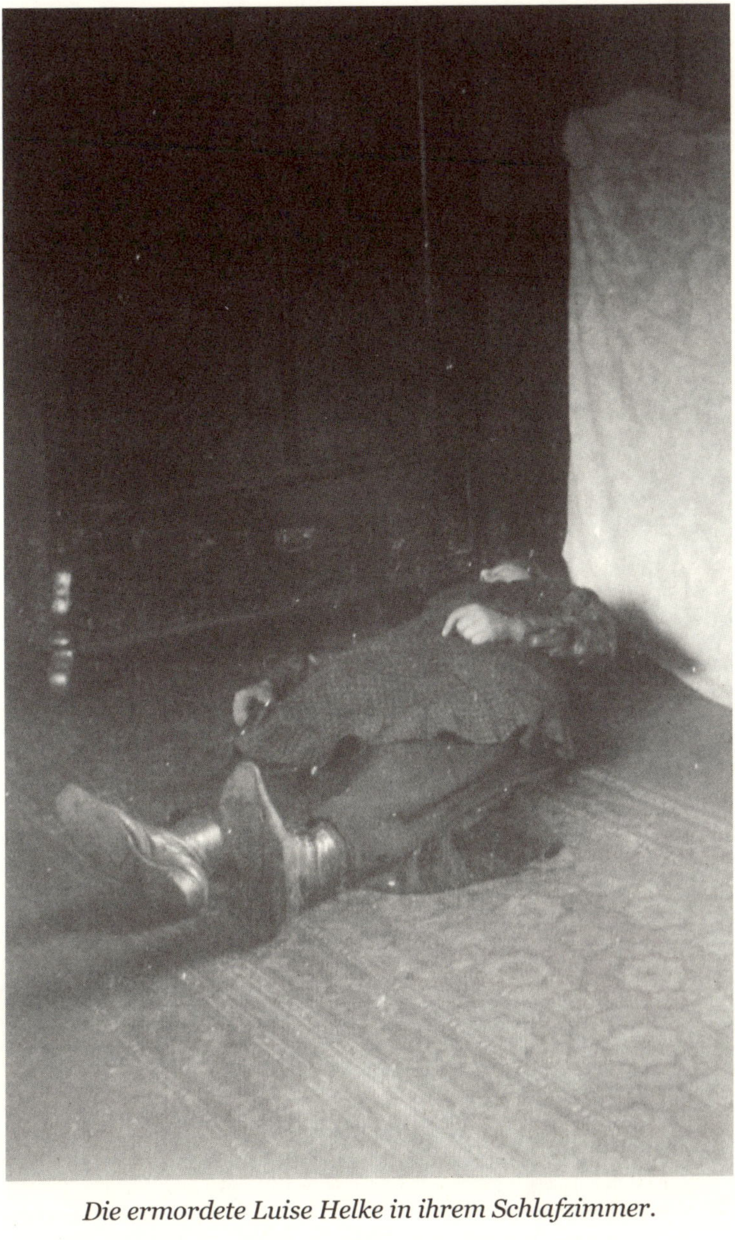

Die ermordete Luise Helke in ihrem Schlafzimmer.

Tatortbild mit Schrank und Mangel, aufgenommen und mit Beschriftung versehen durch die Gerichtskommission.

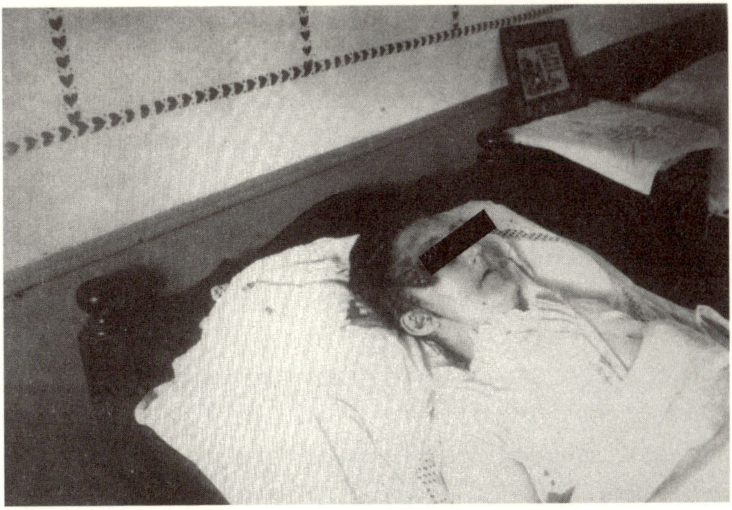

Luise Helke mit Schußwunde,
nachdem sie ins Bett gelegt wurde.

Teil des Schlosses Rathsfeld mit angrenzendem Haus der Helkes, mit dem Kreuz gekennzeichnet der Ort des Gespräches von Oskar Helke mit dem Schmiedemeister Schreiber.

Die Gattin habe ihm morgens Kaffee in der Küche kochen wollen, und er sei kurz auf den Schloßhof gegangen*, um einige Worte mit dem Schmiedemeister Schreiber zu wechseln. Zurück im Haus, fand er seine Frau nicht in der Küche, sondern tot mit dem Revolver in der Hand im Schlafzimmer liegend vor. Sie habe auch in der Vergangenheit immer wieder Selbsttötungsabsichten geäußert.

Aufgrund der sich während der polizeilichen und staatsanwaltschaftlichen Untersuchungen ergebenen Indizien mußte der Revierjäger während einer seiner Vernehmungen schließlich zugeben, daß er seine Frau getötet habe. Er sei am 27. Juli gegen 5 Uhr morgens aufgestanden, um in der Küche Kaffee zu trinken. Da er dort, so wurde im Ermittlungsbericht die letzte Aussage des Täters festgehalten, *»nichts vorfand, ging er in das Wohnzimmer und steckte seinen Revolver in die hintere Hosentasche, um ihn ins Revier mitzunehmen. Als er das anstoßende Schlafzimmer seiner Frau öffnete, lag diese angekleidet auf dem Bett, sie stand gleich auf und ging in die Küche, wo sie Kaffee kochte und den Topf auf dem Herd stehen ließ. Da er darüber ärgerlich war, daß sie den Kaffee ihm nicht zurechtsetzte und ihm Frühstück zurecht machte, sondern wieder in ihr Schlafzimmer ging, rief er nach ihr, sie hörte aber nicht. Er ging dann durch das Wohnzimmer und bat sie im Schlafzimmer, ihm doch seinen Kaffee zu machen, worauf sie ihn heftig anschrie:*

›Du bist mein Todfeind, laß dir von der Gothe den Kaffee machen.‹

Als er sagte, sie solle nicht solchen Lärm machen, habe sie ihn wütend zum Schlafzimmer hinauszudrängen ver-

---

* Die Wohnung der Familie Helke befand sich in einem Haus neben dem Schloß.

sucht. Helke nahm nun, wie er angibt, seinen Nickfänger ... und stach zweimal mit dem linken Arm auf seine Frau ein, wobei er den Kopf traf. Da sie noch nicht von ihm abgelassen habe, zog er seinen geladenen Revolver aus der hinteren Hosentasche und schoß 2 Mal blindlings auf seine Frau, die erst nach dem 2. Schuß zusammenbrach. Als er sah, was er gemacht hatte, habe er den Revolver, von dem er nicht gewußt haben will, ob er gesichert war, nach der Hand seiner Frau hingeschoben, um Selbstmord vorzutäuschen.«*

Aus den Ermittlungen schlußfolgernd stand daher die Staatsanwaltschaft auf dem Standpunkt, Helke habe seine Frau vorsätzlich getötet.

In der Anklageschrift wurde gleichwohl hervorgehoben, daß der Forstbeamte es mit der Wahrheit nicht so genau nehme und als klatschsüchtiger Mann von seiner Umgebung wahrgenommen werde. Bei mehreren Vernehmungen als Zeuge mußte häufig die Glaubwürdigkeit des Revierförsters in Zweifel gezogen werden. In seinem Dienst sei er jedoch sehr eifrig und pünktlich gewesen.

Die am 6. Dezember 1918 in Weimar, also nur wenige Wochen nach Beginn der Novemberrevolution in Deutschland, abgehaltene öffentliche Sitzung des 82. Schwurgerichts im III. Schwurgerichtsbezirk des Gemeinschaftlichen Thüringischen Oberlandesgerichts zu Jena bestätigte die Ergebnisse der Voruntersuchungen der Rudolstädter Staatsanwaltschaft. Oskar Helke wurde, nachdem er von den zwölf Geschworenen schuldig gesprochen worden war, wegen Totschlags unter Annahme mildernder Umstände nach

---

* Nickfänger ist ein 15–25 cm langes und schmales, einseitig scharf geschliffenes Jagdmesser, das neben seiner allgemeinen Verwendung geeignet ist, ein Stück Wild durch einen Stich in den Nacken (Genick) über dem obersten Halswirbel zu töten.

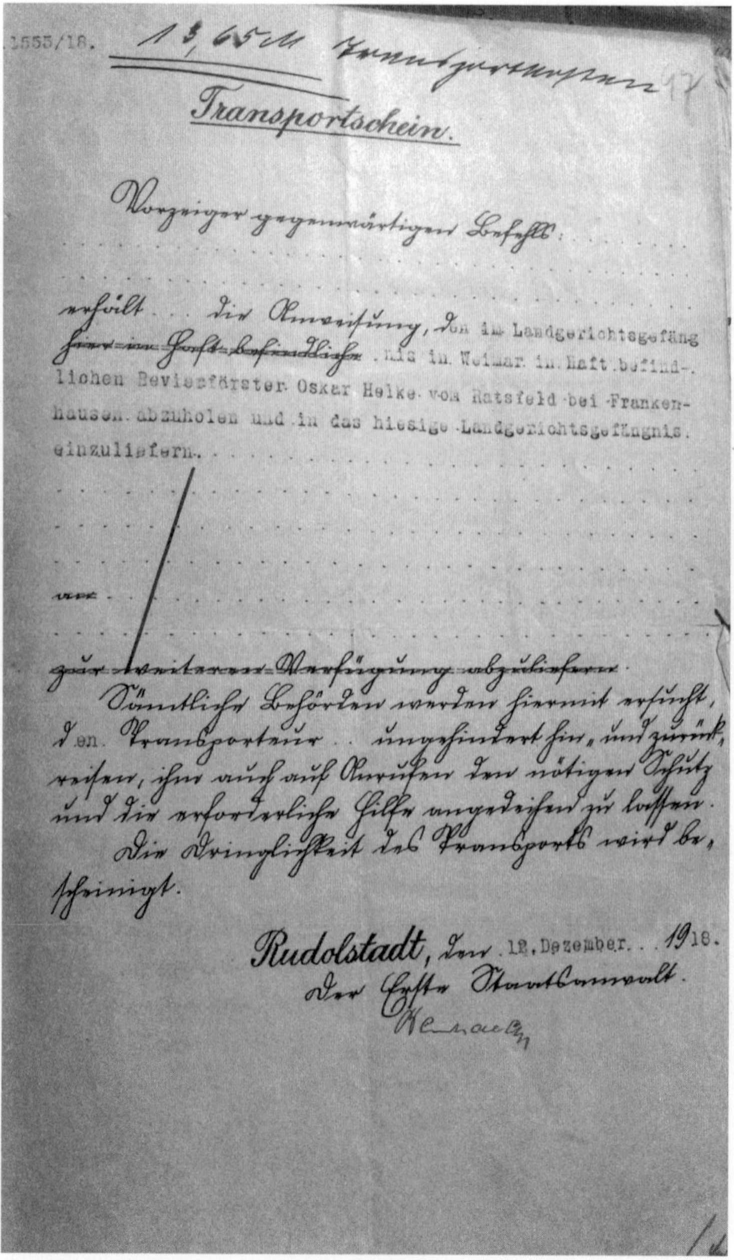
1555/18. 13,65 M Transportkosten

Transportschein.

Vorzeiger gegenwärtigen Befehls:

erhält die Anweisung, den im Landgerichtsgefäng ~~hier in Haft befindliche~~ nis in Weimar in Haft befindlichen Revierförster Oskar Helke von Ratsfeld bei Frankenhausen abzuholen und in das hiesige Landgerichtsgefängnis einzuliefern.

~~an~~

~~zur weiteren Verfügung abzuliefern.~~

Sämtliche Behörden werden hiermit ersucht, den Transporteur ungehindert hin- und zurückreisen, ihm auch auf Ansuchen den nötigen Schutz und die erforderliche Hilfe angedeihen zu lassen.

Die Dringlichkeit des Transports wird bescheinigt.

Rudolstadt, den 12. Dezember 1918.

Der Erste Staatsanwalt.

[illegible]

Transportschein.

§§ 212, 213 StGB* zu vier Jahren und sechs Monaten Gefängnis sowie den Kosten des Verfahrens verurteilt. Auf die verhängte Strafe rechnete das Gericht die erlittene Untersuchungshaft an.

Die *Frankenhäuser Zeitung* meldete am 12. Dezember 1918 unter der Überschrift *»Vor dem Weimarer Schwurgericht: [...] Oskar Helke hatte angeblich eine Geliebte, weswegen ihn seine Frau anspie, er tötete sie, erhält 4 Jahre und 6 Monate Gefängnis.«*

Zur Verbüßung seiner Haftstrafe wurde der Verurteilte von Weimar in das Landgerichtsgefängnis nach Rudolstadt übergeführt. Auf dem dafür vom Ersten Staatsanwalt Bernhardt am 12. Dezember 1918 ausgestellten Transportschein sind auch die Kosten in Höhe von 13,65 Mark vermerkt.

Vermutlich hatte die vergleichsweise milde Strafe für den Revierförster ursächlich mit dem Treueverhältnis des Beamten Helke zu seinem einstigen, wenige Tage zuvor im Zuge der Novemberrevolution abgedankten schwarzburg-rudolstädtischen Fürsten Günther Viktor zu tun. Die Revolution in dem kleinen thüringischen Staat, die ohnehin dort sehr moderat verlief, hatte halt noch keine Veränderungen im Personal und in der parteiischen Rechtsprechung der Justiz bewirkt.

Schon sechs Tage nach Verkündung des Urteils gegen Helke setzten die zwölf männlichen Geschworenen, bestehend aus Rentnern, Mauermeistern, Kaufleuten, einem Fa-

---

* § 212 StGB, Deutsches Reich 1871: Wer vorsätzlich einen Menschen tötet, wird, wenn er die Tötung nicht mit Überlegung ausgeführt hat, wegen Totschlages mit Zuchthaus nicht unter fünf Jahren bestraft. § 213: War der Totschläger ohne eigene Schuld durch eine ihm oder einem Angehörigen zugefügte Mißhandlung oder schwere Beleidigung von dem Getöteten zum Zorne gereizt und hierdurch auf der Stelle zur Tat hingerissen worden, oder sind andere mildernde Umstände vorhanden, so tritt Gefängnisstrafe nicht unter sechs Monaten ein. (Strafgesetzbuch für das Deutsche Reich von 1871)

brikanten, einem Lehrer, einem Apotheker, einem Ökonomen und einem Kommerzienrat, in Absprache mit Helkes Verteidiger Rechtsanwalt Dr. Andrä ein an die Staatsregierung Rudolstadt gerichtetes Gnadengesuch für den Verurteilten auf. Darin heißt es:

»Nach dem Gesetz mußte Helke allerdings schuldig gesprochen und zur Strafe verurteilt werden. Die Verhandlung hat aber ein Bild ergeben, welches seine Tat im mildesten Lichte erscheinen läßt und es rechtfertigen dürfte, ihm einen großen Teil der Strafe im Gnadenwege zu erlassen.«

In dem Gesuch, das alle zwölf Geschworenen unterschrieben, führten sie aus, daß der Revierjäger außerordentlich umfangreich, eifrig und gewissenhaft im fürstlichen Privatdienst, im Forstschutz, bei der Bekämpfung von Wilddieberei sowie Holzfrevel gedient habe. Diese zum Teil lebensgefährliche Arbeit leistete er, ohne sich zu schonen, bei geringer Bezahlung.

»Für seine eigene Person war er im Interesse der Familie völlig bedürfnislos. Er hatte sich Rauchen und Trinken abgewöhnt. [...] Kam er nach anstrengendem Dienste nach Hause, so hatte er nicht etwa Ruhe und Erholung [...] Vielmehr quälte ihn seine Frau fortwährend mit den Geldsorgen, an welchen Helke selbst keinerlei Schuld hatte.«

Hauptsächlich jedoch habe sie ihm immer wieder seine Jugenddummheit vorgeworfen, weil er als mit ihr Verlobter in Thaleben im Haus der Familie Gothe verkehrte und dort Charlotte Gothe gegenüber *»schön getan«* habe, *»ohne mit ihr in intensive Beziehung zu treten«*. Luise Helke habe ihm diesen Umstand bei jeder Gelegenheit vorgeworfen und ihren Mann damit bis aufs Blut gequält. All diese Vorkommnisse und der Frust über die Vorwürfe seiner Frau hätten am Morgen der Tat verhängnisvoll zusammengewirkt.

Selbst die letzte Feststellung der Geschworenen, daß der Beamte in geistiger Hinsicht zu Sonderlichkeiten neige, weil er zum Beispiel seine Töchter auf einer Wiese Parademarsch üben ließ und deshalb in der Gegend allgemein als verrückt angesehen wurde, sollte wohl seiner Begnadigung dienlich sein.

Bereits im Dezember 1920 erfolgte Helkes Entlassung aus der Haft, worauf er aus Thüringen wegzog und in Dortmund eine Tätigkeit im Bereich der Forstwirtschaft aufnahm. Anfang 1926 wurde ihm, da er sich seit seiner Entlassung gut geführt hatte, die auf Bewährung ausgesetzte Restgefängnisstrafe erlassen.

SAALFELDER DOPPELMORD – EIN MORD MIT KOLLATERALSCHADEN

SACHSEN-MEININGEN, THÜRINGEN (1919–1945)

Dabei kam dem Angeklagten der Gedanke,
daß die Frau nun sterben solle;
er riß sie deshalb an sich, setzte den Revolver
an ihre linke Kopfseite und streckte seine Frau durch
einen Schuß zu Boden. Der Tod trat sofort ein.

In einer kurzen Eilmeldung informierten einige thüringische Zeitungen ihre Leserschaft am 13. Mai 1919 über einen schrecklichen Mordfall in Saalfeld:

»*Mutter und Kind in den Tod. Heute Nacht gegen 0.30 Uhr wurde der Polizei vom Schlosser** *Wilhelm Gordt, Webergasse wohnhaft, mitgeteilt, daß soeben seine Frau, den 8 Jahre alten Sohn Erich und sich selbst erschossen habe. Die polizeilichen Ermittlungen wurden sofort aufgenommen und zunächst für ärztliche Behandlung des noch schwach lebenden Kindes gesorgt. Der bedauernswerte Junge verstarb bald nach seiner Einlieferung ins Krankenhaus. Die gerichtliche Untersuchung fand heute Vormittag in Gegenwart des Ersten Staatsanwaltes statt. Wie wir hören, ist die Leiche freigegeben worden. Die verablebte Frau*

* In der staatsanwaltschaftlichen Untersuchungsakte wird als Beruf des Wilhelm Gordt allerdings Kernmacher angegeben.

Marktplatz Saalfeld um 1919.

soll in letzter Zeit aus verschiedenerlei Gründen schwermütig gewesen sein. Sie hinterläßt noch 4 Kinder im Alter von einhalb bis elf Jahren.«

Erst die polizeilichen und staatsanwaltschaftlichen Untersuchungen sollten herausfinden, was wirklich in der Nacht vom 12. zum 13. Mai 1919 geschah. Der Polizeikommissar Deckwert begab sich zugleich nach Gordts Mitteilung an den Ort des Geschehens. Sofort wurde angeordnet, wie in Kriminalfällen üblich, am Tatort keinerlei Veränderungen vorzunehmen. Der herbeigerufene Saalfelder Amtsphysikus, der Geheime Sanitätsrat Helmkampf, war bei Ankunft der Polizei dabei, den kleinen Erich zu verbinden, und brachte ihn anschließend ins Saalfelder Krankenhaus, wo er an den Folgen seiner schweren Schußverletzung, ohne das Bewußtsein wieder zu erlangen, verstarb.

Die Vernehmung des Sohnes Richard, der mit Erich in einem Zimmer nächtigte, ließ erste Zweifel am erweiterten Suizid der Frau Auguste Gordt, geborene Höfer, aufkommen, denn der Elfjährige wirkte verstört und behauptete, er habe von der Tat nichts mitbekommen, aber sein Vater sei ins Zimmer gekommen und habe sofort gesagt: *»Jetzt hat die Mutter den Erich erschossen«*. Der in Hamburg am 15. Oktober 1889 geborene Wilhelm Gordt, zur Tatzeit 29 Jahre alt, evangelisch, berichtete über das schreckliche Geschehen wie folgt:

Gegen sieben Uhr am Abend des 12. Mai 1919 habe er mit seiner Frau und den fünf Kindern Abendbrot gegessen. Anschließend habe er seinen Vater besucht. 20.45 Uhr will er nach Hause gekommen sein, die Ehefrau sei aber nicht anwesend gewesen. Wo seine Frau zu diesem Zeitpunkt war, darüber habe er nicht nachgedacht, und legte sich gleich schlafen.

»Plötzlich«, so Wilhelm Gordt, *»durch einen Schuß wurde ich wach, sprang aus dem Bett heraus und sah in dem neben dem Fenster stehenden Bett meinen Jungen Erich, der an der Wand lag, blutend im Bett liegen. Der im selben Bett nebenan liegende Sohn Richard schlief weiter. Es brannte Kerzenlicht, welches meine Frau beim Nachhausekommen angezündet haben muß. Als ich den Jungen liegen sah, riß ich die Tür, die nach der Wohnstube führt, auf und im selben Augenblick hörte ich einen zweiten Schuß fallen und sah gerade noch wie meine Frau hinfiel. Nun fingen alle Kinder an zu schreien. Ich zog mich an und wollte im ersten Augenblick weg, um ins Wasser zu gehen. Das habe ich auch laut gesagt. Der 11jährige Richard, den meine Frau ledigen Standes geboren hat, rief: ›Vater bleib doch da, ich will folgen.‹ Ich sagte dann auch, ich wolle dableiben.«*

Später, so seine Aussage, sei er zum Hauswirt Böttcher gegangen, der mit seinen Angehörigen schon am Fenster stand, und habe weinend von dem Geschehen berichtet.

Der Revolver, durch dessen Anwendung seine Familienangehörigen starben, sei sein von einem Invaliden namens Georg Göring mit Munition erworbenes Eigentum.

Auf polizeiliche Anfrage, warum er die in der Wohnung befindliche geladene Waffe nicht weggeschafft habe, obwohl er von der angeblich wiederholt geäußerten Selbsttötungsabsicht seiner Frau wußte, antwortete Gordt:

»Ich hätte es eigentlich tun sollen, bin aber nachmittags fortgegangen und vor dem Abendbrot nicht wieder nach Hause gekommen. Darüber, ob meine Frau mit der Schußwaffe umzugehen wußte, kann ich keine Angaben machen.«

Auf den Hinweis der Polizeibeamten, daß er bei der Sachlage durchaus auch als Täter in Frage käme, gab der Befragte an, sich nie an seiner Frau vergriffen zu haben, obwohl er manchmal dazu Anlaß gehabt habe, zumal sie in eine Diebstahlsangelegenheit verwickelt gewesen sei und ihn dies sehr peinlich berühre.

Am 15. Mai 1919 erschien im *Saalfelder Volksblatt* die von Wilhelm Gordt geschaltete Todesanzeige.

Todesanzeige.

Plötzlich und unerwartet verschied meine liebe, gute **Frau** und Sohn **Erich** im Alter von 8 Jahren. Dies zeigt tiefbetrübt an

Saalfeld, den 13. Mai 1919

Der schwergeprüfte Gatte

Wilh. Gordt

im Namen sämtlicher Hinterbliebenen.

Die Beerdigung findet Donnerstag, nachm. 5 Uhr von der Friedhofskapelle aus statt.

Todesanzeige für Auguste Gordt und den Sohn Erich.

Bald jedoch ergaben die polizeilichen und staatsanwaltschaftlichen Ermittlungen ein völlig anderes Bild von den Geschehnissen in jener Nacht, die zwei Menschen das Leben kostete. Am 10. November 1919, fast ein halbes Jahr nach dem Saalfelder Doppelmord, stand Wilhelm Gordt vor dem Rudolstädter Schwurgericht, angeklagt des Mordes an seiner Frau Auguste und dem gemeinsamen Sohn Erich.

Gleich zu Beginn des Gerichtsprozesses stellte der Rudolstädter Verteidiger Dr. Bangert den Antrag, einen Spezialarzt für Nervenleiden zur Verhandlung hinzuzuziehen, da sein Mandant an epileptischen Krampfanfällen leide. Dieses Ansinnen wiesen sowohl der Rudolstädter Anklagevertreter, der Erste Staatsanwalt Geheime Justizrat Bernhardt, als auch der dem Prozeß beiwohnende ärztliche Sachverständige, der Geheime Medizinalrat Hellbach, zurück, da dieser Umstand in der Voruntersuchung keine Rolle gespielt habe.

Laut Anklage lag dem Verfahren zugrunde, daß Wilhelm Gordt hinreichend verdächtig sei, in der Nacht vom 12. zum 13. Mai 1919 seine Frau Auguste und Sohn Erich getötet zu haben. Der Erste Staatsanwalt führte aus, der seit 1911 verheiratete Angeklagte habe zunächst glücklich mit seiner Frau gelebt. 1914, zu Beginn des Krieges, wurde er, obwohl im wehrfähigen Alter, wegen seiner Krampfanfälle nicht sofort eingezogen. Erst im Jahr 1917 kam der Mann nach einer Ausbildung in Mannheim zu einer »Kraft-Radfahrer-Abteilung« ins Feld und nahm an der deutschen Frühjahrsoffensive 1918 an der Westfront teil, während der er im April genannten Jahres mit einem Fahrzeug schwer stürzte und infolge seines Ohrenleidens in verschiedenen Lazaretten, vornehmlich in Arnstadt, behandelt werden mußte. Bald wurde ihm jedoch vorgeworfen, das Ohrenleiden selbst »künstlich« zu verschlimmern und Krampfanfälle zu simulieren, um nicht wieder an die Front geschickt zu werden. Im Februar 1919 entließ ihn das Militär und er kehrte als Arbeitsloser nach Saalfeld zurück. Auguste Gordt arbeite zu dieser Zeit als schlecht bezahlte Eisenbahnhilfsarbeiterin. Während ihrer Tätigkeit auf dem Bahnhof Saalfeld verübte sie Diebstähle, die angeblich auch zu Auseinandersetzungen mit ihrem Mann führten. Da dieser in Saalfeld keine Arbeit bekam, entschloß er sich, Lohn und Brot bei der Reichswehr in Weimar zu suchen. Hier lernte Gordt die junge Marie Schwimmer kennen. Nachdem er sich zwei Tage mit ihr getroffen hatte, kehrte der Arbeitslose Ende April überraschend nach Saalfeld zurück, da Auguste ihm geschrieben habe, sie sei verzweifelt und trage sich mit Selbsttötungsgedanken. Die Begegnungen Wilhelms mit der jungen Frau aus Weimar bewirkten, daß er mit Marie korrespondierte. Seit seiner Rückkehr aus Weimar bis zum 7. Mai 1919 schien sich die Beziehung des Ehepaars Gordt einvernehmlich gestaltet zu haben, obwohl Wilhelm vermutlich in Gedanken immer wieder bei Marie weilte.

Nachdem die Saalfelder Polizei wegen der Diebstähle am 8. Mai eine Hausdurchsuchung bei der Familie durchgeführt hatte, trübte sich das Verhältnis der Eheleute merklich ein. Und Wilhelm teilte seiner Gattin mit, daß er sich von ihr scheiden lassen wolle. Am Sonntag, dem 11. Mai, Auguste hatte inzwischen einen aus Weimar kommenden Brief von Marie Schwimmer an Wilhelm abgefangen, ließ sie ihren Mann wissen, daß sie nun die Ursache kenne, warum er sich von ihr scheiden lassen wolle. Einen Versöhnungsversuch seiner Frau wies Gordt zurück. Über den folgenden Abend berichtete der Gerichtsreporter der *Landeszeitung Rudolstadt* vornehmlich denjenigen Lesern, die nicht Zeuge der Gerichtsverhandlung am 10. November 1919 waren:

»Als er abends 9 Uhr heimkam, war seine Frau nicht anwesend und seine Kinder lagen schon im Bett. Er legte sich auch schlafen. Gegen 11 Uhr erwachte er durch Hundegebell im Nachbarhofe, entzündete eine Kerze und kleidete sich an. Bei seinem Eintritt in die Stube fand er seine Frau angekleidet und schlafend auf dem Sofa liegen. Ein hinter der Nähmaschine stehender Pappkarton brachte den Angeklagten auf den Argwohn, seine Frau habe in diesem wieder gestohlene oder eigene Waren fortgeschafft. Er schrieb auf einen Zettel, daß er sich wegen der Diebstähle seiner Frau nicht blamieren und lieber aus dem Leben scheiden wolle, legte diesen auf den Tisch, holte den Revolver ... und wollte damit die Stube verlassen. Inzwischen war jedoch seine Frau erwacht, hatte den Zettel gelesen, war vom Sofa aufgesprungen und ihrem Mann voraus an die Tür geeilt und hatte sie abgeschlossen, wobei sie den Schlüssel wegnahm. Da die Frau glaubte, der Angeklagte wolle Selbstmord begehen, fiel sie ihm in die Arme, sagte, er möge doch seine Kinder nicht unglücklich machen und versuchte, ihm den Revolver zu entwinden. Dabei kam dem Angeklagten der Gedanke, daß die Frau nun sterben solle; er riß sie deshalb an sich, setzte den Revolver an ihre linke Kopfseite und streckte seine Frau durch einen Schuß zu Boden. Der Tod trat sofort ein. Nach dieser Tat wollte er auch den unehelichen Jungen der Getöteten, namens Richard Höfer, erschießen.«

Deshalb eilte Wilhelm Gordt in das Schlafzimmer der Kinder und zwar an die Bettstelle, wo gewöhnlich Richard schlief, erfaßte den dort liegenden Kopf und schoß auch in diesen eine Kugel. Entgegen der sonstigen Gewohnheit hatte jedoch Richard an diesem Abend den Schlafplatz mit seinem jüngeren Bruder getauscht. Sekunden später realisierte der Mörder, daß er seinen leiblichen Sohn Erich regelrecht hingerichtet hatte. Daraufhin, so ließ Gordt bei Vernehmungen durch die Staatsanwaltschaft und vor Gericht wissen, habe er sich nun selbst richten wollen, aber es habe sich kein weiterer Schuß aus dem Revolver lösen wollen. Daher sei ihm der Einfall gekommen, die Mordwaffe an die linke Seite seiner Frau zu legen, um eine Selbsttötung der Auguste vorzutäuschen. Seinem Stiefsohn habe er nun eingeschärft, niemandem etwas von dem Geschehen zu verraten. Den alsbald durch die Schüsse alarmierten und herbeigelaufenen Hausbewohnern redete Gordt ein, seine Frau habe den kleinen Erich und dann sich selbst getötet. Kurz darauf lief der Mann zur Polizeiwache, erstattete Anzeige gegen seine Gattin Auguste und ließ im *Saalfelder Volksblatt* eine Todesanzeige veröffentlichen.

Bei der Zeugenbefragung äußerte die Hausbewohnerin Böttcher, daß die Eheleute Gordt bis zur Einberufung Wilhelms glücklich lebten. Nach seiner Entlassung vom Heer

Frau Auguste Gordt in ihrer Blutlache, vorn im Bild der Revolver.

im Februar 1919 arbeitete Gordt nicht und äußerte ihr gegenüber, es gehe ihm als Arbeitslosem besser, wohl auch, so ihre Vermutung, weil die Diebstähle seiner Frau bestimmt mit dem Wissen des Ehemannes geschehen seien. Vom Staatsanwalt auf die Mordnacht angesprochen, äußerte die Frau: *»Am Abend der Mordnacht kam der Angeklagte gegen 9 Uhr heim. Gegen 11 Uhr hörte ich einen Schuß und glaubte, es hätte jemand auf den Hund geschossen, der in einem Nachbarhofe heulte. Als der zweite Schuß fiel, hörte ich den Angeklagten … schnell in der Stube herumlaufen. Als er dann die Tür öffnete, schrie er, daß seine Frau sich selbst und ihren Sohn Erich erschossen habe. Es kam mir beim Anblick der Toten dann gleich der Gedanke: Wenn er nur nicht selbst der Täter ist.«*

Die Hausbewohnerin und Zeugin Kühn wurde auch durch den bellenden Hund geweckt, vernahm die Schüsse und hörte, wie Wilhelm Gordt schrie: *»Das habe ich an der*

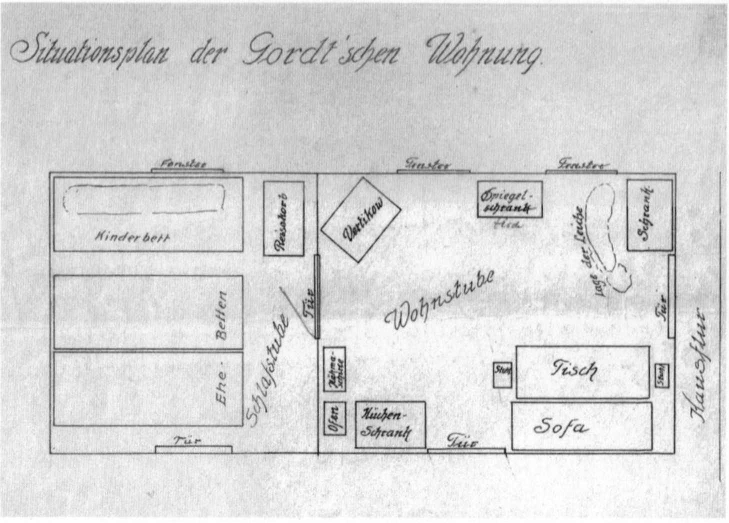

Situationsplan der Gordtschen Wohnung mit Lage der Leiche.

elenden Dirne verdient, meinen armen Jungen, meinen armen Erich, hat sie mir totgeschossen.«

Der Zeuge Wildner, ein Bekannter der Gordts, berichtete dem Gericht: *»Der Angeklagte war früher immer heiteren Charakters und lebte mit seiner Frau sehr einig. Er litt an Krampfanfällen, die sich öfters wiederholten, nach seiner Rückkehr von Arnstadt jedoch nicht mehr auftraten. Nach seiner Rückkehr von Weimar Ende April des Jahres kam er mir sehr niedergeschlagen vor. Gelegentlich eines Spazierganges sagte er mir, daß sich seine Frau erschießen wolle, er habe jedoch den Revolver versteckt. Daß er wegen der Diebstähle seine Frau erschoß nehme ich nicht an, ich glaube vielmehr, daß er es tat, weil er das Mädchen in Weimar im Kopfe hatte.«*

Die Zeugin Marie Schwimmer aus Weimar sagte aus: *»Ich habe den Angeklagten gelegentlich eines Tanzvergnügens in Weimar am 27. April des Jahres kennengelernt. Er be-*

Skizze des Wohnzimmers der Familie Gordt mit Lage der Leiche.

gleitete mich nach dem Ball nach Hause und besuchte mich am zweiten Tag danach, um sich zu verabschieden, da er heimfahren müsse. Dabei fragte er mich, ob er mir schreiben dürfe. Ich sagte ja. In intimerem Verkehr habe ich mit dem Angeklagten nicht gestanden und auch nicht die Hoffnung oder nur den Gedanken gefaßt, daß er mich heiraten werde.«

Wie jedoch nachfolgende Korrespondenz beweist, hatte sich die junge Frau in Wilhelm Gordt verliebt und ihm durchaus Hoffnung auf eine intime Beziehung gemacht. So tauschten sie gegenseitig Postkarten mit dem eigenen Bildnis aus.

Er schrieb ihr auf seine Karte: *»Zur freundlichen Erinnerung und zum Andenken. Dein lieber Wilhelm Gordt, Weimar 27.4.19.«*

Marie antwortete mit einer Karte, die sie ihm postlagernd übersandte: *»Zur freundlichen Erinnerung und zum bleibenden Andenken gewidmet von Deiner lieben Marie, Weimar 30.4.19.«*

Am 7. Mai 1919 ließ sie ihn in einem vierseitigen Brief unter anderem wissen: *»Du glaubst nicht wie oft ich mich nach Dir sehne. Hab noch nie einen Herrn so lieb und gern gehabt, wie eben Dich. [...] Es grüßt und küßt dich herzlich Dein liebes Mariechen.«*

Der Zeuge Deckwert, Saalfelder Polizeikommissar, gab zu Protokoll: *»Bei einer späteren Besichtigung der Leichen (der angeschossene Junge war inzwischen verstorben), fiel mir auf, daß der Angeklagte ziemlich gefaßt und ruhig war und ich bekam den Eindruck, daß er nicht offen sei. [...] Bei der folgenden Vernehmung wies ich darauf hin, daß man der Meinung sein könnte, er habe seine Frau selbst erschossen. Als ich in meinem Büro nach einigen Tagen das erste Eingeständnis aus ihm lockte, brach er völlig zusam-*

Marie Schwimmer, 1919.

Wilhelm Gordt, um 1918.

men. Bei der Vernehmung des kleinen Jungen konnte ich nichts herauskriegen. Zu seinen Verwandten hat er jedoch später geäußert, daß sein Stiefvater die Mutter und den kleinen Erich erschossen habe.«

Diese vom Gerichtsreporter in der Zeitung publizierte Darstellung wurde jedoch kurz darauf wie folgt korrigiert:

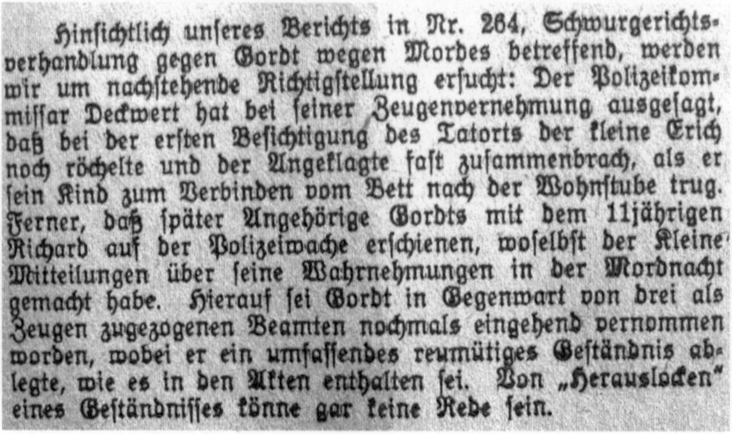

Hinsichtlich unseres Berichts in Nr. 264, Schwurgerichtsverhandlung gegen Gordt wegen Mordes betreffend, werden wir um nachstehende Richtigstellung ersucht: Der Polizeikommissar Deckwert hat bei seiner Zeugenvernehmung ausgesagt, daß bei der ersten Besichtigung des Tatorts der kleine Erich noch röchelte und der Angeklagte fast zusammenbrach, als er sein Kind zum Verbinden vom Bett nach der Wohnstube trug. Ferner, daß später Angehörige Gordts mit dem 11jährigen Richard auf der Polizeiwache erschienen, woselbst der Kleine Mitteilungen über seine Wahrnehmungen in der Mordnacht gemacht habe. Hierauf sei Gordt in Gegenwart von drei als Zeugen zugezogenen Beamten nochmals eingehend vernommen worden, wobei er ein umfassendes reumütiges Geständnis ablegte, wie es in den Akten enthalten sei. Von „Herauslocken" eines Geständnisses könne gar keine Rede sein.

Ausschnitt Landeszeitung Rudolstadt *vom 15. November 1919.*

Der Saalfelder Geheime Sanitätsrat Helmkampf sagte aus: *»Nach der Sektion stellte ich fest, die in den Kopf der Frau eingedrungene Kugel hat das linke Gehirn zerstört. Dadurch dürfte der Tod sofort eingetreten sein. Bei dem Jungen war der ganze Schädel durchschossen und das Gehirn zerstört. Der Angeklagte ist nach meiner Meinung vollständig verantwortlich für die Tat. Sollte es sich bei ihm tatsächlich um epileptische Krämpfe handeln, so hatte das auf die Tat selbst keinen Einfluß.«*

Danach stimmte der Geheime Medizinalrat Hellbach dieser Auffassung zu und erklärte den Angeklagten nach Darlegung seines Sachverständigengutachtens für geistig minderwertig, aber doch für zurechnungsfähig und für die Tat verantwortlich.

Verteidiger Dr. Bangert sprach sich erwartungsgemäß für den Angeklagten aus und stellte dessen »geistige Minderwertigkeit« und Krampfanfälle in den Mittelpunkt seines Plädoyers. Nach seiner Meinung sei ein großer Teil der Handlungen vor, bei und nach der Tat ganz ohne Überlegung geschehen, nicht aber vorsätzlich und planmäßig, und er bat daher darum, Totschlag anzunehmen sowie dem Angeklagten mildernde Umstände zuzubilligen.

Nachdem die Geschworenen mehrheitlich den Angeklagten des Mordes für schuldig befunden hatten, verkündete der Vorsitzende Landgerichtsrat Witschel das Urteil. Für Recht erkannte das 84. Schwurgericht im III. Schwurgerichtsbezirk des Gemeinschaftlichen Thüringischen Oberlandesgerichts Jena zu Rudolstadt: Der Angeklagte Wilhelm Gordt wird wegen Mordes in zwei Fällen zweimal zum Tode und zu den Kosten des Verfahrens verurteilt.

Auf dem Wege der Gnade wurden die zwei Todesurteile am 8. Januar 1920 in eine lebenslängliche und am 16. September 1921 in eine 25jährige Zuchthausstrafe umgewandelt. Sowohl der Verurteilte als auch dessen Eltern stellten in den folgenden Jahren immer wieder zahlreiche Gnadengesuche.

Seine Haftzeit, die er unter anderem im Zuchthaus Untermaßfeld und in verschiedenen Straflagern absaß, wäre am 10. November 1944 zu Ende gegangen. Wilhelm Gordt wurde jedoch am 5. November 1943 in das Konzentrationslager Buchenwald als Häftling der Haftkategorie »Sicherheitsverwahrter/Berufsverbrecher« eingewiesen und erhielt die Häftlingsnummer 31460. Den Transport führte die Kriminalpolizei Weimar durch. Bei seiner Einlieferung wurde eine Karteikarte über die »Krankengeschichte und den Ein-

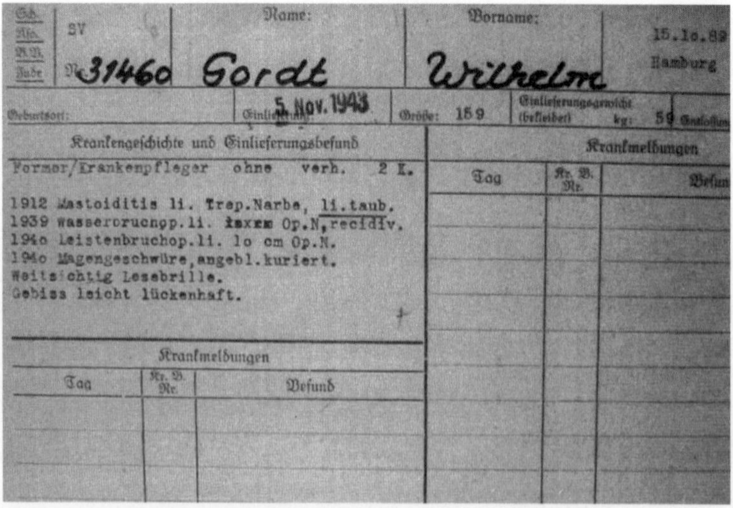

SV
Nr. 31460 Name: Gordt Vorname: Wilhelm 15.1o.89 Hamburg
Geburtsort: Einlieferung: 5. Nov. 1943 Größe: 159 Einlieferungsgewicht (bekleidet) kg: 59

Krankengeschichte und Einlieferungsbefund

Former/Krankenpfleger ohne verh. 2 K.

1912 Mastoiditis li. Trep.Narbe, li.taub.
1939 Wasserbruchop.li. Op.N, recidiv.
194o Leistenbruchop.li. 1o cm Op.N.
194o Magengeschwüre, angebl.kuriert.
Weitsichtig Lesebrille.
Gebiss leicht lückenhaft.

Krankmeldungen

Tag	Kr. B. Nr.	Befund

Karteikarte über den Gesundheitszustand des Buchenwald-Häftlings Wilhelm Gordt.

lieferungsbefund« des Gordt erstellt. Aus dieser geht hervor, daß der Mann zu diesem Zeitpunkt 59 Kilogramm bei einer Körpergröße von 159 Zentimetern wog. Während seiner Haftzeit wurde er 1939 einer Wasserbruch-Operation, 1940 einer Leistenbruch-Operation unterzogen. Im selben Jahr plagten ihn auch Magengeschwüre.

Am 17. November 1943 übersandte der Vorstand des Zuchthauses Untermaßfeld dem »Arbeits- und Erziehungslager Buchenwald«, das in Wirklichkeit bekanntlich ein Konzentrationslager war, einen Verrechnungscheck in Höhe von 863,90 RM (Reichsmark). Das Geld gehörte drei nach Buchenwald überführten Häftlingen, 229,76 RM davon Wilhelm Gordt. Das Geld wurde fortan von der SS »verwaltet«.

Bereits am 4. Dezember 1943 überstellte ihn die SS, nach ärztlicher Feststellung seiner Arbeitsfähigkeit, ins Außenlager Mittelbau-Dora bei Nordhausen. Am 5. April 1945 ließ die SS das Lager räumen, da sich die amerikanischen Truppen näherten, um in Bahntransporten oder auf Fußmärschen die Häftlinge und Produktionsanlagen in andere Lager zu bringen. Auf einem dieser Todesmärsche zum KZ Ebensee, einem Außenlager des KZ Mauthausen, auf denen viele Gefangene erschöpft zusammenbrachen und sofort von der SS erschossen wurden, verstarb Wilhelm Gordt.*

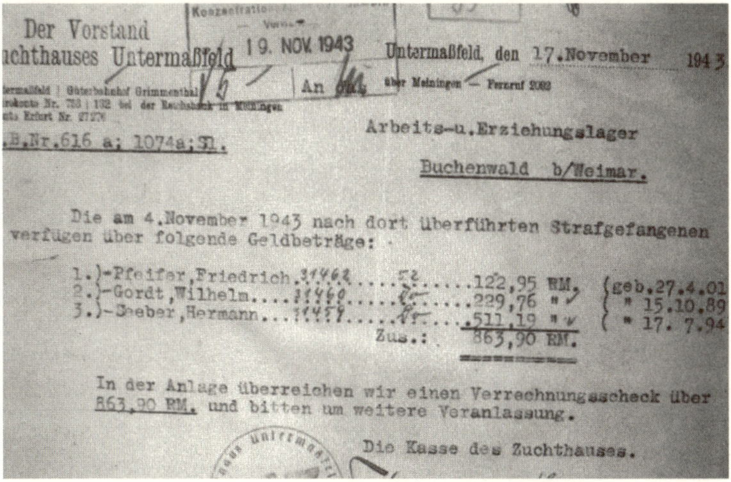

Der Vorstand
…chthauses Untermaßfeld

19. NOV. 1943

Untermaßfeld, den 17. November 1943
über Meiningen — Fernruf 2082

…B.Nr. 616 a; 1074a; Sl.

Arbeits-u. Erziehungslager
Buchenwald b/Weimar.

Die am 4. November 1943 nach dort überführten Strafgefangenen verfügen über folgende Geldbeträge:

1.)-Pfeifer, Friedrich .... 122,95 RM. (geb. 27.4.01
2.)-Gordt, Wilhelm .... 229,76 " (" 15.10.89
3.)-Seeber, Hermann .... 511,19 " (" 17. 7.94
Zus.: 863,90 RM.

In der Anlage überreichen wir einen Verrechnungsscheck über 863,90 RM. und bitten um weitere Veranlassung.

Die Kasse des Zuchthauses.

Schreiben des Zuchthauses Untermaßfeld
an das KZ Buchenwald wegen Geldüberweisung.

* Auskunft des Archivs Gedenkstätten Buchenwald und Mittelbau-Dora.

UNGESÜHNTE GERAER MORDOPFER

VOLKSSTAAT REUSS, THÜRINGEN (1920–1943)

Schott war nach schriftlicher Aussage des Polizisten mit einem Militärgewehr durch ein Infanteriegeschoß, erkennbar an der vorgefundenen Patronenhülse, in die Herzgegend um's Leben gekommen, nachdem er offensichtlich mit dem Revolver auf die Eindringlinge geschossen hatte.

Prolog

Deutschland und dessen Verbündete hatten den Ersten Weltkrieg verloren, die Monarchen mußten im November 1918 in Folge der Novemberrevolution abdanken und die bürgerliche Republik wurde ausgerufen. Die politische, wirtschaftliche und soziale Lage in den deutschen Ländern war instabil. Der Versailler Vertrag konstatierte die alleinige Verantwortung Deutschlands und seiner Verbündeten für den Ausbruch des Weltkriegs und verpflichtete es zu Gebietsabtretungen, Abrüstung und Reparationszahlungen an die Siegermächte. Nach ultimativer Aufforderung unterzeichneten die deutschen Regierungsvertreter am 28. Juni 1919 den Vertrag unter Protest im Spiegelsaal von Versailles. Nach der Ratifizierung und dem Austausch der Urkunden trat er am 10. Januar 1920 in Kraft. Wegen seiner harten Bedingungen und der Art seines Zustandekommens wurde der Vertrag von der Mehrheit der Deutschen als illegitimes und demütigendes Diktat empfunden.

Die Bedingungen des Vertrages sahen zum Entsetzen großer Teile führender Militärs auch eine weitgehende Reduzierung des deutschen Heeres vor. Konservativ und vornehmlich monarchistisch eingestellte Militärbefehlshaber drängten daher jene Teile der Reichswehr, die bereit waren, sich gegen die demokratisch gewählten Reichs- und Länderregierungen zu stellen, zum Putsch, um u. a. die drohende Auflösung von Militäreinheiten zu verhindern. Generalleutnant von Lüttwitz* ließ daher überstützt seine Truppen in der Nacht vom 12. zum 13. März 1920 in Berlin einmarschieren und der preußische Generallandschaftsdirektor Wolfgang Kapp** übernahm das Amt des Reichskanzlers, nachdem er die Reichsregierung für abgesetzt erklärt hatte. Als am Sonnabend, dem 13. März, der Putsch*** bekannt wurde, schlossen sich im gesamten Deutschen Reich militärische Einheiten dem Staatsstreich an.

Nachdem in Gera die Nachricht eingetroffen war, daß die Reichsregierung gestürzt sei, stellte der Kommandeur der dortigen Reichswehreinheiten, Major Freiherr von Coburg, der demokratisch gewählten Landesregierung des Volksstaates Reuß ein Ultimatum zum sofortigen Rücktritt. Von den nun folgenden dramatischen Ereignissen in Gera berichteten alle Zeitungen Thüringens, so auch die *Landeszeitung für Schwarzburg-Rudolstadt*:

---

* Walther von Lüttwitz (* 1859, † 1942).

** Wolfgang Kapp (* 1858, † 1922).

*** Die Ereignisse in Deutschland vom 13. bis 17. März 1920 gingen in die Geschichte als der nach etwa 100 Stunden gescheiterte Kapp-Lüttwitz-Putsch ein.

Der Marktplatz in Gera, um 1920.

»Nachdem die Regierung dieses Ultimatum abgelehnt hatte, zog das stark bewaffnete und durch Zeitfreiwillige verstärkte Militär mit klingendem Spiele zum Marktplatz. Hier verkündete Major Coburg, daß er die Regierungsgewalt an sich genommen habe und daß Hofkammerrat Ebersbach als Zivilkommissar eingesetzt sei. Darauf besetzten die Truppen die Regierungsgebäude und die Tagesblätter. Der Marktplatz wurde durch Stacheldraht abgesperrt. [...] Im Laufe des Sonntagnachmittags gab die Arbeiterschaft die Generalstreikparole aus. Der Militärbefehlshaber ließ die Versammlungslokale absperren. Am Montagvormittag versammelten sich gewaltige Massen auf dem Markt und den angrenzenden Straßen. Daran anschließend kam es zu Zusammenstößen, wobei zwei Personen getötet wurden. Gegen zwei Uhr nachmittags wurden das Rathaus und etwas später die Gebäude der Landesregierung von der Arbeiterschaft gestürmt. Eingetroffene

Verstärkungsabteilungen suchten in heftigem Feuergefecht die Oberhand zu gewinnen, wurden aber von den Arbeitern entwaffnet. Im Laufe des Nachmittags stürmte die Menge die Kasernen und nahm die Besatzungen gefangenen. Die alte Regierung kehrte an ihren Platz zurück und ordnete die Verhaftung der Putschisten an. Die Abwehr des Putschversuches kostete 13 Einwohnern das Leben. Hauptmann Schweitzer hat sich nach der Gefangennahme der Besatzung der Angermühle durch Erschießen entleibt.«

Der Tod des Journalisten Ernst Schott

Am Rande der geschilderten Ereignisse kam jedoch in der an Gera angrenzenden Gemeinde Langenberg eine weitere Person ums Leben. Dabei handelte es sich um den am 29. September 1875 in Heinrichshall bei Bad Köstritz geborenen Ernst Schott, jüngster Sohn des 1897 verstorbenen Fabrikbesitzers und Betriebsleiters der Chemiefabrik zu Heinrichshall und dessen Gattin Marie, geborene Thern. Ernst, der infolge einer in seinem ersten Lebensjahr erlittenen Hirnhautentzündung dauerhaft an beiden Beinen und der rechten Hand gelähmt und dadurch an den Rollstuhl gefesselt war, konnte keine öffentliche Lehranstalt besuchen und hatte daher viele Jahre Hausunterricht hauptsächlich in humanistischen Lehrfächern erhalten. Auch widmete er sich historischen, vor allem militärhistorischen Studien. Die dabei gewonnenen Erkenntnisse führten ihn zu einer konservativen Welt- und Staatsauffassung, die er auch in praktischer politischer Betätigung auslebte. Seit 1904 nahm Schott an den politischen Wahlkämpfen in der Gemeinde Langenberg sowie an den Landtags- und Reichstagswahlkämpfen teil. Der finanziell aufgrund seiner Herkunft gut situierte Mann betätigte sich, gefördert durch Dr. Friedrich

Langenberg 1907.

Langer, Herausgeber der rechtskonservativen *Deutschen Zeitung*, auf dem Gebiet des politischen Journalismus. Außerdem arbeitete er für den *Reichsboten** und weitere konservative sowie nationale Tageszeitungen. 1913 übernahm Schott die Schriftleitung und ein Jahr später den Verlag des reußischen Heimatblattes *Heimatbote*, den der Journalist in völkischem Sinn leitete und, wie er in seinem Lebenslauf am 20. September 1919 schrieb, *»im Text, wie im Anzeigenteil judenfrei halte«*.

Der unverheiratete Schott lebte auf seinem Landsitz in Langenberg, wie er betonte: *»einem industriereichen, vom Proletariat völlig beherrschten Landorte eine Stunde nördlich von Gera«*.

---

* *Der Reichsbote* war der Titel einer deutschen Zeitung, gegründet als deutsche Wochenzeitung für Christentum und Volkstum, die vom 1. Juli 1873 bis 1936 in Berlin erschien. Erster Chefredakteur des Blattes war der evangelische Geistliche, Journalist und Schriftsteller Heinrich Engel (* 1834, † 1911), unter dessen Leitung der *Reichsbote* zum führenden Organ im konservativen Mittelstand und in gläubigen Pastorenkreisen wurde.

Es geschah am 15. März 1920 gegen 17 Uhr. Die Gartenglocke auf dem Grundstück Geraer Straße Nr. 5 schellte. Schotts Dienstmädchen Erna Geschwend erblickte durchs Fenster, daß sich etwa einhundert protestierende, zum Teil bewaffnete Langenberger Einwohner vor dem Gartentor versammelt hatten und Einlaß in das Haus des Journalisten begehrten. Statt zu öffnen, eilte Erna ins Arbeitszimmer des im Rollstuhl sitzenden Schott und informierte ihren Dienstherrn über die entstandene bedrohliche Situation, der sogleich anordnete, sämtliche Türen und Fenster durch Holzläden zu verschließen. Trotzdem gelang es circa zehn Männern, die Haustür aufzubrechen und in das Arbeitszimmer des Journalisten vorzudringen. Sie forderten ihn auf, sich im Auftrag der Regierung verhaften zu lassen, weil er ein geistiger Wegbereiter des Putsches sei. Schott weigerte sich. Kurz darauf hörten das Dienstmädchen und die Wirtschafterin Elise Wimmler, die sich in einen Nebenraum geflüchtet hatten, mehrere Schüsse fallen.

Arbeitszimmer Ernst Schotts.

Ernst Schott im Rollstuhl, um 1920.

Nachdem es im Arbeitszimmer wieder ruhig geworden war, eilten die beiden jungen Frauen dorthin zurück und fanden Ernst Schott erschossen vor. Sofort riefen sie mit Schotts Haustelefon den Schutzpolizisten Carius an, der am Tatort neben dem erschossenen Hausherrn dessen sechsschüssigen Revolver fand, in dem sich drei abgeschossene Kugelpatronen und eine Schrotpatrone befanden. Den Angaben der bediensteten Frauen zufolge war Schotts Revolver stets mit der vorgefundenen Munition geladen. Schott war nach Aussage des Polizisten durch ein Infanteriegeschoß eines Militärgewehres, erkennbar an der vorgefundenen Patronenhülse, in die Herzgegend ums Leben gekom-

Eßecke im Wohnzimmer Ernst Schotts.

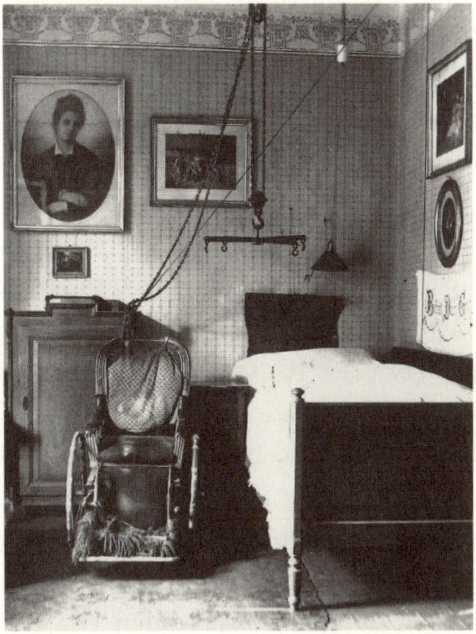

Schlafzimmer Ernst Schotts.

men, nachdem er offensichtlich mit dem Revolver auf die Eindringlinge geschossen hatte. Um 18.30 Uhr erfolgte die Aufhebung der Leiche durch den Bezirksarzt Dr. Neuhaus aus Gera. Als Täter, so spekulierte Carius, käme der Langenberger Klaviaturarbeiter Friedrich Kraft in Frage.

Epilog

Nach den turbulenten Tagen des gescheiterten Putsches eines Teils der Reichswehr bemühten sich die Angehörigen Ernst Schotts, vornehmlich dessen Schwester Hedwig Webendörfer aus Gera, um die Aufklärung der Tatumstände und kritisierte scharf die Erfolglosigkeit der staatsanwaltschaftlichen Ermittlung gegen Friedrich Kraft. Der Oberstaatsanwalt beim Gemeinschaftlichen Thüringischen Oberlandesgericht Jena Dr. Trautvetter teilte ihr am 17. Juni 1920 mit, daß die staatsanwaltschaftliche Untersuchung des Falls nicht fortgeführt werde. Am 8. Juni 1920 habe der Ministerrat des Volksstaates Reuß beschlossen, daß die bei der Tötung Schotts in Langenberg beteiligten Personen amnestiert worden seien. Ein weiteres Einschreiten der Geraer Staatsanwaltschaft gegen die Mörder des Bruders von Hedwig Webendörfer sei daher nicht möglich. Eine am 2. August 1920 verabschiedete Amnestie stellte überdies alle Putschteilnehmer mit Ausnahme der *»Urheber«* und *»Führer«* des Umsturzversuches straffrei, sofern sie nicht aus *»Rohheit«* oder *»Eigennutz«* gehandelt hatten. Somit wurden auch nicht die Morde an jenen Bürgern Geras gesühnt, die als die Märzgefallenen in die Geschichte eingingen. Am 18. März wurden die 15 Geraer Opfer des sogenannten Kapp-Putsches im Sitzungssaal des Landtages in der Burgstraße aufgebahrt und einen Tag später auf dem Südfriedhof beigesetzt.

Gedenkstätte auf dem Südfriedhof Gera für die bei der Niederschlagung des Kapp-Putsches im März 1920 Gefallenen. Die Anlage wurde 1921 von Prof. Selmar Werner aus Dresden geschaffen.

EIN KRIMINALPOLIZEI-INSPEKTOR ALS MÖRDER

EXKURS HESSEN (1921–1924)

Weber ist etwa 45 Jahre alt, stammt aus Gelnhaar [...] in Oberhessen und hat es durch sein egoistisches und rücksichtloses Vorgehen, verbunden mit einem Grad gewisser Schlauheit, zu einem verantwortlichen Posten gebracht. Sein Lebenswandel war aber schon seit Jahren nicht einwandfrei, durch seine Herrschsucht und sein ganzes Gebaren verstand er es aber, seine Untergebenen im Zaume zu halten und seine Vorgesetzten zu täuschen.

Im April 1921 berichteten hessische Tageszeitungen von der Auffindung einer unbekannten Frauenleiche im Spessart. Es sollten jedoch noch fast drei Jahre vergehen, bis die, wie sich später herausstellte, Mordtat an einer jungen Frau vor dem Landgericht Darmstadt im mit Zuhörern dicht besetzten Verhandlungsraum gesühnt wurde. Auch die Straße vor dem Gerichtsgebäude war von einer großen Menschenmenge belagert, die Neues über den spektakulären Fall erfahren wollten, denn schließlich waren mutmaßlich zwei Männer in den Mord an einer Frau involviert, darunter der bekannte Darmstädter Kriminalpolizeiinspektor Christian Weber. Was war geschehen?

Der am 30. September 1893 im pfälzischen Freinsheim geborene Friedrich Hofmann arbeitete als Händler in

Darmstadt. Dort hatte er die ein Jahr jüngere Paula, geborene Studt, kennengelernt und geehelicht. Bald jedoch bot die Beziehung ein Bild völliger Zerrüttung, und schließlich war von den Partnern ein Scheidungsprozeß in Gang gesetzt worden. Die Ehefrau, so berichtete am 13. März 1924 die *Darmstädter Zeitung* in ihrem Gerichtsreport, *»galt als energisch und temperamentvoll und soll anfänglich mit dem Kriminalinspektor Weber in Beziehung gestanden haben. Zur kritischen Zeit stand sie sowohl mit Weber als auch mit ihrem Mann auf schlechtem Fuße. Eines Tages kam es in einer Weinwirtschaft dicht beim Polizeiamt zu groben Beleidigungen seitens der Frau gegen die Genannten. Auf Vorhaltungen Webers in dessen Amtszimmer ohrfeigte sie Weber derart, daß sie zu Boden fiel. Frau Hofmann wurde dann in Polizeigewahrsam genommen, angeblich, weil ihr Mann eine Abtreibungsanzeige erstattet hatte, doch wurde die Haft von Weber eigenmächtig ohne Untersuchung wieder aufgehoben.«*

Am darauffolgenden Abend bestellte der Beamte auf dem Dienstweg ein Auto mit Chauffeur mit der Begründung, er wolle eine französische Spionin weit vom besetzten Gebiet fortbringen. An der katholischen Kirche in Darmstadt bestiegen am 9. April 1921 Christian Weber und das Ehepaar Hofmann den Personenkraftwagen und fuhren zum ca. 90 Kilometer entfernten Spessart. In der Nähe des Ortes Rohrbrunn bei Aschaffenburg verließen die drei Personen das Fahrzeug in Richtung eines Waldes und kehrten später ohne Paula Hofmann zum Auto zurück. Deren Leiche fand man vier Tage später, nach ersten Vermutungen erhängt, an einem Bäumchen. Eine Obduktion der noch nicht identifizierten Leiche ergab jedoch, daß mit dem Erhängen vermutlich eine Selbsttötung der Frau vorgetäuscht werden sollte, denn die Spuren deuteten auf vorheriges Erwürgen.

In alle Richtungen ermittelte im Fall der »Spessartfrauenleiche« die zuständige Staatsanwaltschaft Aschaffenburg. Eine an zahlreiche Kriminalämter gerichtete sachdienliche Anfrage aus Unterfranken unterschlug der Darmstädter Kriminalinspektor Weber. Im Herbst 1921 wurde schließlich die Ehe der Hofmanns wegen Ehebruchs der Gattin Paula und ihres angeblich böswilligen Verlassens des Ehemannes geschieden. Inzwischen hatte die Mutter Paulas bei anderen Behörden eine Vermißtenmeldung zur Auffindung ihrer Tochter abgegeben, in deren Folge die Ermittlungen zu der im Wald bei Rohrbrunn aufgefundenen Frauenleiche führten.

Die Gedankenassoziation zwischen dem dienstlichen Einsatz eines Autos durch einen Kriminalbeamten am 9. April 1921, der vier Tage später im Spessart aufgefundenen Leiche und der Unterschlagung des Ersuchens der Aschaffenburger Staatsanwaltschaft, die schließlich in Webers Unterlagen durch Zufall auftauchte, war somit gegeben. Diese und weitere Indizien führten zur Verhaftung von Friedrich Hofmann und besonders Aufsehen erregend zur gleichzeitigen Festsetzung des in Hessen bekannten Kriminalpolizeiinspektors Christian Weber.

Erst nach deren Verhaftung und Inhaftierung im Untersuchungsgefängnis Darmstadt gelang der dortigen Staatsanwaltschaft der Durchbruch bei den Ermittlungen in dem Mordfall, da sich ein wichtiger Zeuge meldete und entscheidend zur Aufklärung des Mordes beitrug. Am 21. April 1923 berichtete die *Darmstädter Zeitung*, daß besagter Zeuge, ein Darmstädter Autodroschkenbesitzer, glaubwürdig erklärte, am Abend des 9. April 1921, gegen 20 Uhr, Weber und Hofmann in Begleitung einer Frau mit seinem Auto über Aschaffenburg in die Gegend von Rohrbrunn im Spessart gefahren zu haben. Auf einer Straße mitten im

Wald seien die drei ausgestiegen und im dichten Gehölz verschwunden. Als die beiden Männer zurückkamen, behaupteten sie, eine französische Spionin abgesetzt zu haben. Gemeinsam fuhren die Männer später nach Darmstadt zurück.

Als Webers Motiv für die Mittäterschaft äußerte der Gerichtsreporter, daß der Kriminalpolizist die Ehefrau Hofmanns *»wegen seines leichtsinnigen Lebenswandels zu fürchten hatte. Weber ist etwa 45 Jahre alt, stammt aus Gelnhaar** *[...] in Oberhessen und hat es durch sein egoistisches und rücksichtloses Vorgehen, verbunden mit einem Grad gewisser Schlauheit, zu einem verantwortlichen Posten gebracht. Sein Lebenswandel war aber schon seit Jahren nicht einwandfrei, durch seine Herrschsucht und sein ganzes Gebaren verstand er es aber, seine Untergebenen im Zaume zu halten und seine Vorgesetzten zu täuschen. Schon seit dem Oktober vorigen Jahres ist Weber wegen seines unmoralischen Verhaltens vom Dienste suspendiert. Er hat bis jetzt jede Beteiligung an dem schweren Verbrechen energisch geleugnet. [...] Weber ist aus dienstlichen sowie aus Sicherheitsgründen aus dem hiesigen Untersuchungsgefängnis in die Zellenstrafanstalt Butzbach überführt worden.«*

In der Strafanstalt nahm sich der verheiratete Beamte am 11. Mai 1923, gegen sechs Uhr, durch Erhängen das Leben. Damit hatte sich der erfahrene Kriminalist, der die Wucht der Indizienbeweise durchaus zu würdigen wußte, einer gerechten Bestrafung entzogen.

In den Gerichtsverhandlungen vom 18. bis 20. März 1924 bestritt Friedrich Hofmann, an der Ermordung seiner Frau

---

* Gelnhaar ist heute ein Ortsteil der Gemeinde Ortenberg im östlichen Teil des Wetteraukreises in Hessen.

beteiligt gewesen zu sein. Nach seiner Einlassung habe Paula Hofmann von ihm verlangt, nach Miltenberg* gebracht zu werden, um Bekannte zu besuchen. Das Auto habe dann Weber bestellt und er habe sich nicht weiter um die Fahrt gekümmert. Seine Frau klopfte auf der Fahrt unvermittelt an die Autoscheibe und bat darum, aussteigen zu dürfen. Weber und er hätten Paula dann noch ein Stück in den Wald begleitet, sich dort von ihr verabschiedet und seien zum Auto zurückgekehrt.

Obwohl ihn der Gerichtsvorsitzende wiederholt auf Widersprüche in seinen Aussagen aufmerksam machte, blieb Hofmann bei seinen Unschuldsbeteuerungen und der von ihm immer wieder mit Nachdruck geäußerten »Überzeugung«, weder Weber noch er selbst hätten Hand an die junge Frau gelegt.

In der folgenden Beweisaufnahme belasteten vornehmlich der Wagenlenker, der Darmstädter Automobilhändler Lehe, sowie der hessische Kriminalratskommissar Daniel, der an der Aufdeckung des Verbrechens großen Anteil hatte, Friedrich Hofmann und Christian Weber schwer. Chauffeur Lehe, der später auch vereidigt wurde, bekräftigte in seiner Aussage, daß der Angeklagte und der inzwischen gestorbene Weber sich mit Paula Hofmann in den Wald begeben hatten und erst nach etwa einer Stunde zum Auto zurückkehrten. Vor der Rückkehr nach Darmstadt habe man noch in Aschaffenburg in einer Gaststätte gerastet. Die Zeche und die Autokosten in Höhe von 1250 Mark bezahlte Hofmann.

Danach erklärten die Sachverständigen Medizinalrat Dr. Löffler aus Aschaffenburg und Dr. Brandt aus Waldaschaff,

---

* Miltenberg ist heute die Kreisstadt des gleichnamigen Landkreises im Regierungsbezirk Unterfranken und gehört seit 1816 zu Bayern.

sie hätten anfangs die Möglichkeit einer Selbsttötung der Frau für möglich gehalten, aber seien auch bald zu der Überzeugung gekommen, es handle sich um Mord. Der Gerichtschemiker Prof. Dr. Popp aus Frankfurt wies anhand des im Gerichtssaal aufgestellten Bäumchens und mitgebrachten Gewichten einwandfrei nach, daß die Frau nur von zwei Tätern hätte aufgehängt werden können, was die Spuren am Holz aufzeigen würden. Immer wieder hielt der Vorsitzende Friedrich Hofmann Widersprüche in dessen Aussagen vor und wies auch auf die schriftliche Verlautbarung Christian Webers in der Voruntersuchung hin:

»Wenn ich mich schuldig fühle, werde ich mich selbst richten.«

Dies sei geschehen und damit habe Weber ein indirektes Geständnis abgelegt.

In seinem Plädoyer legte der Staatsanwalt dar, daß Frau Hofmann von den beiden Männern nach einem wohlüberlegten Plan ermordet wurde, wobei Weber die Triebfeder des Verbrechens und der ungebildete, willenlose Friedrich Hofmann ein willfähriges, gefügiges Werkzeug gewesen sei. Die Mittäterschaft des letzteren sei unzweifelhaft nachgewiesen. Daher beantragte die Staatsanwaltschaft nach § 211 des StGB wegen Mordes die Todesstrafe und zehn Jahre Ehrverlust für den Angeklagten.

Die Verteidigung argumentierte, daß die Mordtat nicht eindeutig nachzuweisen und vieles im dunkeln geblieben sei, denn schließlich sei auch eine Selbsttötung der Paula Hofmann nicht völlig ausgeschlossen. Das Gericht folgte dem Antrag des Staatsanwaltes. Der Angeklagte Hofmann nahm das Urteil ruhig auf.

Die durch den Verteidiger angestrebte Revision des Urteils wurde vom Leipziger Reichsgericht im Juni 1924 verworfen.

Am 9. August 1924 erfolgte durch das Gesamtministerium, das als hessische Regierung fungierte, die Umwandlung der Todesstrafe in eine lebenslängliche Zuchthausstrafe. Einige Wochen später überführten hessische Justizangestellte Friedrich Hofmann in das Landeszuchthaus Marienschloß.

Während seiner langen Haftzeit erkrankte der inzwischen ergraute Verurteilte 1941 an Typhus. 1943 erfolgte seine Einweisung in das Konzentrationslager Mauthausen. Im März 1945 wurde er dort noch als Lebender geführt. Ob er die letzten Wochen bis zum Ende des sogenannten »Dritten Reiches« überlebte, ist den Unterlagen des Arolsen Archives, International Center on Nazi Persecution nicht zu entnehmen.

DIE GROSSGÖLITZER MORDPROZESSE*

THÜRINGEN (1925–1944)

Die polizeiliche Anmeldung hatte er trotz wiederholter Aufforderung seiner Vermieterin ignoriert und als sie ihn immer deutlicher dazu drängte, hatte Langer ihr erklärt, sie solle ihn nicht reizen, er habe eine Pistole und könne in einer Situation der Überreizung nicht verantwortlich gemacht werden.

Am 10. April 1925 meldete die *Landeszeitung für Schwarzburg-Rudolstadt* unter der Überschrift *»Von Einbrechern erschossen«*, daß am frühen Morgen des 9. April in den Großgölitzer *»Oberländischen Gasthof«* eingebrochen wurde. Mit der Fütterung von Tieren beschäftigte Nachbarn seien auf den Einbruch aufmerksam geworden und hätten die Verfolgung des fliehenden Einbrechers aufgenommen. Kurz vor dem Gehölz am Ausgang des Dorfes sei dabei der angesehene Landwirt und Familienvater Hilmar Meyer von dem Dieb erschossen worden, der unerkannt entkam.

Die Ermittlungen der Rudolstädter Polizeibehörde und der Staatsanwaltschaft beim Landgericht Rudolstadt wur-

* Vgl. Frank Esche: Im Zweifel für den Angeklagten. In: Blutspur durch Thüringen. Berichte, Bilder, Dokumente, 1884–2020, Verlag Kirchschlager, Arnstadt 2020, S. 78–83. Nachdem das Buch fertiggestellt war, tauchten Unterlagen über einen zweiten Großgölitzer Mordprozeß auf, der Licht ins Dunkel des Mordgeschehens vom 9. April 1925 in Großgölitz brachte und hier ergänzend ausführlich behandelt wird.

den sofort aufgenommen und alsbald der Handarbeiter und Bad Blankenburger Bürger Wilhelm Schröder, geboren am 29. Juni 1901 in Kiel-Wellingdorf, ledig, noch unbestraft, in Untersuchungshaft genommen.

Am 7. September 1925 faßte der Erste Staatsanwalt Scherff in der Anklageschrift die Ermittlungsergebnisse zusammen. Darin wirft er dem Untersuchungshäftling vor, in der Nacht zum 9. April 1925 zuerst in die Wohnung der Großgölitzer Witwe Minna Oberländer, geborene Voigt, eingebrochen zu sein und folgendes Diebesgut entwendet zu haben: 22 Pfund Knackwürste, zwei Schinken, zirka 30 Pfund Speck, 33 Eier, eine Flasche Likör, je einen Tragekorb Brustriemen sowie Strick und Bargeld in Höhe von 13 Mark. Danach habe er auf seiner Flucht in der Flur Großgölitz, nahe und unterhalb des Baropturmes* den ihn verfolgenden Landwirt Meyer vorsätzlich, aber ohne Überlegung, getötet. Der Täter, so die Ermittlungen, sei zwischen 4.30 und 5 Uhr durch das Küchenfenster in der Wohnung der Witwe Oberländer eingestiegen, nachdem er eine Glasscheibe mit Hilfe eines Taschenmessers entfernt hatte.

Im Inneren des Gebäudes brach er dann verschlossene Türen auf und eignete sich in den Zimmern die aufgeführten Gegenstände und das Geld an. Dabei blieb der Täter nicht unbemerkt. Die Tochter der Hausbesitzerin, Elly Oberländer, die auf dem Flur Schritte vernommen hatte, rief ihre Mutter, worauf der Eindringling kurz die Zimmertür der Tochter öffnete, mit der Taschenlampe hineinleuchtete und dann sofort über den Hof die Flucht in Richtung

* Der Baropturm ist ein aus Stein gebauter Turm. Der Bau geht auf die Initiative von Schülern zurück, die den Turm ihrem Lehrer Johannes Arnold Barop zu dessen 50jährigem Dienstjubiläum 1876 widmeten. Vom Baropturm aus bietet sich ein beeindruckender Rundblick auf das Schiefergebirge, die Ilm-Saale-Region und den Thüringer Wald.

Einbruchstelle Küchenfenster – Wohnung der Oberländers.

Wald ergriff. Gegen 5.30 Uhr überraschte der 15jährige Zeuge Wilhelm Schrader aus Großgölitz im Flurteil der sogenannten »Ebene« unter dem Baropturm hinter einem Gebüsch kauernd einen Mann, der Eier und andere Lebensmittel bei sich hatte. Es war offensichtlich der Dieb, der seine Beute ordnete und verpackte. Als dieser den jungen Mann bemerkte, schrie er Schrader an: *»Mach, daß du fortkommst, sonst haue ich dir den Wanst voll!«*

Der Zeuge eilte daraufhin eiligst ins Dorf und schlug dort mit dem Ergebnis Alarm, daß er und die Landwirte Hilmar Meyer sowie Oskar Ehrhardt, der Landwirtschaftsgehilfe Arthur Noth und der Landwirtschaftsgehilfe Alfred Oberländer sich auf die Suche nach dem Fremden begaben. Dieser hatte inzwischen auf seiner Flucht das Diebesgut zurückgelassen, um den Verfolgern, die auf seine Spur gekommen waren, zu entfliehen. Als er sich etwa 50 Meter unterhalb des Baropturmes befand, gelang es den Verfolgern, ihn zu stellen. In die Enge getrieben, zog der Täter plötzlich einen Revolver und schrie: *»Bleibt stehen, sonst schieße ich euch alle zusammen!«*

Zuerst zielte er auf den jungen Schrader, der sich aber kurz entschlossen zu Boden warf. Dann richtete er die Waffe auf den sich nähernden Landwirt Meyer und feuerte drei Schüsse auf diesen Verfolger ab, von denen zwei ihr Ziel nicht verfehlten. Die Schüsse trafen Meyer in den Kopf. Von den Geschossen getroffen, brach der Landwirt tot zusammen.

Tatort unter dem Baropturm. Das Kreuz zeigt die Lage der Leiche an, der Kreis den Standort des Täters und das Viereck den Standort des Zeugen Wilhelm Schrader hinter dem Baum.

Die Bestürzung der Verfolger nutzte der Täter, so daß ihm die Flucht in Richtung Kleingölitz und Bad Blankenburg gelang. Alfred Oberländer, der dem Mörder hinterher eilte, mußte aber bald wegen Erschöpfung die Verfolgung aufgeben. Wenige Stunden später setzte die Polizei zwei Spürhunde auf die Fährte des Mörders, die diese jedoch nicht bis zum Ende ausarbeiten konnten.

Gutachterlich ließ sich später die Art der Waffe und das Kaliber der Munition feststellen. Die verwendeten Stahlmantelgeschosse stammten aus dem Lauf eines Revolvers und mußten von einem sicheren Schützen abgefeuert worden sein. Der Untersuchungsgefangene Schröder habe laut Zeugenaussagen eine solche Waffe besessen und sich bei vielen Gelegenheiten ob seiner Treffsicherheit gerühmt und prahlend gemeint, er könne für Lungen- und Kopfschüsse garantieren, eine Aussage, die der Beschuldigte aber in der Voruntersuchung immer wieder dementierte.

Gegen Schröder sprach auch der Umstand, daß er ständig in Geldverlegenheit war. Was er verdiente, gab er für Genußmittel aus, so daß zum Leben nicht viel übrig blieb. Daher bettelte der Beschuldigte seine Arbeitskollegen immer wieder um Essen an, und belastend für ihn kam hinzu, daß er am Vortag des Verbrechens, am 8. April 1925, seine Arbeit in einer Schwerspatgrube ohne Aussicht auf eine neue Arbeitsstelle verloren hatte. Der Umstand, nun plötzlich völlig mittellos und ohne Perspektive dazustehen, könnte das Motiv für seinen Einbruchsdiebstahl mit den bekannten fatalen Folgen gewesen sein, so die Ausführungen des Staatsanwaltes in der Anklageschrift.

Am 1. Oktober 1925 kam das Verbrechen in einer öffentlichen Sitzung des Schwurgerichtsbezirks des Gemeinschaftlichen Thüringischen Oberlandgerichtsbezirks zu Jena in Rudolstadt zur Verhandlung. Als Vorsitzender fungierte

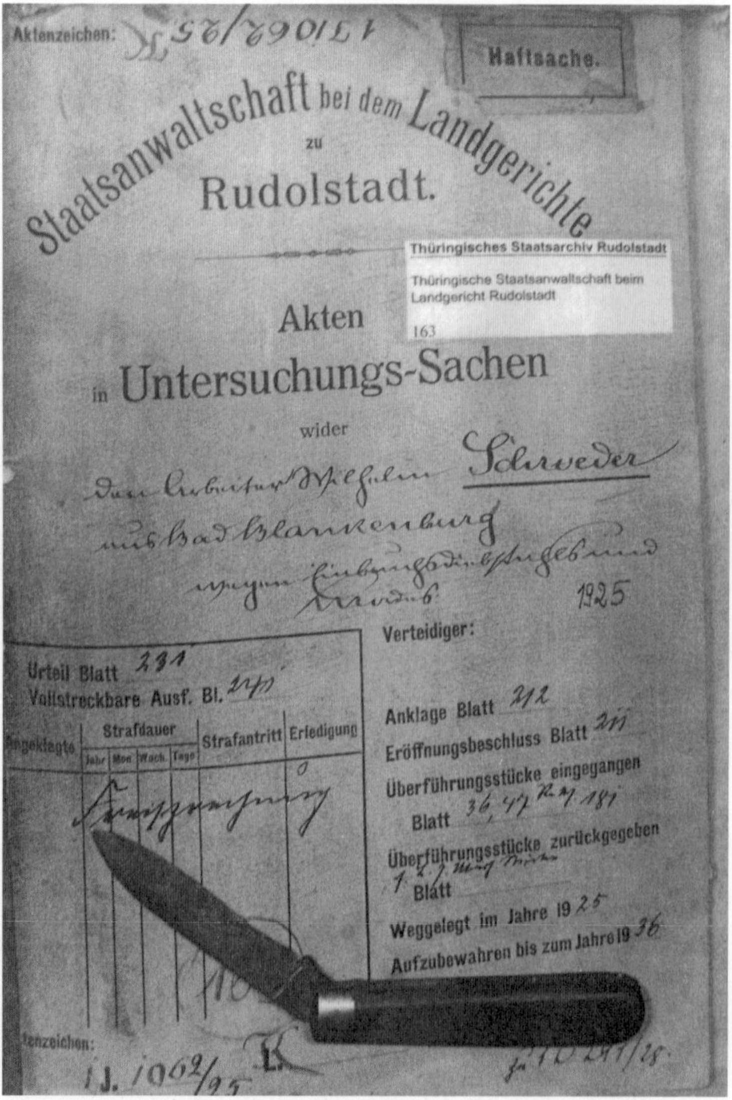

Aktenzeichen: 1 J. 1062/25

Haftsache.

Staatsanwaltschaft bei dem Landgerichte zu Rudolstadt.

Thüringisches Staatsarchiv Rudolstadt

Thüringische Staatsanwaltschaft beim Landgericht Rudolstadt

163

Akten in Untersuchungs-Sachen wider

1925

Urteil Blatt 231

Vollstreckbare Ausf. Bl.

Angeklagte	Strafdauer				Strafantritt	Erledigung
	Jahr	Mon	Woch.	Tage		

Verteidiger:

Anklage Blatt 212

Eröffnungsbeschluss Blatt 211

Überführungsstücke eingegangen Blatt

Überführungsstücke zurückgegeben Blatt

Weggelegt im Jahre 1925

Aufzubewahren bis zum Jahre 1936

Staatsanwaltliche Untersuchungsakte zum Verbrechen in Großgölitz mit einem darin enthaltenen Messer als Beweisstück, welches für die Entfernung des Fensterkitts zur Entnahme der Glasscheibe des Küchenfensters vom Täter verwendet wurde.

Landgerichtsrat Dr. Heumann, als Anklagevertreter der Erste Staatsanwalt Scherff, und die Verteidigung des 24jährigen Angeklagten Wilhelm Schröder hatte der Rudolstädter Anwalt Schönheit übernommen.

Zu Beginn der Verhandlung stellte Schröder die ihm vorgeworfenen Taten in Abrede. Die Staatsanwaltschaft bot zur Erbringung von Indizienbeweisen* 30 Zeugen und als Sachverständige Sanitätsrat Dr. Franke aus Bad Blankenburg sowie den Rudolstädter Waffenmeister a. D. Oskar Barthelmes auf.

Die Vernehmung der zahlreichen Zeugen, die am zweiten Verhandlungstag Fortsetzung fand, ergab kein klares Bild über die Täterschaft des Schröder. Vor allem die Angaben über die Kleidung und die Kopfbedeckung des Täters wichen voneinander ab, was möglicherweise mit den schlechten Sichtverhältnissen an jenem frühen Morgen und dem Umstand zusammenhing, daß der Täter immer nur aus größerer Entfernung bzw. ganz kurze Zeit von den Zeugen gesehen wurde. Diese Situation deutete sich jedoch bereits in der Voruntersuchung an, als es einen Lokaltermin am Tatort gegeben hatte. Der Erste Staatsanwalt Scherff beantragte daher einen nochmaligen Lokaltermin unter Hinzuziehung des Angeklagten und der sechs wichtigsten Zeugen, wodurch er sich eine bessere Aufklärung der noch bestehenden Unklarheiten versprach. Nach kurzer Besprechung

* Unter einem Indiz (lat: indicare = anzeigen) versteht man einen Hinweis, der für sich allein oder in einer Gesamtheit mit anderen Indizien den Rückschluß auf das Vorliegen einer Tatsache zuläßt. Im Allgemeinen ist ein Indiz mehr als eine Behauptung, aber weniger als ein Beweis. In einem Indizienprozeß versucht die Staatsanwaltschaft den Richter von der Schuld des Täters mittelbar durch Indizien zu überzeugen. Ein Indiz für sich allein genommen reicht dabei nicht zur Verurteilung aus. Aber die Summe der Indizien (Indizienkette und Indizienreihe) soll ein derartiges Gesamtbild ergeben, daß die Täterschaft zur vollen Überzeugung des Gerichts feststeht.

lehnten sowohl das Gericht als auch die Geschworenen diesen Antrag ab. Nach der Vernehmung weiterer Zeugen wurde die Beweisaufnahme geschlossen, und Scherff ergriff das Wort:

»Vier Punkte sprechen gegen den Angeklagten. Der Besitz des Revolvers und sein Leugnen dieser bewiesenen Tatsache, das Leugnen seiner Prahlerei, das Abstreiten eine Taschenlampe besessen zu haben, was er schließlich erst in der Hauptverhandlung zugab, und endlich seine Geldverlegenheit, die solche Tat erklärlich macht.«

Alles dies aber genüge nicht, ihn der Taten zu überführen, zumal auch verschiedene Gründe für ihn sprächen. Die Staatsanwaltschaft stelle daher anheim, den Angeklagten gemäß dem Grundsatz: *»Im Zweifel für den Angeklagten«* freizusprechen. Rechtsanwalt Schönheit beantragte, den Angeklagten wegen erwiesener Unschuld freizusprechen. Schließlich seien Zeugenaussagen immer mit Vorsicht aufzunehmen, und die Tatwaffe sowie dazugehörige Munition hätten die Polizeibeamten während einer Hausdurchsuchung bei Schröder – diese fand bereits *vor* der Großgölitzer Tat in der Wohnung des Angeklagten statt, weil man nach Feilen suchte, die seinem damaligen Arbeitgeber entwendet worden waren – nicht gefunden. Wegen erwiesener Unschuld verlangte der Verteidiger, den Angeklagten für die erlittene Untersuchungshaft angemessen zu entschädigen.

Am Schluß der Verhandlung wurde der Angeklagte gefragt, ob er selbst noch etwas zu seiner Verteidigung auszuführen habe. Wilhelm Schröder erklärte: *»Ich bin unschuldig und bitte daher freigesprochen zu werden.«*

Das Gericht zog sich zur Beratung zurück. Nach Wiederherstellung der Öffentlichkeit wurde das Urteil dahingehend verkündet:

Der Angeklagte werde freigesprochen. Die Kosten des Verfahrens trage die Staatskasse. Der Angeklagte wurde zwar nach dem Verbrechen von den Verfolgern nicht mit Bestimmtheit wiedererkannt, doch vermochte auch keiner von ihnen auszuschließen, daß Schröder der Täter war. Auch konnte die Schutzbehauptung des Angeklagten, er habe die Nacht vom 8. zum 9. April 1925 schlafend in seiner Bad Blankenburger Wohnung verbracht, nicht mit Bestimmtheit widerlegt werden. Trotz aller Verdachtsmomente muß zweifelhaft bleiben, ob der Angeklagte der Täter war.

Weiterhin wurde folgender Beschluß verkündet: *»Der gegen den Angeklagten am 14. April 1925 ergangene Haftbefehl wird aufgehoben und der Angeklagte außer Verfolgung gesetzt. Da zwar das Verfahren die Unschuld des Angeklagten nicht ergebe, aber dargetan hat, daß gegen ihn ein begründeter Verdacht nicht besteht, ist der Antrag, ihn für die erlittene Untersuchungshaft Entschädigung aus der Staatskasse zu gewähren, nach § 1 des Gesetzes vom 14. Juli 1904* zurückzuweisen.«*

Bald sollte sich herausstellen: Der Bad Blankenburger Bürger Wilhelm Schröder war tatsächlich unschuldig. Die Staatsanwaltschaft am Thüringischen Landgericht Rudolstadt hatte den Mordfall nicht zu den Akten gelegt, in der Sache weiter ermittelt und von der Hamburger Polizeibehörde und der sächsischen Justiz Informationen erhalten, die aufhorchen ließen.

---

* Gesetz betreffend die Entschädigung für unschuldig erlittene Untersuchungshaft: § 1 Personen, die im Strafverfahren freigesprochen oder durch Beschluß des Gerichts außer Verfolgung gesetzt sind, können für erlittene Untersuchungshaft Entschädigung aus der Staatskasse verlangen, wenn das Verfahren ihre Unschuld ergeben oder dargetan hat, daß gegen sie ein begründeter Verdacht nicht vorliegt.

Rudolf Langer nach seiner Festnahme.

Am 23. Juni 1927 erhob die Rudolstädter Staatsanwaltschaft Anklage gegen den am 29. Dezember 1890 in Oberspaar bei Meißen geborenen Modelleur Erich Rudolf Langer aus Leipzig.

Fast sieben Monate später, am Dienstag, dem 17. Januar 1928, begann eine aufsehenerregende zweitägige öffentliche Gerichtsverhandlung im bis auf den letzten Platz gefüllten Schwurgerichtssaal des Landgerichts Rudolstadt. Der Präsident, Landgerichtsdirektor Dr. Neumann, der die Verhandlung pünktlich um 9 Uhr eröffnete, stellte, nachdem

Porträtaufnahmen von Rudolf Langer.

die Geschworenen vereidigt worden waren, zunächst die Personalien des Angeklagten fest. Der ledige Langer war schon mehrfach wegen Diebstahls vorbestraft und wurde zum Rudolstädter Prozeß unter strengster Bewachung aus der Gefangenenanstalt Waldheim in Handschellen vorgeführt, wo er aktuell wegen Mordes einsaß. In der sächsischen Strafanstalt verbüßte der Mörder eine vom Schwurgericht Leipzig am 4. Mai 1926 verhängte lebenslängliche Zuchthausstrafe.

Langer war schuldig gesprochen worden, weil er in der Nacht zum 2. April 1925 in Gehöften und im Gasthaus Ramsdorf* Diebstähle begangen und seine Verfolger beschossen hatte. Dabei tötete Langer mit einer Pistole den Grubenaufseher Hönig aus Hohndorf** durch Kopfschuß. Im September 1925 wurden die Fahnder seiner in Hamburg habhaft, und bei der Durchsuchung der Wohnung des Ver-

---

* Ramsdorf ist heute ein Ortsteil der Stadt Regis-Breitingen im Landkreis Leipzig.

** Hohndorf ist eine Gemeinde im Nordwesten des heutigen Erzgebirgskreises in Sachsen.

brechers fand man einen Sack mit der Aufschrift: »As. Nichter Großgölitz«, womit die Spur auf den Angeklagten auch wegen des Großgölitzer Mordverbrechens gelenkt wurde. Langer leugnete in der Voruntersuchung und nun auch während der Hauptverhandlung die ihm zur Last gelegten Taten.

Das Rudolstädter Schwurgericht hielt ihn jedoch nach Auswertung aller Indizien, Sachverständigengutachten und Zeugenaussagen aufgrund folgender Feststellungen für überführt: Langer konnte durch Zeugenaussagen nachgewiesen werden, daß er sich seit dem 3. April 1925, also einen Tag nach dem Mord bei Ramsdorf, in Rudolstadt und weiteren Orten der Umgebung von Großgölitz aufhielt. So hatte zum Beispiel am 4. April im unweit entfernten Lichstedt ein Unbekannter beim dortigen Gastwirt Hugo Brehme wegen eines Nachtquartiers nachgefragt. Der Wirt erkannte im Zuge der monatelangen Ermittlungen den Angeklagten Ende Februar 1927 in der Strafanstalt Waldheim aus einer großen Anzahl Gefangener, an denen er scheinbar zufällig vorbeigeführt worden war. Als Langer Brehme plötzlich sah, zuckte er sichtbar erschrocken zusammen und schlug die Augen nieder. Auch Zeugen aus Großgölitz und weiteren Orten der Umgebung erkannten in dem Angeklagten jenen Mann, der damals hausierend unterwegs war.

Bei seiner Verhaftung im September 1925 in Hamburg konnte jenes Adler-Fahrrad sichergestellt werden, das einen Tag vor der Großgölitzer Mordtat in der »Oberen Marktstraße« Rudolstadts gestohlen wurde.

Des weiteren konnten Langer gute Kenntnisse über die Gegend Großgölitz nachgewiesen werden, denn schließlich arbeitete er im Februar 1922 einige Monate auf dem Rittergut Kuhfraß bei Rudolstadt sowie Juli bis Ende August 1922 zunächst beim Landwirt Hermann Söffing im auch nahegelegenen Eichfeld und anschließend als Kutscher im Sägewerk Bockschmiede bei Sitzendorf.

Die Zeugen, die den Großgölitzer Einbrecher am 9. April 1925 sahen, Landwirtschaftsgehilfe Alfred Oberländer, Landwirt Oskar Ehrhardt, Landwirtschaftsgehilfe Arthur Noth und Forstlehrling Wilhelm Schrader, beschrieben ihn übereinstimmend als einen langen, schlanken Menschen, eine Beschreibung, die auf den Angeklagten paßte. Auch gab es Zeugen, die glaubhafte Angaben über den Besitz von Kleidungsstücken machen konnten, die der Täter in der Nacht zum 9. April 1925 getragen hatte.

Die Schüsse, die den Landwirt Hilmar Meyer tödlich verletzt hatten, waren aus einer Entfernung von ca. 35 Metern bei ungünstigen Lichtverhältnissen abgegeben worden. Daraus konnte geschlußfolgert werden, daß es sich bei dem verfolgten Einbrecher um einen sehr sicheren Pistolenschützen handeln mußte. Langers Jugendfreund, der Buchhandlungsgehilfe Kurt Börner aus Leipzig-Connewitz, bekundete vor Gericht, er habe mit dem Angeklagten in der Jugendzeit viel mit einer Pistole geschossen, wobei dieser sehr treffsicher gewesen sei. Beim Militär wurde Langer mit der Schützenschnur ausgezeichnet. Im Beisein der Zeugin Ehefrau Karla Brandt aus Leipzig hatte der Schütze mit seinen Schießkünsten geprahlt, indem er versicherte, ein Eichhörnchen auf einem hohen Baum sitzend mitten in den Kopf treffen zu können.

Das bei der Sektion des ermordeten Landwirts Hilmar Meyer im Kopf vorgefundene, allerdings deformierte Geschoß hatte nach dem Gutachten des Obermedizinalrates Prof. Dr. Kockel vom Institut für Gerichtliche Medizin der Universität Leipzig ein Kaliber von 7,65 Millimeter und könne nach Form und Zahl der Züge aus der beim Ange-

Das im Kopf des ermordeten Landwirts Hilmar Meyer gefundene Projektil.

klagten bei dessen Festnahme in Hamburg vorgefundenen Ortgies-Pistole* herrühren.

Daß sich eine solche Waffe schon länger im Besitz des Langer befand, bestätigte unter anderen auch die Zeugin Brandt.

Der Angeklagte sei eine *»dunkle, zweifelhafte Persönlichkeit«*, urteilte das Gericht, auch deshalb, weil dieser von August 1924 bis Ende März 1925 in Leipzig bei der Witwe Mehnert unangemeldet wohnte. Die polizeiliche Anmeldung hatte er trotz wiederholter Aufforderung seiner Vermieterin ignoriert, und als sie ihn immer deutlicher dazu drängte, hatte Langer ihr erklärt, sie solle ihn nicht reizen, er habe eine Pistole und könne in einer Situation der Überreizung nicht verantwortlich gemacht werden.

Mehreren Zeuginnen, so auch Frau Brandt, verheimlichte er seine wahre Identität und gab sich als Rudi Oswald aus,

---

* Diese Selbstladewaffe wurde von 1919 bis 1924 in Erfurt produziert.

sei in Saalfeld verheiratet, dann angeblich geschieden. Dies behauptete Langer auch gegenüber dem Zeugen Richard Thiele aus Leipzig, dem er wegen einer geringfügigen Auseinandersetzung mit Niederschießen und *»sieben blaue Bohnen in den Wanst jagen«* drohte.

Der Angeklagte behauptete, vornehmlich vom Handel mit Fellen seinen Lebensunterhalt verdient zu haben. Dagegen sprachen die Fakten, daß er sein Leben in der Hauptsache aus Geflügel- und Lebensmitteldiebstählen bestritt.

»Sprechen alle diese Umstände«, so das Gericht in der Urteilsbegründung, *»schon zwingend für die Täterschaft des Angeklagten, so kommt noch hinzu, daß der Zeuge Wilhelm Schrader, der am Gründonnerstag früh den Einbrecher im Wald überrascht und aus 5 – 6 Meter Entfernung beobachtet hat, in ihm auch bei der Verfolgung unterhalb des Baropturmes [...] bestimmt als Einbrecher wiedererkannte. [...] Er erkennt, wie er sagt, und das erscheint ohne weiteres glaubhaft, den Angeklagten an Gang und an der Statur, am stechenden Blick, am schmalen Gesicht und an der auffallend spitzen Nase. [...] Alle diese Umstände, nicht zuletzt auch der persönliche Eindruck des Angeklagten in der Hauptverhandlung, sein unsicheres Auftreten und seine Verteidigung (auf ihm unbequeme Fragen verweigert er die Antwort, auf Einzelheiten, auf die es ankommt, kann er sich nicht mehr entsinnen) haben das Schwurgericht überzeugt, daß der Angeklagte die ihm zur Last gelegte Tat [...] begangen hat.«*

Auch habe der Angeklagte nicht versucht, ein Alibi für die Tatzeit nachzuweisen, und begründete seine Gedächtnisschwäche mit im Weltkrieg erlittenen Kopfverletzungen und dem Genuss von Morphium. Die von ihm zeitweise täglich genommenen Dosen von 0,03 bis 0,06 Gramm Morphium seien aber nach Auffassung des sachverständigen

Allgem. Ortskrankenkasse Rudolstadt=Land, Sitz: Bad Blankenburg (Thüringerwald).

Meldestelle:

Allg. Ortskrankenkasse RUDOLSTADT-LAND

Anmeldung zur Kranken- und Invaliden-Versicherung.

Nur genau ausgefüllte Formulare sind gültig!

Unterschrift des Arbeitgebers:

»Anmeldung zur Kranken- und Invalidenversicherung« für Rudolf Langer vom 17. August 1922.

Kreisarztes Medizinalrat Dr. Kühn aus Rudolstadt zu gering, als daß sie schädliche Folgen für den Gesundheitszustand des Angeklagten ergaben. Auch seien die Kopfverletzungen nicht so erheblich, daß sie sein Gedächtnis hätten in Mitleidenschaft ziehen können. Das Gedächtnis des Mannes habe ihn immer nur dann im Stich gelassen, wenn Fakten aufgeworfen wurden, die dazu beitrugen, den Angeklagten zu belasten. An andere unverfängliche Einzelheiten habe sich der Angeklagte sehr wohl immer wieder erinnern können.

Dem widersprach Langers Verteidiger Hesse vehement und legte dem Gericht als Beweis eine »Anmeldung zur Kranken- und Invalidenversicherung« des ehemaligen Arbeitgebers seines Mandanten vor.

Nach Auffassung der Staatsanwaltschaft sei erwiesen, daß Langer den Großgölitzer Einbruchdiebstahl begangen und den Landwirt Meyer erschossen habe. Dabei handelte er vorsätzlich. Notwehr oder ein sonstiger Strafmilderungsgrund stünden dem Täter nicht zur Seite. Es bestehe die Wahrscheinlichkeit, daß der Angeklagte die Tat mit Überlegung begangen habe. Einen vollen Beweis dafür könne das Gericht jedoch nicht als gegeben ansehen.

»Es muß«, so wurde dargelegt, *»zu Gunsten des Angeklagten mit der Möglichkeit gerechnet werden, daß er als er sich verfolgt und umstellt sah, in großer seelischer und durch die Anstrengung des Laufens auch in körperlicher Erregung gewesen ist und daher eine volle, klare Überlegung bei ihm nicht mehr vorhanden war. Der Angeklagte hat sich somit eines Totschlages schuldig gemacht [...] um sich der Ergreifung auf frischer Tat zu entziehen.«*

Langers Verteidiger, hatte dagegen in seinem Plädoyer aufgrund des nach seiner Meinung anzuwendenden Satzes *»In dubio pro reo«** Freisprechung für seinen Mandanten beantragt. Im Falle der Verurteilung des Angeklagten verlangte er wenigstens eine Verurteilung nur für Körperverletzung mit tödlichem Ausgang.

In seinem Schlußwort leugnete Langer nach wie vor die Tat. Das Gericht verurteilte ihn am zweiten Verhandlungstag wegen des Einbruchdiebstahls und wegen Totschlags zu einer Zuchthausstrafe von zehn Jahren und sechs Monaten.

Erich Rudolf Langer, der im April 1925 innerhalb von sieben Tagen an verschiedenen Orten in Sachsen und Thüringen zwei Menschen getötet hatte und von zwei deutschen Gerichten bestraft wurde, verbrachte seine überwiegende Haftzeit im Zuchthaus Waldheim. Am 30. März 1932 teilte die Vereinigte Gefangenenanstalt Waldheim der Staatsanwaltschaft Rudolstadt mit, daß Langer seit 10. März 1931 zum zweiten Mal zur Beobachtung auf seinen Geisteszustand in der Heil- und Pflegeanstalt des Zuchthauses sei. Da

---

* Im Zweifel für den Angeklagten (lat.).

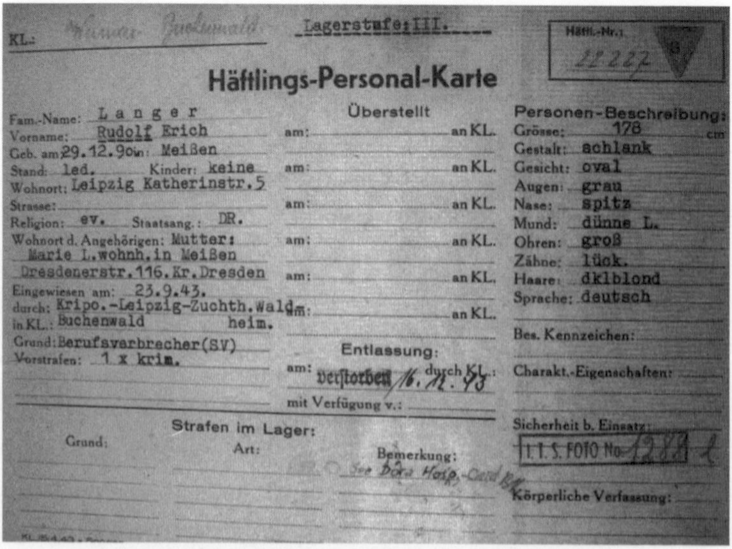
KL.: Weimar-Buchenwald Lagerstufe: III.

Häftl.-Nr.: 22227

Häftlings-Personal-Karte

Fam.-Name: Langer
Vorname: Rudolf Erich
Geb. am 29.12.90 in: Meißen
Stand: led. Kinder: keine
Wohnort: Leipzig Katherinstr.5
Strasse:
Religion: ev. Staatsang.: DR.
Wohnort d. Angehörigen: Mutter: Marie L.wohnh.in Meißen Dresdenerstr.116.Kr.Dresden
Eingewiesen am: 23.9.43.
durch: Kripo.-Leipzig-Zuchth.Waldheim.
in KL.: Buchenwald
Grund: Berufsverbrecher(SV)
Vorstrafen: 1 x krim.

Überstellt
am: an KL.
am: an KL.
am: an KL.
am: an KL.
am: an KL.
am: an KL.

Entlassung:
am: verstorben 16.11.43 durch KL.:
mit Verfügung v.:

Personen-Beschreibung:
Grösse: 178 cm
Gestalt: schlank
Gesicht: oval
Augen: grau
Nase: spitz
Mund: dünne L.
Ohren: groß
Zähne: lück.
Haare: dklblond
Sprache: deutsch
Bes. Kennzeichen:
Charakt.-Eigenschaften:
Sicherheit b. Einsatz:
I.T.S. FOTO No 1288
Körperliche Verfassung:

Strafen im Lager:
Grund: Art:
Bemerkung: See Dora Hosp.-Card

Häftlings-Personal-Karte des Konzentrationslagers Buchenwald für Rudolf Langer.

sich der Geisteszustand des Gefangenen verschlechtert habe und dieser nicht mehr haftfähig werde, erfolge eine Unterbrechung des Strafvollzuges und somit eine weitere Unterbringung in der Gefangenen-Heil- und Pflegeanstalt.

Am 9. Dezember 1942 bat der Vorstand des Zuchthauses Waldheim in einem Schreiben an den Oberstaatsanwalt beim Landgericht Rudolstadt, die Untersuchungsakte Langer zur Einsicht zu übersenden. Der Vorstand bezog sich dabei auf eine Anordnung des Reichsministers der Justiz vom 12. Oktober 1942. Die Akte kehrte im Mai 1943 nach Rudolstadt zurück, wo sie heute im Bestand Landesarchiv Thüringen – Staatsarchiv Rudolstadt verwahrt wird.

Am 23. September 1943 transportierte die Kriminalpolizei Leipzig-Zuchthaus Waldheim Langer ins Konzentrationslager Buchenwald, wo ihn die SS als Sicherheitsverwahrten/Berufsverbrecher führte.

Am 4. Dezember 1943 überstellte ihn die SS in einem Sammeltransport ins Außenlager Mittelbau-Dora bei Nordhausen, nachdem er vier Tage vorher von einem SS-Arzt untersucht und für *»voll arbeitsfähig«* erklärt worden war. Zwölf Tage später, am 16. Dezember 1943, verstarb er nach Angabe der SS an einer doppelseitigen Lungenentzündung, eine der üblichen offiziell behaupteten Todesursachen für KZ-Häftlinge, die tatsächlich zum Beispiel an Kälte, Unterernährung und Entkräftung verstarben. Die Hinterlassenschaft des 13 Tage vor seinem 53. Geburtstag gestorbenen Langer, die mit ihm aus dem Zuchthaus Waldheim ins Lager überführt und von der »Gefangenen-Eigentumsverwaltung« registriert in der Effektenkammer aufbewahrt wurde, war kurz nach seiner Überführung ins KZ auf einer Karteikarte festgehalten worden.

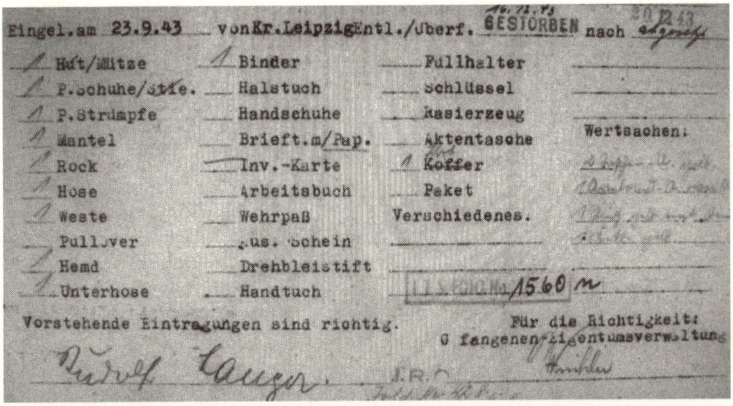

Eingel. am 23.9.43 von Kr. Leipzig Entl./Überf. GESTORBEN nach

1 Hut/Mütze	1 Binder	Füllhalter	
1 P. Schuhe/Stfe.	Halstuch	Schlüssel	
1 P. Strümpfe	Handschuhe	Rasierzeug	
1 Mantel	Brieft. m/Pap.	Aktentasche	Wertsachen:
1 Rock	Inv.-Karte	1 Koffer	
1 Hose	Arbeitsbuch	Paket	
1 Weste	Wehrpaß	Verschiedenes.	
Pullover	Aus. Schein		
1 Hemd	Drehbleistift		
1 Unterhose	Handtuch	1560	

Vorstehende Eintragungen sind richtig.

Für die Richtigkeit: Gefangenen-Eigentumsverwaltung

Rudolf Langer

Aus dem Zuchthaus Waldheim überführtes Eigentum des Rudolf Langer.

Nachdem Witwe Marie Langer, die Mutter des Verstorbenen, vom Ableben ihres Sohnes erfahren hatte, teilte sie am 18. Januar 1944 aus dem sächsischen Meißen schreibend der Kommandantur in Buchenwald mit: *»In Beantwortung*

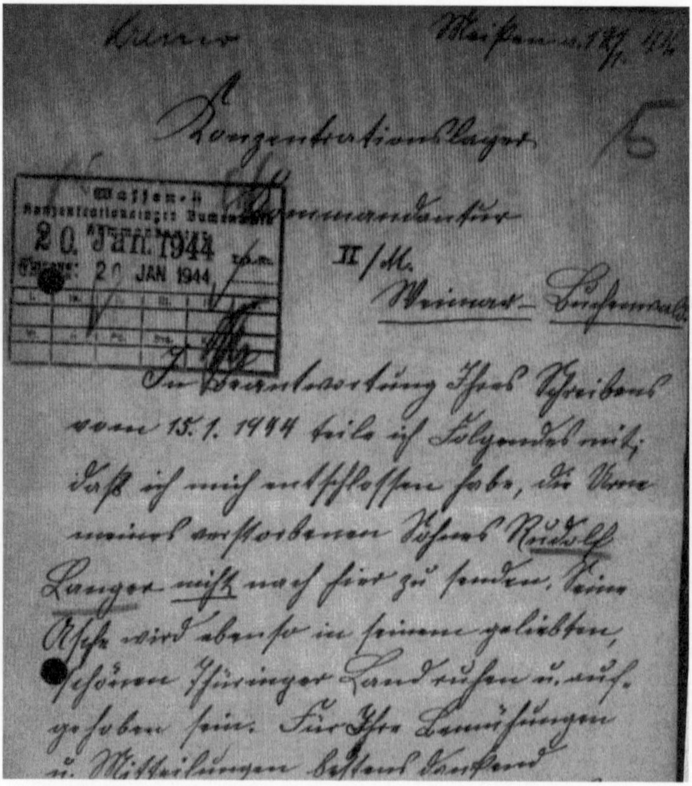

Brief der Marie Langer vom 18. Januar 1944 an die Kommandantur des KZ Buchenwald.

Ihres Schreibens vom 15.1.1944 teile ich Folgendes mit; daß ich mich entschlossen habe, die Urne meines verstorbenen Sohnes Rudolf Langer <u>nicht</u> *nach hier zu senden, Seine Asche wird ebenso in seinem geliebten, schönen Thüringer Land ruhen u. aufgehoben sein. Für Ihre Bemühungen u. Mitteilungen bestens dankend. Marie Langer.«*

Am 24. Januar 1944 bestätigte sie den *»richtigen Eingang«* des Eigentums ihres Sohnes. Neben den Habseligkeiten wurde Marie Langer ein Restbetrag von 16,95 Reichsmark ausgehändigt.

Ob der im ersten Großgölitzer Mordprozeß angeklagte Wilhelm Schröder aus Bad Blankenburg, der, wie sich später herausstellte, unschuldig in Untersuchungshaft saß, doch noch, wie es einst sein Verteidiger forderte, für seine erlittene Haft entschädigt wurde, geht aus den Akten nicht hervor.

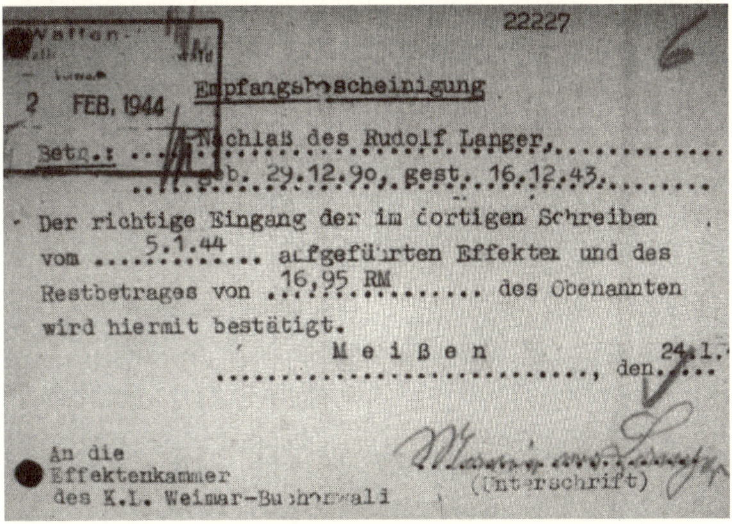

22227

2 FEB. 1944

Empfangsbescheinigung

Betr.: Nachlaß des Rudolf Langer, geb. 29.12.90, gest. 16.12.43.

Der richtige Eingang der im dortigen Schreiben vom 5.1.44 aufgeführten Effekten und des Restbetrages von 16,95 RM des Obenannten wird hiermit bestätigt.

Meißen, den 24.1.

(Unterschrift)

An die Effektenkammer des K.L. Weimar-Buchenwald

Empfangsbestätigung an die Effektenkammer des KZ Buchenwald für die Hinterlassenschaft des Rudolf Langer.

DER STRAFBARKEIT ENTZOGEN

THÜRINGEN (1926)

Der Kopfschuß durchschlug die Augen- und Nasenbeinhöhlen von links nach rechts und verletzte das Gehirn nur streifend, also unbedeutend. Der Brustschuß verfehlte um ein Fingerbreit das Herz, durchschlug jedoch den linken unteren Lungenflügel sowie Milz, Magen und Dickdarm.

Gefell*, Freitag, den 8. Januar 1926: Ein furchtbares Verbrechen schreckte die Bewohner des kleinen Städtchens im preußischen Landkreis Ziegenrück** auf und versetzte sie in große Aufregung. Der im 28. Lebensjahr stehende kriegsinvalide ehemalige Unteroffizier und Bankbeamte Erich Haller aus Tanna*** war in seinem Geschäftsraum im Bankgebäude der Bayerischen Hypotheken- und Wechselbank bestialisch ermordet worden. Wie später ermittelt wuede, saß Haller gegen 19.10 Uhr einen Brief schreibend an seinem Schreibtisch. Der Täter hatte sich von hinten angeschlichen, ihn mit einem Hammer erschlagen und ihm anschließend mit einem Messer die Kehle durchgeschnitten. Dann raubte der Eindringling aus dem geöffneten Tre-

* Gefell ist heute eine Stadt im thüringischen Saale-Orla-Kreis im Vogtland unweit von Bayern und Sachsen.

** Ziegenrück ist ein Ort in Thüringen und gehörte von 1816 bis 1945 zur preußischen Provinz Sachsen.

*** Tanna war damals eine Kleinstadt im thüringischen Landkreis Schleiz.

sor Bargeld. Die deponierten Wertpapiere ließ der Räuber unangetastet. Nachdem er das Licht im Arbeitszimmer ausgeschaltet hatte, verließ der Mörder den Tatort. Als die Ehefrau des Opfers von einer Besorgung zurückkam und kein Licht im Arbeitszimmer ihres Mannes mehr brennen sah, rief sie nach ihm. Da eine Antwort ausblieb, schaltete sie das Licht ein und stieß auf die Leiche jenes Mannes, mit dem sie seit einem Jahr verheiratet war.

Die sofort aufgenommenen Ermittlungen hielt noch am selben Abend der Ziegenrücker Amtsgerichtsrat Freywald in einem der zuständigen Staatsanwaltschaft Rudolstadt übermittelten Bericht fest:

»Die Leiche des Bankbeamten Haller liegt auf dem Rükken mit einer großen offenen Wunde in einer großen Blutlache vor dem Schreibtisch lang ausgestreckt [...] In der Schreibmaschine befindet sich ein halb fertiges Schreiben mit Datum 8. Januar 1926. In Höhe des Kopfes der Leiche

Der Schreibtisch Erich Hallers.

Der Tresor, in dem sich Bargeld und Wertpapiere befanden.

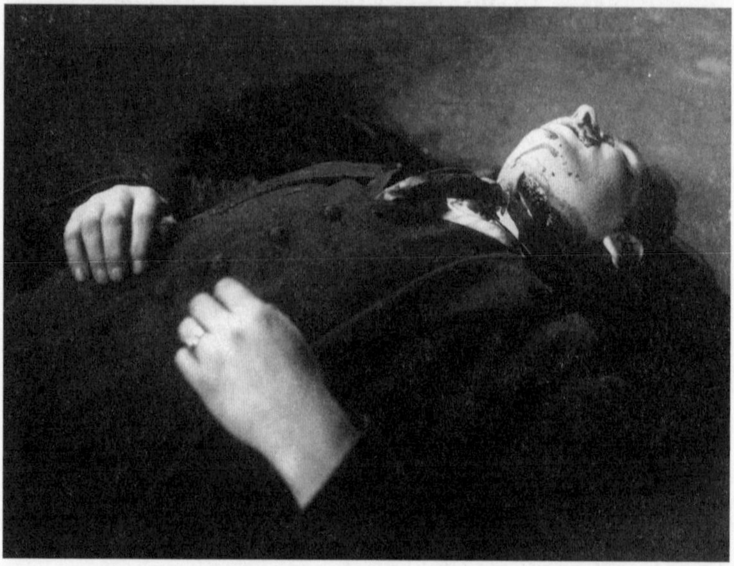

Erich Haller mit durchgeschnittener Kehle in seiner Blutlache liegend.

rechts etwa 30 cm vom Kopfe entfernt liegt ein weißes Taschentuch mit Streifen und »M.R.« gezeichnet. [...] Aus kurzen mündlichen Verhören der zunächst in Betracht kommenden Zeugen lenkt sich der Verdacht auf Walter Friedrich aus Tanna.«

Dieser war demnach kurz vor der Tat und auch an den Tagen zuvor ohne scheinbar besonderen Anlaß bei dem Ermordeten in der Bank gesehen worden. Sofort wurden die Polizeiverwaltungen in Tanna und Plauen telefonisch er-

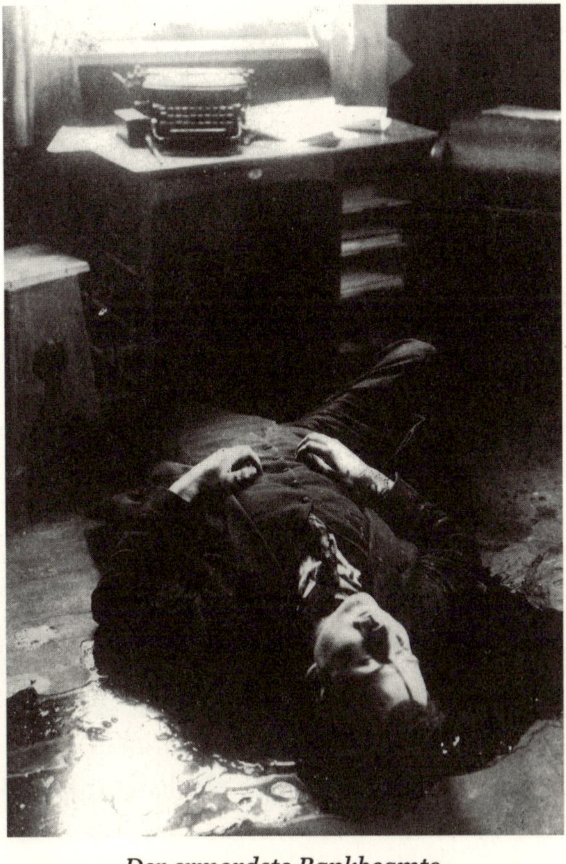

Der ermordete Bankbeamte, im Hintergrund Schreibtisch und Schreibmaschine.

sucht, den Verdächtigen festzunehmen. Der Direktor der benachrichtigten Hauptstelle der Bayerischen Bank in Hof erschien noch am Abend, mit einem Auto anreisend, in der Filiale Gefell und stellte anhand der Bücher einen fehlenden Kassenbarbetrag in Höhe von 2135 Reichsmark fest. Informationen über die Tat ergingen auch an die Landeskriminalpolizei in Erfurt.

Am folgenden Sonnabend erfolgte die Sezierung der Leiche durch den Kreisarzt und einen praktischen Arzt. Neben der offensichtlichen tiefen Schnittwunde an der Kehle konstatierten die Mediziner vor allem zwei Einschlagwunden am Hinterkopf.

Klara Friedrich, die am 25. Februar 1898 in Tanna geborene Ehefrau des Verdächtigen, belastete am 9. Januar nach ihrer Ankunft in Gefell während ihrer Zeugenaussage Walter Friedrich schwer, als sie erklärte, sie wolle eine Aussage machen, da ihr Ehemann als Verdächtiger in Frage käme. Sie sei seit dem 5. Januar auf Besuch bei ihrer Schwester in Plauen gewesen. Auffallend sei gewesen, daß ihr Mann am Tag der Abreise *»[...] ein eigenartiges Wesen zur Schau trug. Er war auffallend ruhig und konnte anderen Teils kaum die Zeit erwarten, mich nach der Bahn zu bringen«.*

Am Freitag, dem 8. Januar, vormittags habe Walter sie angerufen und ihr mitgeteilt, er würde sie am Sonnabend, dem 9. Januar, in Plauen abholen. Daher sei sie geblieben, bis ihr durch polizeiliche Ermittlungen zur Kenntnis kam, was vorgefallen sei und in welchem Verdacht ihr Mann stehe. Auch erkannte sie das neben dem Opfer gefundene Tuch mit den Initialen »M.R.« als ein ihrem Mann gehörendes Taschentuch. Wofür jedoch die Buchstabenkombination stehe, sei ihr unbekannt.

Da sich in den folgenden Tagen der Verdacht auf Walter Friedrich verdichtete, man aber des mutmaßlichen Mörders nicht habhaft werden konnte, baten am 12. Januar die Beamten des Amtsgerichtes Ziegenrück die Staatsanwaltschaft Rudolstadt, um eine öffentliche Ausschreibung der Fahndung, nicht ohne eine möglichst hohe Belohnung für Hinweise zur Ergreifung des Täters zu empfehlen.

Einen Tag später richtete der Erste Staatsanwalt Schwartz folgendes Schreiben an die Geschäftsstelle der *Saalfelder Zeitung*:

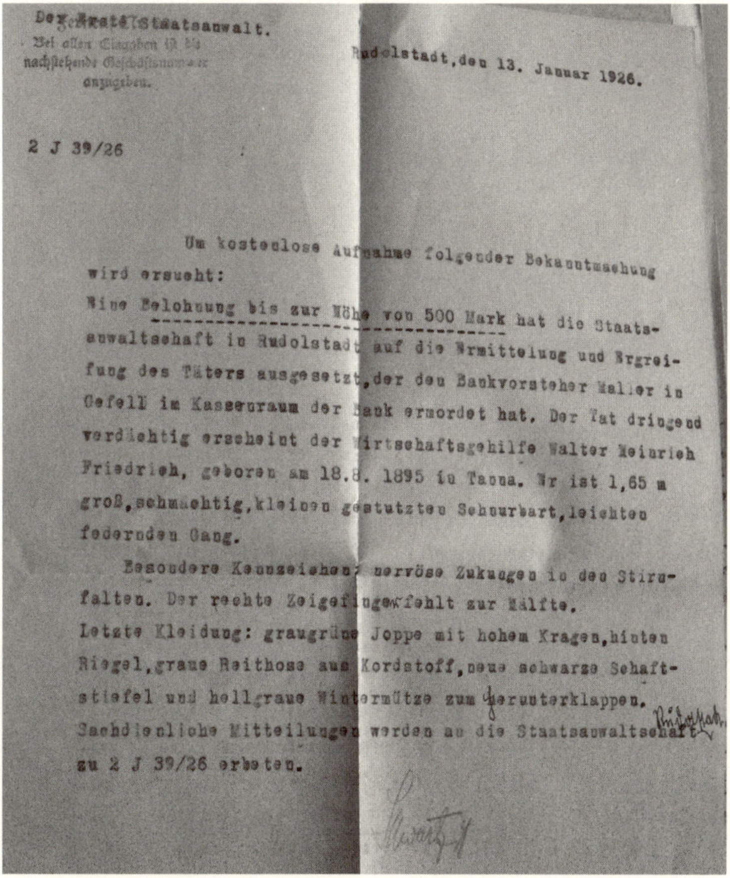

Der Erste Staatsanwalt.
Bei allen Eingaben ist die nachstehende Geschäftsnummer anzugeben.

Rudolstadt, den 13. Januar 1926.

2 J 39/26

Um kostenlose Aufnahme folgender Bekanntmachung wird ersucht:
Eine Belohnung bis zur Höhe von 500 Mark hat die Staatsanwaltschaft in Rudolstadt auf die Ermittelung und Ergreifung des Täters ausgesetzt, der den Bankvorsteher Maller in Gefell im Kassenraum der Bank ermordet hat. Der Tat dringend verdächtig erscheint der Wirtschaftsgehilfe Walter Heinrich Friedrich, geboren am 18.8. 1895 in Tanna. Er ist 1,65 m groß, schmächtig, kleinen gestutzten Schnurrbart, leichten federnden Gang.

Besondere Kennzeichen: nervöse Zuckungen in den Stirnfalten. Der rechte Zeigefinger fehlt zur Hälfte.
Letzte Kleidung: graugrüne Joppe mit hohem Kragen, hinten Riegel, graue Reithose aus Kordstoff, neue schwarze Schaftstiefel und hellgraue Wintermütze zum Herunterklappen.
Sachdienliche Mitteilungen werden an die Staatsanwaltschaft zu 2 J 39/26 erbeten.

Bekanntmachung der Staatsanwaltschaft Rudolstadt zur Veröffentlichung in der Saalfelder Zeitung.

Lichtbild von Walter Friedrich.

Tags darauf hatte sich die Publikation der Bekanntmachung bereits erledigt, da der Raubmörder Walter Heinrich Friedrich morgens 8.30 Uhr in einer Flur bei Tanna erschossen aufgefunden worden war. Die Landeskriminalpolizeistelle teilte dabei mit, daß der Gesuchte sich durch Brust- und Kopfschuß selbst entleibt habe. Bei der Leichenöffnung wurde die Selbsttötung Friedrichs bestätigt. Beide Schüsse hatten danach nicht tödlich gewirkt, so daß er möglicherweise nicht durch die direkte Einwirkung der Waffe starb, sondern durch Erfrieren. Der Kopfschuß durchschlug die Augen- und Nasenbeinhöhlen von links nach rechts und verletzte das Gehirn nur streifend, also unbedeutend. Der Brustschuß verfehlte um einen Fingerbreit das Herz, durchschlug jedoch den linken unteren Lungenflügel sowie Milz, Magen und Dickdarm. Friedrich war durch den Kopfschuß erblindet, da beide Sehnerven zerstört waren und das linke

Auge aus der Höhle austrat. Möglicherweise folgte erst danach der Brustschuß. In einem in seiner Kleidung vorgefundenen Abschiedsbrief an seine Eltern hatte er die Ermordung Erich Hallers zugegeben. Darin versuchte Friedrich seinen Mord an Erich Haller zu beschönigen. Als Motiv gab er Rache an, da der Bankbeamte ihn durch wissentlich falsche Beratung zu einer spekulativen Geldanlage verführt und ihn dadurch um 900 Reichsmark geprellt habe.

Das geraubte Geld übergaben die Eltern am selben Tag der Polizei. Sie hatten es auf ihrem Gehöft hinter einem Schlitten versteckt vorgefunden. Da sich Walter Friedrich selbst gerichtet und sich damit der Strafbarkeit entzogen hatte, wurde das Verfahren von der Rudolstädter Staatsanwaltschaft eingestellt.

Walter Friedrich nach seiner Selbsttötung im hohen Schnee.

STRANGULATION WEGEN VORGETÄUSCHTER SCHWANGERSCHAFT

THÜRINGEN (1927–1946)

Daß ich sie erst auf ihre Aufforderung hin in die Schlinge legte, halte ich auch jetzt noch aufrecht. [...] Von vornherein hegte ich nicht die Absicht, die Blechschmidt zu töten. Ich wurde lediglich durch die Reibereien aufgeregt.

Der 4. Mai 1927 sollte sich nicht nur für den 20jährigen Mengersgereuther* Porzellanarbeiter und Stanzer als verhängnisvoll erweisen. Der in seiner Porzellanfabrik bekanntlich fleißige und zuverlässige junger Arbeiter Oskar Matthes hatte am Abend besagten Tages in Effelder** eine Besorgung zu erledigen. Bei dieser Gelegenheit fuhr er mit dem Fahrrad weiter nach Rabenäußig*** zu der 23jährigen ledigen Karoline Blechschmidt, die er im Werk kennengelernt und mit der er ein intimes Verhältnis angeknüpft hatte. Dort angekommen, ging er mit der jungen Frau bald in Richtung Effelder. Auf dem Weg dorthin setzten sie sich vor

---

* Mengersgereuth ist heute eine Ortschaft im Ortsteil Mengersgereuth-Hämmern der Gemeinde Frankenblick im Landkreis Sonneberg in Thüringen.

** Effelder ist ein Dorf im heutigen Landkreis Sonneberg (Thüringen). Es ist Ortsteil der Gemeinde Frankenblick.

*** Rabenäußig ist heute ein Ortsteil der Gemeinde Frankenblick in Thüringen.

eine Hecke. Dabei entwickelte sich ein Streitgespräch, das schnell an Heftigkeit zunahm. Oskar warf Karoline vor, sie habe ihn über ihren Schwangerschaftszustand im ungewissen gelassen, worauf die junge Frau ihm eine Ohrfeige gab. Matthes packte sie am Hals und drückte so lange zu, bis die Schwangere kein Lebenszeichen mehr von sich gab. Anschließend nahm der Täter aus seiner Jackentasche einen Strick und hängte das Opfer an einem Ast auf, um eine Selbsttötung der Karoline Blechschmidt vorzutäuschen.

Am 5. Mai 1927 vormittags wurde die Erhängte an der Straße von Mengersgereuth nach Rabenäußig aufgefunden. Das Landeskriminalamt Thüringen und die zuständige Staatsanwaltschaft in Sonneberg nahmen sofort die Untersuchung auf. Neben der Vernehmung infrage kommender Zeugen wurden Fotos vom Tatort aufgenommen und Spuren gesichert, unter anderem eine Fahrrad- und eine Fußspur.

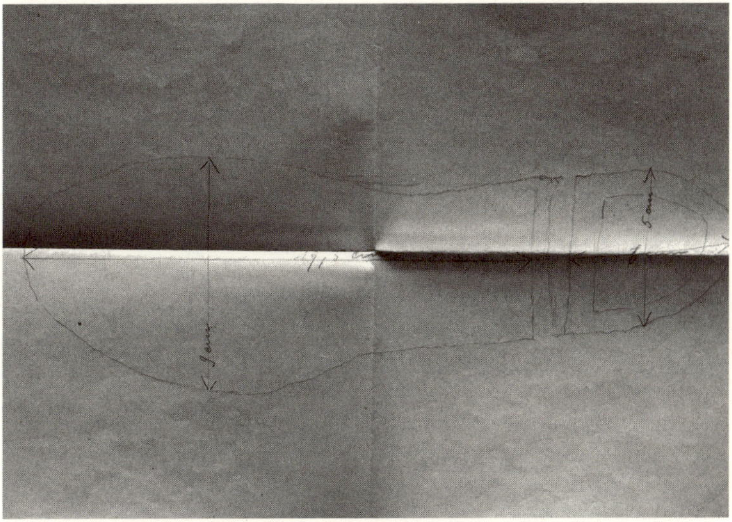

Zeichnung des Oberwachtmeisters Paulus aus Effelder über eine am Tatort entdeckte Fußspur.

Sehr schnell fiel der dringende Tatverdacht auf Matthes, der noch am 5. Mai von Beamten des Landeskriminalamtes in Sonneberg verhört wurde. Aus dem Vernehmungsprotokoll* geht hervor, daß der am 21. Mai 1907 in Effelder geborene Oskar bei seiner Mutter in Schwarzwald-Mengersgereuth** wohnte, der Vater war bereits verstorben. Nach Besuch der Volksschule und später der Fortbildungsschule nahm er 1923 eine Arbeit in der Porzellanfabrik Mengersgereuth auf.

Seit dem Totenfest im November 1926 pflegte der junge Mann ein Liebesverhältnis mit Karoline Blechschmidt. Er habe nur einmal, und zwar am 2. April 1927, mit ihr geschlechtlich verkehrt und sie seitdem als seine Braut angesehen. Weiter sagte Oskar aus:

»*Wir wollten uns heiraten. [...] Wir gingen öfters spazieren. Eine Reihe von Mädchen an der Arbeitsstelle hänselten mich öfters und sagten, daß die Blechschmidt sich in anderen Umständen befände. Dasselbe geschah der Getöteten gegenüber. Sie wurde noch mehr gestichelt, als ich. Die Blechschmidt tat nach der Richtung zu mir gegenüber aber keinerlei Äußerungen. [...] Die Blechschmidt regte am Dienstag, dem 3.5.27, an der Arbeitsstelle an, daß wir uns abends einmal treffen sollten, um uns wegen der angeblichen Schwangerschaft auszusprechen. [...] Die Karoline kam aus dem Haus heraus, als sie mich sah. Wir gingen zusammen die Straße entlang nach Mengersgereuth. Nachdem wir eine Strecke, etwa 800 Meter zurückgelegt hatten, setzten wir uns an eine mit Hecken bepflanzte Bö-*

* Vgl. Landesarchiv Thüringen – Staatsarchiv Meiningen, Staatsanwaltschaft beim Landgericht Meiningen Nr. 71.

** Schwarzwald, früher auch Schwartzwald, ist ein Wohngebiet in Mengersgereuth-Hämmern.

Fundstelle der Leiche (Siehe Kreuz), linke Straßenseite, sie war am Ast eines Nadelbaumes aufgehängt worden.

Die in der Hecke liegende strangulierte Karoline Blechschmidt.

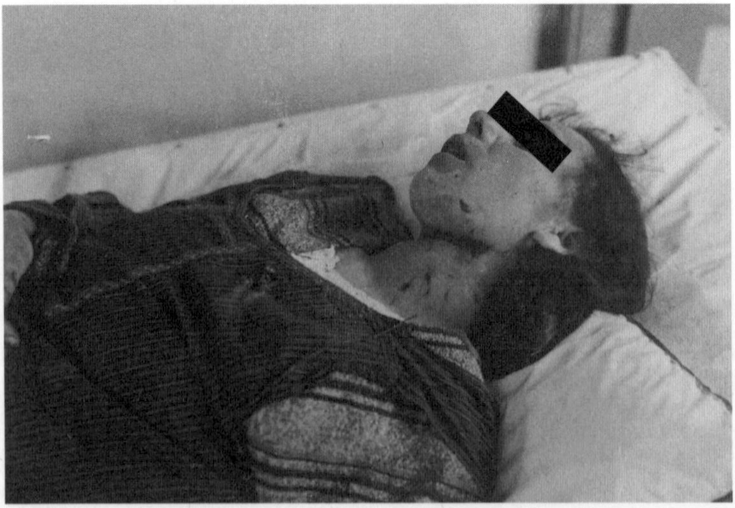

Karoline Blechschmidt vor der Obduktion.

schung, in unmittelbarer Nähe der Landstraße gelegen. Die Blechschmidt behauptete jetzt, nicht schwanger zu sein. Ich erwiderte darauf, das Gerücht hätte doch sie verbreitet. Wir wurden beide sehr aufgeregt. Plötzlich schlug mich die Blechschmidt mit der Faust ins Gesicht. Ich habe sie daraufhin mit der rechten Hand am Hals gewürgt. Ob ich stark zugedrückt habe und wie lange dies war, vermag ich nicht anzugeben. Die Blechschmidt lebte hierbei noch, sie legte sich seitlich auf meinen Arm. Sie sagte zu mir, ich solle sie nun tragen. Ich trug sie nunmehr in die Hecke. Dort lag ein Strick, den ich noch nicht gesehen hatte. Die Getötete forderte mich auf, eine Schlinge zu machen und den Strick an der Hecke zu befestigen. Damit sie ihren Kopf hineinlegen könne. Daraufhin sagte sie zu mir: ›Nun kannst du nach Hause gehen‹. [...]«

Nachdem der Kriminalbeamte ihn darauf aufmerksam gemacht hatte, wie unglaubhaft seine Einlassungen seien, gab Oskar Matthes zu: *»Ich gestehe jetzt ein, daß nicht die*

Blechschmidt ihren Kopf in die Schlinge gelegt hat, sondern ich es gewesen bin. Aus welchem Grunde ich es gemacht habe, kann ich nicht sagen. Als ich ihren Kopf in die Schlinge legte, hat sie noch einen letzten Schnapper getan. Ich bin danach direkt nach Hause gegangen. Ich sage nochmals, daß die Blechschmidt, als ich sie würgte, noch nicht tot war. Daß ich sie erst auf ihre Aufforderung hin in die Schlinge legte, halte ich auch jetzt noch aufrecht. [...] Von vornherein hegte ich nicht die Absicht, die Blechschmidt zu töten. Ich wurde lediglich durch die Reibereien

Oskar Matthes.

aufgeregt. Kurz nach ½ 1 Uhr am heutigen Tage begab ich mich in Begleitung des Franz Luther, Schwarzwald wohnhaft, an die Tatortstelle. [...] Meine Absicht war, die Blechschmidt nochmals zu sehen. Zu diesem Zeitpunkt war die Leiche schon gefunden. Ich hielt mich nur kurz an der Tatstelle auf. [...] Die Bechschmidt und ich hatten uns gern. Wie ich schon gesagt habe, trugen wir uns mit dem Gedanken, zu heiraten.«

Am 20. September 1927 verhandelte das Meininger Schwurgericht unter dem Vorsitz des Landgerichtrates Dr. Loesch im überfüllten Gerichtssaal den Mordfall Karoline Blechschmidt.

Folgenden Sachverhalt ergab die Hauptverhandlung: Nach Aussage der Zeugin Pfeifer, einer Arbeitskollegin der Ermordeten, hatte der Angeklagte, nachdem er erfahren hatte, daß Karoline, die übrigens als tüchtige, ordentliche und anständige Frau geschildert wurde, schwanger sei, ihr geraten, das Kind abzutreiben. Oskar soll ihr versprochen haben, einige Liter Bier auszugeben, wenn sie das Kind *»wegbringe«*. Am 1. Mai weilten die beiden bei einem Tanzvergnügen. Dabei soll der Angeklagte die junge Frau abermals dazu gedrängt haben. Karoline soll der Zeugin auch berichtet haben, daß Matthes an dem Abend nur einmal mit ihr, aber dafür dreimal mit Frieda Büttner getanzt habe. Letztere kannte er schon länger und suchte eine Beziehung zu ihr. Auch brachte der Angeklagte an diesem Abend Frau Büttner nach Hause und versprach ihr, sie später heiraten zu wollen.

Am 2. Mai 1927 erfuhren die junge Frau Büttner und deren Mutter, daß Karoline von Oskar geschwängert worden sei. Mutter Büttner, die ihre Tochter wegen deren Abneigung gegenüber Matthes immer wieder kritisiert hatte, arrangierte dann ein Treffen des jungen Mannes mit Frieda, die ihm zu verstehen gab, er möge Karoline heiraten, denn sonst müßte er für das Kind zahlen.

Am 4. Mai kam es dann zu dem verhängnisvollen Treffen, bei dem Karoline Blechschmidt erdrosselt wurde. Im Gegensatz zu seiner ersten Aussage, kurz nach der Tat, hatte der Angeklagte den Strick, wie er in der Hauptverhandlung zugab, mitgebracht.

Schon vor der Gerichtsverhandlung hatte der Angeklagte zu Protokoll gegeben und dies vor Gericht beibehalten, er sei von der Mutter der Frieda Büttner zu der Tat angestiftet worden und habe alles so ausgeführt, wie sie es ihm sagte.* Diese hätte ihm geraten, Karoline zu drängen, das Kind abzutreiben, und wenn sie damit nicht einverstanden sei, solle er die Schwangere umbringen und im Wald aufhängen, damit man die Leiche nicht so schnell auffinde. Danach solle er zeitnah einen Freund mit zum Tatort nehmen, unbefangen tun und den traurigen Bräutigam mimen. Der Gedanke, die vermeintlich Schwangere zu töten, sei ihm am 3. Mai, einen Tag vor der Tat, gekommen. Am Tattag selbst habe er nicht mehr an sein Vorhaben gedacht, der Plan sie zu töten wäre ihm erst bei der Ausführung der Tat gekommen.

Das Gericht nahm ihm diese Behauptung nicht ab und urteilte, der Angeklagte habe die Tat mit Vorsatz und Überlegung begangen. Es könne dahingestellt bleiben, ob der Angeklagte tatsächlich von der Frau Büttner angestiftet worden sei, was diese energisch und empört zurückwies und dabei sogar im Gericht in Ohnmacht fiel. Es sei einerseits auch nicht ohne weiteres anzunehmen, daß die ältere Frau ihm direkt einen Mordplan vorgeschlagen habe. An-

---

* Vgl. Landesarchiv Thüringen – Staatsarchiv Meiningen, Staatsanwaltschaft beim Landgericht Meiningen Nr. 71.

dererseits konnte in der Hauptverhandlung festgestellt werden, wie geschwätzig die Frau war und eventuell Worte gegenüber Oskar fielen, die in den Vorstellungen des Angeklagten feste Gestalt annahmen und ihm suggerierten, die Tat zu begehen.

Der Angeklagte, so stellte der Vorsitzende fest, fürchtete die Belastung durch Unterhaltszahlungen, die gleichzeitig verhindern würden, daß er Frieda Büttner heiraten dürfte, denn dies hatte sie ihm unmißverständlich signalisiert. Die Obduktion der Leiche hatte übrigens ergeben: Bei Karoline Blechschmidt lag keine Schwangerschaft vor.

Der Erste Staatsanwalt Graf beantragte wegen vorsätzlichen und mit Überlegung ausgeführten Mordes die Todesstrafe.

Das Gericht schloß sich diesem Antrag an und verurteilte Oskar Matthes nach § 211 StGB zum Tode. Da die Tat eine ehrlose sei, waren dem Angeklagten nach § 32 StGB* die bürgerlichen Ehrenrechte abzuerkennen.

Der Erste Strafsenat des Reichsgerichts verwarf am 25. November 1927 die Revision gegen das Urteil des Schwurgerichts Meiningen.

Am 21. Januar 1928 wandelte die Thüringische Staatsregierung die Todesstrafe für Oskar Matthes wegen Mordes in eine lebenslängliche Zuchthausstrafe um.

---

* § 32. Neben der Todesstrafe und der Zuchthausstrafe kann auf den Verlust der bürgerlichen Ehrenrechte erkannt werden, neben der Gefängnisstrafe nur, wenn die Dauer der erkannten Strafe drei Monate erreicht und entweder das Gesetz den Verlust der bürgerlichen Ehrenrechte ausdrücklich zuläßt oder die Gefängnisstrafe wegen Annahme mildernder Umstände an Stelle von Zuchthausstrafe ausgesprochen wird. Die Dauer dieses Verlustes beträgt bei zeitiger Zuchthausstrafe mindestens zwei und höchstens zehn Jahre, bei Gefängnisstrafe mindestens ein Jahr und höchstens fünf Jahre. (Strafgesetzbuch für das Deutsche Reich von 1871)

Anfang Oktober 1941 richtete Emma Matthes, die 74jährige Mutter des im Zuchthaus Untermaßfeld seit fast 14 Jahren einsitzenden Häftlings, ein Gesuch an das Landgericht Meiningen, die Haftstrafe ihres Sohnes auf Bewährung auszusetzen, damit sie noch *»ein paar Tage«* mit ihrem Sohn verleben könne.

Am 24. Oktober 1941 gab der Vorstand des Zuchthauses zum Gnadengesuch eine Stellungnahme ab, die im wesentlichen Oskar Matthes eine gute Führung, fleißige Arbeit und Einsicht in seine Schuld attestierte. Auch sei zu bedenken, daß der Gefangene zur Tatzeit noch sehr jung und unreif war. Während der Strafverbüßung habe Matthes eine Zeit der Reife durchgemacht. Weiter schrieb Regierungsrat Gericke:

»Ich glaube behaupten zu dürfen, daß man jetzt sagen kann, er wird nach Entlassung aus der Strafhaft seine Umgebung nicht mehr gefährden. Insofern würde ich mich also für die Umwandlung der lebenslänglichen Zuchthausstrafe in eine Zeitstrafe aussprechen. [...] Von seiner lebenslänglichen Zuchthausstrafe hat Matthes nicht ganz 14 Jahre verbüßt. Er hat ein brauchbares Menschenleben vernichtet. Meines Erachtens muß er unter Berücksichtigung meiner im Vorstehenden gemachten Ausführungen 20 Jahre für seine Tat büßen; zur Zeit halte ich eine Begnadigung noch für verfrüht.«

Dagegen lehnte der Landrat des Kreises Sonneberg in seinem Schreiben an den Meininger Oberstaatsanwalt jegliche Begnadigung des Oskar Matthes kategorisch mit der Begründung ab, daß dies die Bevölkerung von Mengersgereuth/Hämmern und Umgebung in einer Zeit, da viele junge Männer an der Front fielen, nicht verstehen würden. Am 22. November 1941 teilte Oberstaatsanwalt Holstein der Witwe Matthes die Ablehnung ihres Gesuches mit.

Laut Schreiben aus dem Reichsministerium für Justiz vom 27. April 1943 an den Oberstaatsanwalt beim Landgericht Meiningen war Matthes zur Abgabe an die Polizei vorgesehen, d. h. er sollte in ein Konzentrationslager überführt werden.* Warum dies nicht geschah, ist aus den überlieferten Unterlagen nicht ersichtlich. Ein weiteres Gnadengesuch der inzwischen 76jährigen Mutter wurde im November 1943 abgewiesen.

Im August 1945, ganz Thüringen gehörte inzwischen zur sowjetischen Besatzungszone, nahm die Gnadenangelegenheit Oskar Matthes wieder Fahrt auf. Sowohl der Vorstand des Zuchthauses als auch der Meininger Landgerichtspräsident sowie der dortige Oberstaatsanwalt sprachen sich im November 1945 für die Aussetzung seiner Haftstrafe aus. Etwa zwei Monate später unterzeichnete der Präsident des Landes Thüringen jenen Beschluß, der Oskar Matthes nach fast 18 ½ Jahren Haft die Freiheit brachte.**

---

* Siehe Seite 48.

** Rudolf Paul (* 30. Juli 1893 in Gera, † 28. Februar 1978 in Frankfurt am Main) war von 1945 bis 1947 Landespräsident (Ministerpräsident) von Thüringen.

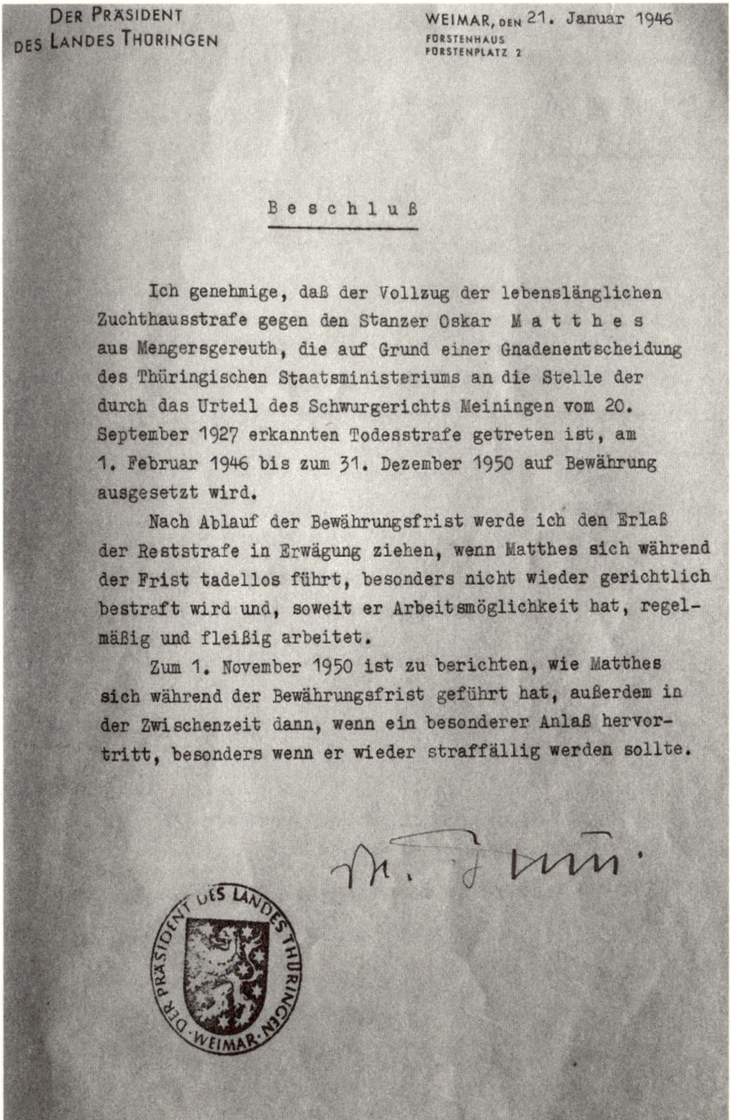

DER PRÄSIDENT
DES LANDES THÜRINGEN

WEIMAR, DEN 21. Januar 1946
FÜRSTENHAUS
FÜRSTENPLATZ 2

B e s c h l u ß

Ich genehmige, daß der Vollzug der lebenslänglichen Zuchthausstrafe gegen den Stanzer Oskar M a t t h e s aus Mengersgereuth, die auf Grund einer Gnadenentscheidung des Thüringischen Staatsministeriums an die Stelle der durch das Urteil des Schwurgerichts Meiningen vom 20. September 1927 erkannten Todesstrafe getreten ist, am 1. Februar 1946 bis zum 31. Dezember 1950 auf Bewährung ausgesetzt wird.

Nach Ablauf der Bewährungsfrist werde ich den Erlaß der Reststrafe in Erwägung ziehen, wenn Matthes sich während der Frist tadellos führt, besonders nicht wieder gerichtlich bestraft wird und, soweit er Arbeitsmöglichkeit hat, regelmäßig und fleißig arbeitet.

Zum 1. November 1950 ist zu berichten, wie Matthes sich während der Bewährungsfrist geführt hat, außerdem in der Zwischenzeit dann, wenn ein besonderer Anlaß hervortritt, besonders wenn er wieder straffällig werden sollte.

DER PRÄSIDENT DES LANDES THÜRINGEN · WEIMAR ·

Beschluß des Präsidenten des Landes Thüringen, Prof. Dr. Rudolf Paul, vom 21. Januar 1946 über die Aussetzung der lebenslänglichen Zuchthausstrafe des Oskar Matthes auf Bewährung.

DAMIT DER TOD SIE VEREINT

THÜRINGEN (1927–1934)

Ich gebe zu, die Ehefrau Anna Riedel,
geborene Ries aus Schirnding,
am 27. September 1927 in der Flur Saalfeld
mit dem vorliegenden Trommelrevolver
erschossen zu haben.

Der ledige und noch nicht vorbestrafte Arbeiter Alfred Müller* aus Kahla wurde am 16. Dezember 1927 aus der Untersuchungshaft zur öffentlichen Sitzung des Rudolstädter Schöffengerichts vorgeführt. Auf einem Tisch im Gerichtssaal lag ein Trommelrevolver.

Nach der Verlesung der Anklageschrift gab Alfred Müller zu Protokoll: *»Ich gebe zu, die Ehefrau Anna Riedel, geborene Ries aus Schirnding**, am 27. September 1927 in der Flur Saalfeld mit dem vorliegenden Trommelrevolver erschossen zu haben. Ich habe die Tat auf ausdrückliches und ernstliches Verlangen der Getöteten ausgeführt. Als ich mich selbst erschießen wollte, ging der Schuß nicht los.«*

Weitere Aussagen und Zeugenbefragungen ergaben ein klares Bild über ein Liebesdrama in Thüringen aus der Zeit vor dem 27. September und dem Tag des tragischen Ereignisses. Zunächst hatte das *Saalfelder Kreisblatt* einen Tag nach der Tat gemeldet, daß ein 26jähriger auswärtiger Por-

* Alfred Müller wurde am 27. September 1901 geboren.

** Ort in Oberfranken.

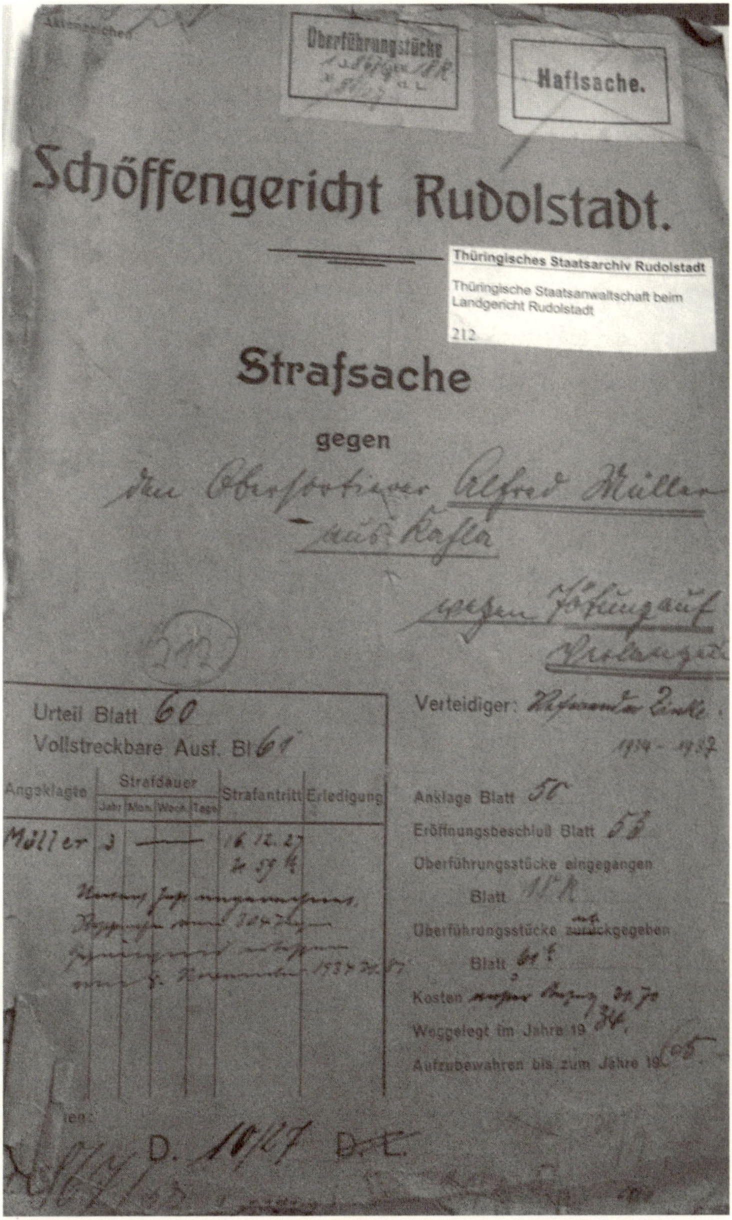

Überführungsstücke

Haftsache.

Schöffengericht Rudolstadt.

Thüringisches Staatsarchiv Rudolstadt

Thüringische Staatsanwaltschaft beim Landgericht Rudolstadt

212

Strafsache

gegen

den Obersortierer Alfred Müller aus Kahla

Urteil Blatt 60

Vollstreckbare Ausf. Bl 61

Angeklagte	Strafdauer Jahr	Mon.	Woch.	Tage	Strafantritt	Erledigung
Müller	3	—			16.12.27	

Verteidiger:

1934 – 1937

Anklage Blatt 56

Eröffnungsbeschluß Blatt 58

Überführungsstücke eingegangen Blatt

Überführungsstücke zurückgegeben Blatt

Kosten

Weggelegt im Jahre 1934

Aufzubewahren bis zum Jahre 1965

D. 10/27

Untersuchungsakte des Schöffengerichts Rudolstadt in der Strafsache gegen den Obersortierer Alfred Müller aus Kahla.

zellanarbeiter in der Nähe Saalfelds am Roten Berg seine Geliebte, eine um drei Jahre ältere Ehefrau namens Riedel, erschossen habe. Ein Selbsttötungsversuch des Täters sei mißlungen.

Über die öffentliche Sitzung des Schöffengerichts berichtete die *Landeszeitung Rudolstadt* am Sonntag, dem 18. Dezember 1927, ausführlich. Danach habe Müller seit September 1926 bei dem Ehepaar Riedel in Schirnding gewohnt. Da deren Ehe nicht glücklich verlief, traten Frau Riedel und der Angeklagte in nähere Beziehung.

Seit dem 7. Dezember 1926 wohnte Alfred wieder bei seiner Mutter Lina Müller* in Kahla, unterhielt aber mit Anna brieflichen und telefonischen Kontakt. Dabei bekannte das Paar wiederholt gegenseitig seine innige Liebe, und bald versicherten sich beide, nicht ohne den anderen leben zu wollen oder zu können. Es sei daher das Beste, gemeinsam aus dem Leben zu scheiden, da Annas Mann seine Gattin nicht freigab, sich also einer Trennung der Ehe widersetzte.

Am 25. September 1927 trafen sich Anna und Alfred heimlich in Saalfeld und übernachteten dort in einem Gasthof unter falschem Namen. Am folgenden Tag statteten beide Alfreds Mutter in Kahla einen Besuch ab und reisten am 27. September zurück nach Saalfeld. Am Vormittag irrte das Liebespaar offensichtlich ziellos umher und gelangte gegen Mittag zum Roten Berg. Dort habe Müller seine Geliebte angeblich aufgefordert, ihn zuerst zu erschießen, worauf diese den Revolver an seinen Kopf setzte. Es kam aber zunächst nicht zur Entladung der Waffe. Erst bei weiterem Umgang mit dem Revolver löste sich ein Schuß, der seinen Weg in die Erde fand. Nun übernahm er wieder die Waffe,

---

* Der Vater Otto Müller war 1924 an den Folgen seiner im Ersten Weltkrieg erlittenen schweren Kriegsverletzung verstorben.

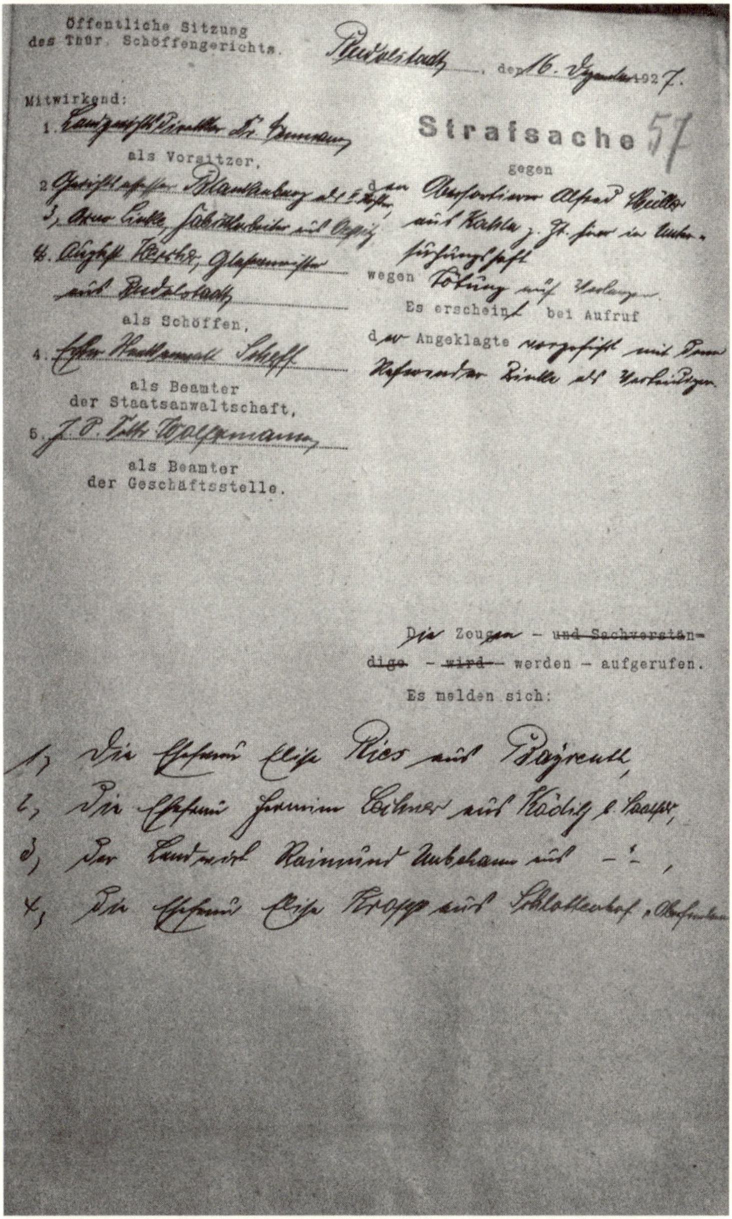
Öffentliche Sitzung
des Thür. Schöffengerichts ...., den 16. .... 1927.

Strafsache 57

Mitwirkend:

1. .... als Vorsitzer,
2. ....
3. ....
4. .... als Schöffen,
4. .... als Beamter der Staatsanwaltschaft,
5. .... als Beamter der Geschäftsstelle.

gegen ....

wegen ....

Es erschein... bei Aufruf

d... Angeklagte ....

~~Die~~ Zeugen – ~~und Sachverständige~~ – ~~wird~~ – werden – aufgerufen.

Es melden sich:

Erste Seite des Protokolls über die öffentliche Sitzung des Schöffengerichts Rudolstadt vom 16. Dezember 1927.

hielt sie an Annas rechte Schläfe und drückte ab. Das Projektil wirkte, wie später Gutachter ermittelten, sofort tödlich. Da sich kein weiterer Schuß aus der Waffe löste, gelang sein Vorhaben nicht, sich auch das Leben zu nehmen. Daher versuchte Müller nun, sich die Pulsader an seiner linken Hand zu durchtrennen, was ihm jedoch ebenfalls mißlang. Unmittelbar nach dem gescheiterten Selbsttötungsversuch erschien am Tatort die Zeugin Hermine Lechner aus Köditz, die der Angeklagte aufforderte, ihm beim Sterben zu helfen, wozu die Frau aber nicht bereit war.

Kurz darauf erhielt die Saalfelder Polizei Kenntnis von den Vorgängen in der Nähe der thüringischen Kleinstadt, die in Person des Kriminalwachtmeisters Bloß den Täter am Tatort festnahm.

Für die strafrechtliche Bewertung der Tötung der 29jährigen Frau dürfte unter anderem mit entscheidend gewesen sein, daß Abschiedsbriefe sowohl von Anna Riedel als auch von Alfred Müller an deren Eltern aufgefunden wurden, aus denen der gemeinsame Suizidwunsch hervorging. Die Korrespondenz nach Bayreuth an Annas Verwandte hat folgenden Wortlaut:

»Liebe Eltern und Geschwister!

In den letzten Stunden meines Lebens will ich noch einige Worte an Euch richten. Verzeiht mir, wenn ich Euch dies antue. Urteilt nicht zu hart über mich, der Abschied vom Leben fällt mir nicht schwer, für mich hatte es nichts wie Leiden und Bitternisse. Vielleicht habe ich auch alles zu tragisch genommen. Doch es kann eben kein Mensch gegen seine Natur. Nehmt Euch um mein armes Kind an, seid gut mit ihm und laßt es ihm nicht entgelten, was seine Mutter schweres über Euch gebracht hat. Hat mich das Leben nicht mit dem über alles geliebten Mann vereinigt, so soll *es der Tod tun. Hans[*] soll mir verzeihen, frei gibt er mich nicht und mit ihm zusammenleben kann ich auch nicht. Er soll ruhig eine andre nehmen, aber sie soll gut zu meinem Kinde sein, nur von Linerl[**] fällt mir das Scheiden schwer. Lebt wohl und verzeiht Eurer unglücklichen Anna.«*

Alfred Müller fügte den Zeilen seiner Geliebten noch folgende Worte hinzu: *»Werte Familie Ries! Verzeihen Sie mir, wenn ich all die Freundlichkeit, die Sie mir stets gezeigt haben, damit vergelten muß, daß durch mich dieses Unglück in Ihr Haus kommt. Anna und ich hängen zu sehr aneinander, daß wir uns entschlossen haben, gemeinsam in den Tod zu gehen, da doch keine Aussicht auf eine spätere Vereinigung ist.*

Einen letzten Gruß sendet Ihnen Alfred Müller.«

In dem Schreiben an Alfreds Mutter, Lina Müller, brachte das Liebespaar folgendes zu Papier:

»Meine liebe Mutter und Geschwister! Verzeiht mir wenn ich euch die traurige Mitteilung mache, aber es hilft nichts mehr mein Schicksal ist mir so beschieden, denn ich hänge zu sehr an meinem Liebchen und sie an mir, da es keine Hoffnung mehr gibt, das wir uns vereinigen können, so scheiden wir zusammen aus dem Leben.

Liebe Mutter erfülle uns doch die eine Bitte und lasse uns zusammen bei euch begraben, das ist unser letzter Wunsch. Ich wünsche der Ilse[***] zu ihrem 25ten Lebensjahr alles Gute und das es ihr besser geht als mir.

Es grüßt euch zum letztenmal Dein Sohn und euer Bruder Alfred«

---

* Hans Riedel war der Ehegatte der Anna Riedel.

** Achtjährige Tochter des Ehepaares Riedel.

*** Schwester Alfred Müllers.

Auf der darauffolgenden Seite schließen sich die Abschiedsworte Annas an: »*Sehr geehrte Frau Müller! Verzeihen Sie mir, daß durch mich dieses Unglück über Sie kam. Doch eines jeden Menschen Schicksal ist von Anfang an bestimmt. Ich will lieber mit meinem über alles geliebten Alfred in den Tod gehen, als getrennt von ihm sein. Mein Mann gibt mich nicht frei und wir haben geschworen, nicht voneinander zu lassen. Nochmals bitte ich, verzeihen Sie Ihrer Anna Riedel.*«

Nach der Vernehmung der Zeugen ergriffen der Erste Staatsanwalt Scherff und danach der Verteidiger Müllers das Wort. Ersterer beantragte eine Haftstrafe von drei Jahren Gefängnis für Alfred Müller und die Einziehung des Trommelrevolvers. Der Verteidiger Referendar Zinke beantragte, die Mindeststrafe für »Töten auf Verlangen« anzunehmen und dem Angeklagten die Untersuchungshaft anzurechnen sowie den Haftbefehl aufzuheben.

Alfred Müller wurde nun gefragt, ob er selbst noch etwas zu seiner Verteidigung anzuführen habe, was dieser verneinte. Nach Unterbrechung der Gerichtsverhandlung verkündete der Vorsitzende Landgerichtsdirektor Dr. Neumann das Urteil:

»*Der Verklagte wird wegen Tötung auf Verlangen nach § 216 StGB*[*] *zu drei Jahren Gefängnis und zu den Kosten des Verfahrens verurteilt. Auf die Strafe wird die Untersuchungshaft angerechnet. Der bei der Tat benutzte Revolver wird eingezogen.*«

In der Urteilsbegründung hob Dr. Neumann hervor, daß der Angeklagte von Anfang an in vollem Umfang geständig gewesen sei und seine Tat bereue. Bei der Bemessung der

---

* § 216 StGB, Deutsches Reich 1871: Ist Jemand durch das ausdrückliche und ernstliche Verlangen des Getöteten zur Tötung bestimmt worden, so ist auf Gefängnis nicht unter drei Jahren zu erkennen.

Strafhöhe kämen außerdem strafmildernd seine bisherige Unbescholtenheit und Straflosigkeit in Betracht. Über sein Vorleben lagen nur gute Zeugnisse seiner Arbeitgeber vor. Das Gericht billige ihm daher die gesetzliche Mindeststrafe zu.

Der Angeklagte und der Staatsanwalt erkannten das Urteil an. Kurz darauf erfolgte die Überführung des Verurteilten in das Thüringer Landesgefängnis nach Ichtershausen. Wegen guter Führung wurde Alfred Müller durch Verfügung des Thüringer Justizministeriums vom 23. Oktober 1929 für die Reststrafe von 304 Tagen Gefängnis eine Bewährungsfrist bis zum 1. November 1934 bewilligt und ihm somit ab 28. November 1929 ein Strafvollstreckungsaufschub gewährt, der die Entlassung aus der Haft bewirkte.

Noch am selben Tag zog Alfred zu seiner Mutter nach Kahla. Aus einem Bericht der Polizei der kleinen thüringischen Stadt vom 27. September 1934 geht hervor, daß er nach seiner Haftentlassung überwiegend arbeitslos war und Wohlfahrtsunterstützung bezog, zuletzt aber beim Autobahnbau in Hermsdorf beschäftigt war.

SEINE ABHÄNGIGKEIT VON DER JUNGEN FRAU WURDE IHM ZUM VERHÄNGNIS

THÜRINGEN (1928–1944)

Verzeih die elende Tat. Ich tat's aus Liebe
zu meiner Leni. Sie trieb mich immer wieder an.
Meine liebe Leni ich tat alles für Dich.
Dein Rudolf.

Rudolf Ernst Klötzer erblickte am 26. Dezember 1909 als Sohn einer Arbeiterfamilie in Hermsdorf* das Licht der Welt. Sein Vater fiel im Ersten Weltkrieg, als er acht Jahre alt war, so daß seine Mutter ihn in Jahren der bittersten Not allein aufziehen mußte. Sie verfügte über eine geringfügige Rente und betrieb einen kleinen Lebensmittelhandel. Rudolf besuchte nach der Volksschule die Mittelschule, die er nach drei Jahren mit einem vorzüglichen Abschlußzeugnis verließ. Sein Wunsch war, Mechaniker zu werden, aber er kam nach seiner Schulentlassung Ostern 1924 zu einem Geraer Schlosser in die Lehre. 1926 nahm der junge Mann in Jena eine Tätigkeit in seinem Beruf auf. Sehr zeitig geriet Klötzer auf die schiefe Bahn. Im Sommer 1926 stahl er seinem Schwager Braune-Ebert, einem Bankbeamten, bei dem er in Jena wohnte, mehrere Hundert Mark und erhielt dafür im Februar 1927 eine Gefängnisstrafe von einem Monat.

---

* Hermsdorf war ein Ort im thüringischen Kreis Stadtroda.

Wenig später entwendete der junge Mann dem Schwager Junghans nach und nach Geld, zuletzt am 8. Mai 1927 aus einem verschlossenen Vertiko*, das er mit einem Meisel aufgebrochen hatte. Binnen weniger Tage gelang es ihm, von den erbeuteten 1200 Mark über 900 Mark in Gera mit zweifelhaften »Freunden« und »Freundinnen« zu verjubeln. Es sollte sich bald zeigen, daß die für den Wiederholungstäter nun verhängte einjährige Gefängnisstrafe, die er im Jugendgefängnis Eisenach absaß, der kriminellen Energie des Klötzer keinen Abbruch tat.

Am 5. Mai 1928 aus der Strafanstalt entlassen, freundete er sich Pfingsten 1928 mit der ledigen, in seinen Augen sehr attraktiven Friseuse Leni Speerschneider in Jena an, die ihm schon aus der Zeit vor seiner Haft flüchtig bekannt war. Beide kamen sich bald näher und hatten in der Folgezeit wiederholt Geschlechtsverkehr. Rudolf entdeckte im August 1928, daß Leni, die sich seit ihrem 15. Lebensjahr zahlreichen jungen Männern immer wieder sexuell hingab, ihn mit einer Geschlechtskrankheit infiziert hatte, und forderte sie im Auftrag des ihn behandelnden Arztes Dr. Treupel auf, auch dessen medizinische Hilfe in Anspruch zu nehmen. Leni akzeptierte das Angebot nicht, und weil beide annahmen, daß bei Leni die Krankheit nicht zu heilen sei, und Rudolf von der Geliebten nicht lassen wollte und konnte, beschloß das Paar, gemeinsam aus dem Leben zu scheiden, nicht ohne das Leben vorher noch einige Zeit in vollen Zügen genossen zu haben.

Der Plan war, wegen der dort vorhandenen zahlreichen Lustbarkeiten, ins bayerische München zu fahren. Da jedoch die dazu erforderlichen finanziellen Mittel fehlten,

---

* Das Vertiko ist ein vertikal ausgerichtetes Behältnismöbel. Es ist höher als eine Kommode, aber niedriger als ein Schrank.

kam Klötzer der Gedanke, sich das Geld bei seinen Tanten Anna und Selma Jahn im thüringischen Wallendorf* »zu holen«. In dem Haus der alten Damen hatte der junge Mann in der Vergangenheit wiederholt seine Ferien verbracht, und er vermutete, daß seine Verwandten über einige Hundert Mark verfügten. Das Vorhaben erfuhr Leni alsbald aus seinem Mund. So könne man schnell *»flüssig«* werden, meinte Rudolf Klötzer, aber das Geld sicherlich nicht gutwillig bekommen. Er wolle daher eine Zeit abpassen, in der die Tante Anna nicht anwesend war und die andere Tante Selma notfalls erschrecken, so daß sie in Ohnmacht fallen würde und man dann das Geld wegnehmen könne. Leni war mit dem Plan im Grunde einverstanden und drängte Rudolf, zur Tat zu schreiten. Selbiger zögerte aber noch, und als der Termin nahte, an dem er sich mit Leni wegen der Geschlechtskrankheit bei Dr. Treupel vorstellen sollte, faßte das Paar den Entschluß, am Sonntag, dem 23. September 1928, nach Wallendorf zu fahren.

Am Sonntag abend war es dann 18 Uhr soweit. Neben dem Reisegepäck führte Rudolf auch ein paar »Dietriche«** mit, die er vielleicht beim Suchen nach dem Geld gebrauchen konnte. Nach einem Zwischenaufenthalt in Rudolstadt, wo das Paar einen Abschiedsbrief an Leni Speerschneiders Eltern in einen Briefkasten steckte, ging die Reise weiter nach Saalfeld und von dort am folgenden Morgen nach Wallendorf, wo beide am Montag vormittag ankamen. Im Ort bat Klötzer über Fernsprecher, der Tante Anna Jahn auszurichten, es käme mit dem Elf-Uhr-Zug ein Verwandter, den sie bitte am Bahnhof abholen möge.

---

* Wallendorf ist mit Lamprecht heute eine Ortschaft des Ortsteils Lichte der Stadt Neuhaus am Rennweg im Landkreis Sonneberg in Thüringen.

** Ein Dietrich ist ein Werkzeug zum gewaltfreien Öffnen bestimmter Schlösser.

Als die genannte Stunde herangerückt war, beobachteten Leni und Rudolf aus der Ferne, daß sich Anna auf den Weg zur Bahnstation begab. Nun eilte Klötzer zur Wohnung der Tante Selma, die er im Haus alleine antraf. Nach einem kurzen Gespräch mit der alten Dame kehrte er zu Leni zurück, die ihn mit den Worten empfing: *»Du hast wohl keinen Mut!«*

Da Klötzer inzwischen erfahren hatte, daß Tante Anna am Donnerstag, dem 27. September, nach Leutenberg zum Lebensmittelmarkt fahren wolle, verschob er das Raubvorhaben auf diesen Tag. In der Zwischenzeit nahm das Paar Quartier in der *»Eckardtschen Gastwirtschaft«*. Am Mittwoch bestellte Rudolf beim Kraftwagenbesitzer Henneberg einen Kraftwagen für Donnerstag mittag, damit das Paar mit der zu erwartenden Beute schnell nach Probstzella gebracht werden könnte, denn sie beabsichtigten, sich mit dem dort abfahrenden Schnellzug nach München bringen zu lassen.

Am Abend vor der Tat, Leni Speerschneider war schon zu Bett gegangen, zechte Rudolf noch bei bester Laune in der Gaststube reichlich Bier mit jungen Leuten aus dem Ort Wallendorf.

Am folgenden Morgen im Bett neben Leni aufgewacht, sagte er zu ihr: *»Heute geschieht's, heute kommt's drauf an. Ich stecke meiner Tante ein Taschentuch in den Mund!«*

Leni antwortete: *»Die Tante könnte dabei ersticken!«*

Rudolfs erste Reaktion war: *»Das ist mir egal!«*, um nach einer kurzen Pause zu erklären, er wolle die Tante dann aufs Bett legen, als ob sie schliefe.

Später äußerte er Leni gegenüber noch: *»Wenn ich aufgeregt bin, dann weiß ich nicht, was ich tue. In mir kocht's schon, es wird schon gelingen.«*

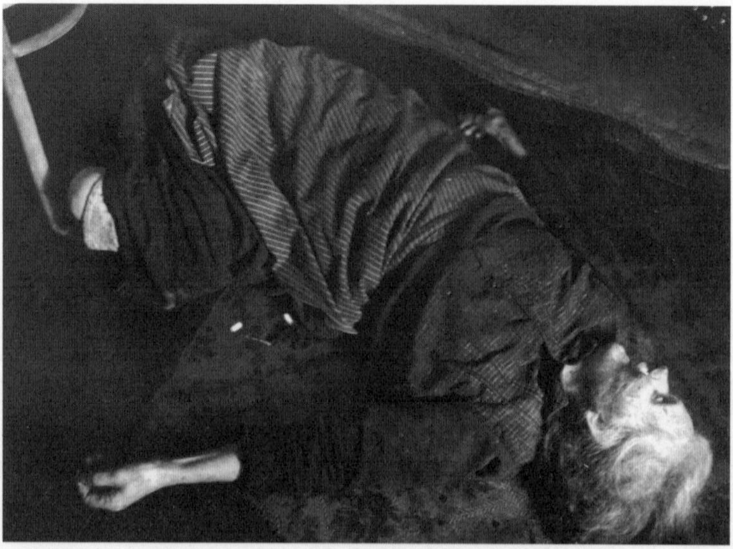

Die ermordete Selma Jahn aus Wallendorf.

Klötzer ließ Leni noch wissen, er wolle auf die Tante zustürzen und die alte Frau zu Fall bringen sowie ihr eine *»runterhauen«*, und wenn sie dabei *»draufginge«*, wäre es ihm auch egal.

Neffe Rudolf traf gegen zwölf Uhr Tante Selma in der Scheune des Anwesens beim Pflaumenschnippeln an und gab vor, sich in der Wohnung der Tanten verabschieden zu wollen. Bald gingen beide in die Wohnung. Nachdem sie sich eine Weile unterhalten hatten, wurde er direkt: *»Tante, ich brauche Geld!«*

Selma erklärte, sie habe selbst nicht viel, es seien schließlich schwere Zeiten, und könne ihm daher nichts geben.

Mit den Worten *»Ich brauche aber Geld!«* ging er auf die Tante zu, packte sie, warf die alte Frau aufs Sofa, wobei sie entsetzt rief: *»Ach Rudi, ach Rudi«*, bevor er ihr zwei bis drei Minuten ein Kissen aufs Gesicht drückte und ihr dann solange Mund und Nase zuhielt, bis diese *»Gurgellaute«*

von sich gab. Schließlich blieb Selma nach heftigem Abwehrkampf lautlos liegen. Der Neffe hatte die Tante erstickt!

Das Geld suchend, eilte der Mörder nun in das im ersten Obergeschoß befindliche Schlafzimmer und hörte plötzlich von unten eine männliche Stimme rufen: *»Selma! Selma!«*

Klötzer bekam es mit der Angst zu tun und versuchte in seiner Panik, Selma durch Wasser ins Leben zurückzurufen. Als dies mißlang, griff er nach einem Messer und versuchte, sich die Halsschlagader zu durchtrennen. Der Versuch scheiterte genauso wie das Vorhaben, seine Pulsader am Handgelenk des rechten Arms zu durchschneiden. Das Messer war zu stumpf!

Am Boden liegend schrieb er Zettelbriefe an Leni und seine Mutter mit folgenden Wortlauten:

»1. Zettel: Ich erwarte meine gerechte Strafe, den Tod aber bringt mir noch. Holt bitte einen Arzt und meine Geliebte und die Polizei.

2. Zettel: Verzeih die elende Tat. Ich tat's aus Liebe zu meiner Leni. Sie trieb mich immer wieder an. Meine liebe Leni ich tat alles für Dich. Dein Rudolf.«

Und auf der Rückseite: *»Für meine süße Leni. Mein süßer Böbs komme nochmals zu mir, Du weißt ich tats für Dich durch Deinen Antrieb.*

3. Zettel: Mein Geständnis. Ich lernte meine süße Leni kennen. Ich liebte sie, ich vergötterte sie. Als Liebende gebrauchte ich meine Leni. Ich frug, ob sie krank sei, nein und doch war sie es. So ging mein kurz beendetes Leiden von neuem los. Ich wollte nicht als Kranker herumlaufen. Sie auch nicht als sie's wehrte. So beschlossen wir diesen Morgen zu baldigem Aufbruch ... noch Bißchen zu leben und dann in den Tod zu gehen. Wir gingen hierher, um Geld zu haben. Ich hatte keine Ruhe mehr vor meiner

Braut. So tat ich das aus Liebe zu meiner süßen Böbs. Laßt sie mich noch einmal sehen dies ist mein letzter Wunsch.

Liebe Mutter verzeihe.

Süßer Böbs sei gegrüßt von deinem Rudolf und vergiß mich nicht.«

Schließlich fand er in der Stube der Tante ein anderes Messer, schnitt sich wieder und blieb mit unerheblichen Verletzungen bewußtlos auf dem Fußboden liegen.

Da die Haustür verschlossen war, konnte der nach Selma rufende Dorfbewohner nicht in das Haus eintreten. Weil er aber um Selma besorgt war, lehnte er eine im Garten befindliche Leiter an die Hauswand und schaute durch das Fenster in die Wohnung, sah, was passiert war, und ließ die Polizei rufen.

Klötzer kam erst wieder zu Bewußtsein, als ihn der herbeigerufene Wachtmeister verhaftete. Umgehend wurde der Tatort gesichert, und die herbeigerufenen Beamten des Landeskriminalamtes nahmen die Untersuchung der Mordtat auf. Einen Tag später veranlaßte das zuständige Thüringische Amtsgericht Gräfenthal den Haftbefehl gegen den Täter.

Noch am selben Tag erfolgte die Überführung des Untersuchungsgefangenen nach Rudolstadt in das dortige Landgerichtsgefängnis.

Der Schlosser Rudolf Klötzer hatte sich fast fünf Monate später, am 19. Februar 1929, vor dem Schwurgericht beim gemeinschaftlichen Landgericht Rudolstadt unter dem Vorsitz des Landgerichtsrates Morgeneyer zu verantworten. Die Anklage vertrat Staatsanwalt Schwarz als Beamter der Staatsanwaltschaft, und die Verteidigung übernahm der Rudolstädter Rechtsanwalt Oskar Lang.

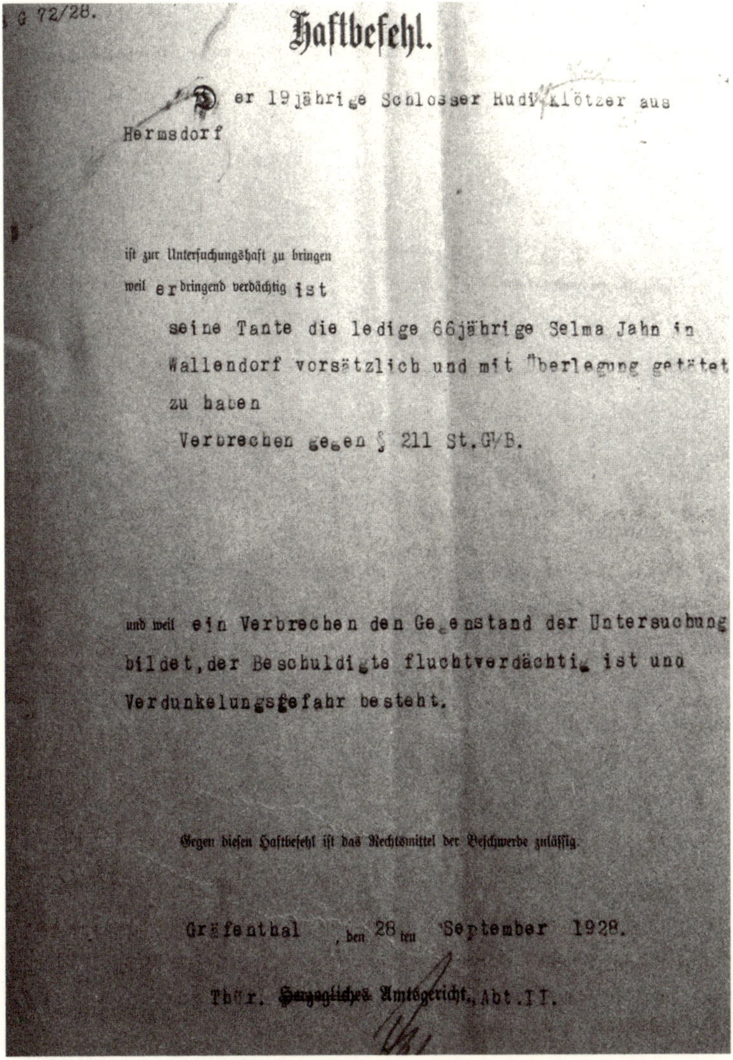

G 72/28.

Haftbefehl.

Der 19jährige Schlosser Rudi Klötzer aus Hermsdorf

ist zur Untersuchungshaft zu bringen

weil er dringend verdächtig ist

seine Tante die ledige 66jährige Selma Jahn in Wallendorf vorsätzlich und mit Überlegung getötet zu haben

Verbrechen gegen § 211 St.G.B.

und weil ein Verbrechen den Gegenstand der Untersuchung bildet, der Beschuldigte fluchtverdächtig ist und Verdunkelungsgefahr besteht.

Gegen diesen Haftbefehl ist das Rechtsmittel der Beschwerde zulässig.

Gräfenthal, den 28ten September 1928.

Thür. ~~Herzogliches~~ Amtsgericht, Abt. II.

Haftbefehl gegen Rudolf Klötzer vom 28. September 1928.

Nach Verlesen der Anklageschrift führte der Angeklagte nach Befragen aus: *»Ich bekenne mich schuldig, aber ich habe nicht mit Vorsatz und Überlegung gehandelt. Ich habe den Tod meiner Tante nicht gewollt.«*

Die Zeugenaussagen Klötzers einstiger Geliebten Helene (genannt Leni) Speerschneider, des Gastwirts Eckardt und der Hausgenossin der Tanten, Frau Neumann, sowie auch zum Teil die Aussagen des Angeklagten selbst, aber auch die Gutachten der Sachverständigen Dr. Giese*, der die Obduktion der Selma Jahn vorgenommen hatte, und des Medizinalrates Dr. Kühn aus Rudolstadt, der den geistigen Zustand des Angeklagten als normal und intelligent bezeichnete, bestätigten das Geschehen. Dr. Kühn bescheinigte Klötzer jedoch, völlig gleichgültig gegenüber ethischen und moralischen Forderungen und Gesetzen zu sein, die ihm jedoch keinesfalls völlig fremd seien und beschrieb ihn als einen haltlosen, egozentrischen sowie genußsüchtigen Menschen.

Der Angeklagte bestritt während der Verhandlung immer wieder die ihm vorgeworfene Tötungsabsicht, denn er habe seine Tante nur erschrecken wollen, um die in Ohnmacht Gefallene bestehlen zu können.

Nach der Beweisaufnahme resümierte Staatsanwaltschaftsrat Schwartz, daß der Angeklagte schon früh auf die schiefe Bahn geraten sei, kaltblütig nicht vor den schlimmsten Verbrechen zurückscheue. Das Vorgehen des Klötzer

---

* Prof. Dr. Ernst Herrmann Friedrich Giese (* 27. November 1865, † 6. Dezember 1956) war ein deutscher Gerichtsmediziner, der die erste außerordentliche Lehrstelle für gerichtliche Medizin an der Universität Jena innehatte. Mit Ernst Gieses Ernennung zum ordentlichen Professor wurde 1925 die Gerichtsmedizin als Spezialfach an der Universität Jena etabliert. Auch in der Zeit des Nationalsozialismus blieb Giese sich und seinen humanistischen Idealen treu und setzte sich noch Anfang der 1940er Jahre über Maßregelungen hinweg, indem er weiterhin auch jüdische Patienten behandelte.

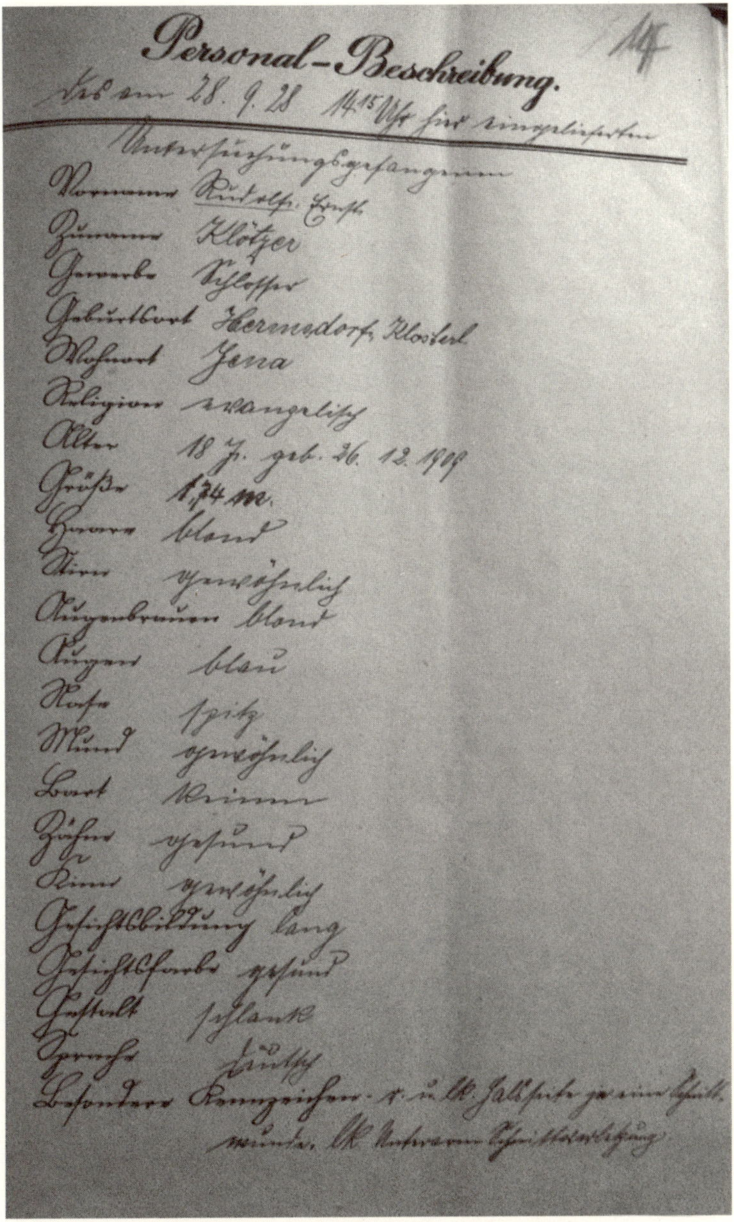

Personal-Beschreibung.

Ist am 28. 9. 28 14[15] Uhr hier eingelieferter Untersuchungsgefangener

Vorname Rudolf, Ernst
Zuname Klötzer
Gewerbe Schlosser
Geburtsort Hermsdorf, Kloster
Wohnort Jena
Religion evangelisch
Alter 18 J. geb. 26. 12. 1909
Größe 1,74 m.
Haare blond
Stirn gewöhnlich
Augenbrauen blond
Augen blau
Nase spitz
Mund gewöhnlich
Bart keiner
Zähne gesund
Kinn gewöhnlich
Gesichtsbildung lang
Gesichtsfarbe gesund
Gestalt schlank
Sprache deutsch
Besondere Kennzeichen [illegible]

Personenbeschreibung des Rudolf Klötzer vom 28. September 1928.

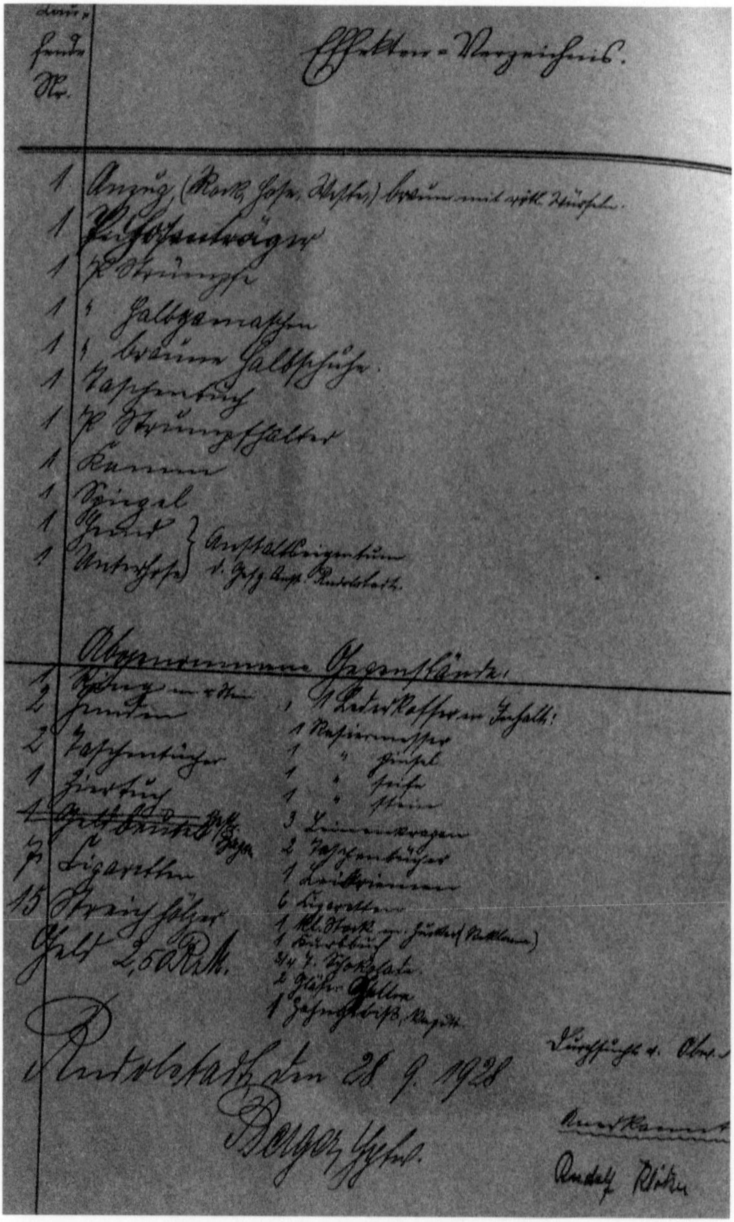

Effektenverzeichnis und Verzeichnis der abgenommenen Gegenstände.

sei planmäßig, vorsätzlich und überlegt geschehen. Den Tod der Tante Selma habe er gewollt, denn der Angeklagte wußte, er käme nur so an das Geld. Der Angeklagte habe sich bei der Ausführung der Tat Zeit gelassen, ein Totschläger aber würde rasch und impulsiv handeln. Auch zeigte der Angeklagte nach dem Mord keine Spur von Reue, wie es für Totschläger typisch sei. Er habe nach der Tat keine innere Erregung gezeigt, sondern Gefühlsrohheit bewiesen. Aus allen diesen Gründen sei der Angeklagte wegen Mordes zum Tode zu verurteilen.

Rechtsbeistand Lang plädierte für Verurteilung seines Mandanten wegen Raubversuches mit Todesfolge, weil er nur vorgehabt habe, den Widerstand seiner Tante zu brechen. Er wollte sie nach seiner Überzeugung aus Angst vor Entdeckung nur ohnmächtig machen, ihre Tötung sei nicht die Absicht des Angeklagten gewesen. Mit großer Vorsicht seien die Aussagen der Zeugin Lina Speerschneider aufzunehmen. Nur der schwere Raubüberfall mit Todesfolge sei erwiesen, auf den eine Strafe von zweieinhalb Jahren Zuchthaus stehe. Es müsse auch berücksichtigt werden, in welchen schwierigen Verhältnissen der Angeklagte aufgewachsen sei, daß er eine falsche Erziehung genossen habe und in schlechte Gesellschaft geriet.

Das Gericht verurteilte Rudolf Klötzer nach dreiviertelstündiger Beratung wegen Totschlags in Tateinheit mit versuchtem schweren Raub im Sinne der §§ 212 und 251 StGB* zu zwölf Jahren Zuchthaus und zu den Kosten des Verfahrens. Die bürgerlichen Ehrenrechte wurden ihm auf zehn Jahre aberkannt.

---

* § 251 StGB, Deutsches Reich 1871: Mit Zuchthaus nicht unter zehn Jahren oder mit lebenslänglichem Zuchthaus wird der Räuber bestraft, wenn bei dem Raube ein Mensch gemartert oder durch die gegen ihn verübte Gewalt eine schwere Körperverletzung oder der Tod desselben verursacht worden ist.

In der Urteilsbegründung hob der Vorsitzende hervor, daß der Angeklagte zwar nicht beabsichtigte, die Tante umzubringen, es ihm um das Geld ging. Wenn er es allerdings nicht gutwillig bekäme, was er selbst nicht erwartete, wollte er es sich mit Gewalt aneignen. Auch dachte er durchaus daran, ihr ein Taschentuch in den Mund zu stecken oder sie niederzuschlagen, damit sie hinstürze. Ob sie dabei sterben würde, war ihm egal, wie aus der Aussage der Leni Speerschneider hervorgehe. Dem Rudolf Klötzer, der dieser Aussage immer wieder in der Voruntersuchung und der Hauptverhandlung heftig widersprochen hatte, könne man nicht glauben. Ob Speerschneider wirklich versucht habe, den Angeklagten von der Tat abzuhalten, erscheine zumindest zweifelhaft.

»*Wenn sie auch insoweit nicht ganz bei der Wahrheit geblieben ist*«, so Vorsitzender Landgerichtsrat Morgeneyer, »*so lügt sie doch bestimmt nicht, wenn sie sagt, der Angeklagte habe erklärt, wenn seine Tante dabei draufgehe, sei es ihm egal. Das kann sie sich nicht ausgedacht haben. Sie hat keinen Grund, den Angeklagten über Gebühr zu belasten, zumal sie sich damit mittelbar selbst belastet. Der Angeklagte war sich also dessen bewußt, daß er möglicherweise bei der Tat seine Tante töten würde und hat auch vor einem derartigen Ausgang nicht zurückgeschreckt, sondern ihn gebilligt, als Mittel, zu Geld zu kommen. Aber vor allem vor der Tat hat der Angeklagte den Willen gehabt, seine Tante zu töten.*«

Weiter führte der Vorsitzende aus, der Angeklagte habe das Kissen zwei bis drei Minuten auf das Gesicht der Tante gedrückt, auch als sie schon Erstickungsgeräusche von sich gab, in dem Wissen, sie somit vom Leben zum Tod zu bringen. Nach dem Ableben der Tante sei Klötzer auch nicht bestürzt gewesen. Die Bestürzung kam erst, als er vor dem

Haus die Rufe nach Selma hörte. Ob der Angeklagte seine Tat nicht nur mit Vorsatz, sondern auch mit Überlegung begangen habe, lasse sich nicht mit Sicherheit feststellen. Zwar hatte er gegenüber Leni einmal davon gesprochen, der Tante ein Taschentuch in den Mund stecken zu wollen. Im Augenblick der Tat habe der Angeklagte aber vielleicht doch nicht daran gedacht.

Deshalb komme nicht § 211 StGB, sondern nur § 212 StGB in Frage. Er sei also schuldig, die Tante vorsätzlich getötet zu haben. Der Richter betonte in der Urteilsbegründung weiter, daß der vollendete Totschlag gegenüber dem versuchten schweren Raub mit Todesfolge die schwerere Straftat sei. Die Höchststrafe sei für beide Straftaten allerdings dieselbe, nämlich 15 Jahre Zuchthaus.*

»Dagegen ist bei Totschlag«, so Landgerichtsrat Morgeneyer, *»die Mindeststrafe (5 Jahre) höher als beim versuchten schweren Raub. Nach § 73 StGB*** *hatte deshalb die Bestrafung nach § 212 StGB zu erfolgen.«*

Der Angeklagte Rudolf Klötzer, zum Tatzeitpunkt noch nicht einmal 19 Jahre alt, sei zwar noch jung, habe die Tat vielleicht einerseits nicht aus reiner Neigung zum Verbrechen, sondern aus unglaublichem Leichtsinn und zu einem guten Teil wohl auch aus der Sucht begangen, der von ihm geliebten Leni Speerschneider zu imponieren. Andererseits grenze die Tat ganz nahe an Tötung mit Überlegung, worauf die Todesstrafe stehe. Hinzu käme die Kaltblütigkeit, mit der Klötzer zu Werke gegangen sei, und der vollkommene

---

* Vgl. Landesarchiv Thüringen – Staatsarchiv Rudolstadt, Thüringische Staatsanwaltschaft beim Landgericht Rudolstadt Nr. 180.

** § 73: Wenn eine und dieselbe Handlung mehrere Strafgesetze verletzt, so kommt nur dasjenige Gesetz, welches die schwerste Strafe, und bei ungleichen Strafarten dasjenige Gesetz, welches die schwerste Strafart androht, zu Anwendung.

Mangel an Reue über die Tat. Deshalb sei es geboten gewesen, mit dem Strafmaß nur wenig unter die Höchststrafe von 15 Jahren zu gehen. Eine Zuchthausstrafe von zwölf Jahren erscheine gerechtfertigt.

Rudolf Klötzer, der während der gesamten Verhandlung Ruhe und Gelassenheit ausgestrahlt hatte, nahm das Urteil gefaßt auf, ließ seine Blicke nur hin und wieder zur auf der Zeugenbank sitzenden Tante Anna aus Wallendorf schweifen, die zu seinen Gunsten auf eine Zeugenaussage verzichtet hatte.

Rudolf Klötzer verbüßte seine langjährige Strafe vornehmlich im Zuchthaus Untermaßfeld. In dieser Zeit verurteilte ihn das Landgericht Meiningen wegen Beamtenbestechung zu einer dreimonatigen Gefängnisstrafe, die seine Haftstrafe bis zum 26. Mai 1941 verlängern sollte.

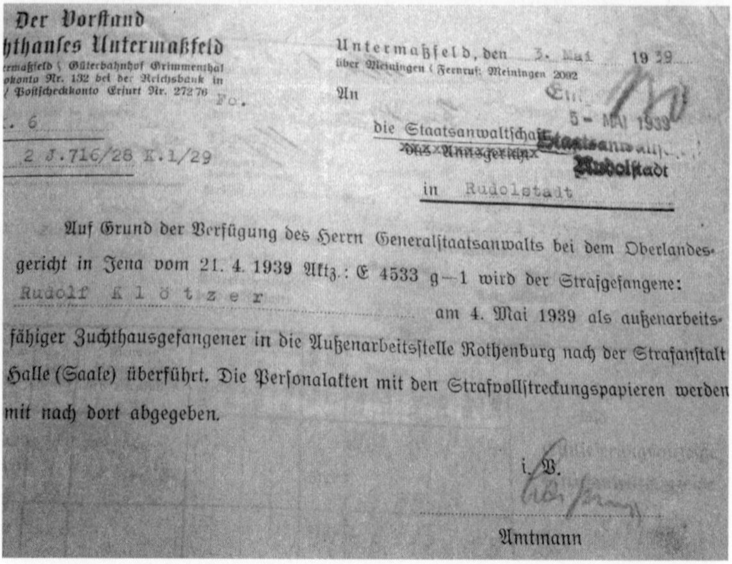

Der Vorstand
[...]thauses Untermaßfeld
[...]ermaßfeld \ Güterbahnhof Grimmenthal
[...]okonto Nr. 132 bei der Reichsbank in
[...] / Postscheckkonto Erfurt Nr. 27276

Fo.

[...]. 6

2 J.716/28 K.1/29

Untermaßfeld, den 3. Mai 1939
über Meiningen (Fernruf: Meiningen 2082

An

die Staatsanwaltschaft
~~das Amtsgericht~~
in Rudolstadt

Staatsanwaltsch.
Rudolstadt
Ein. 5. MAI 1939

Auf Grund der Verfügung des Herrn Generalstaatsanwalts bei dem Oberlandesgericht in Jena vom 21. 4. 1939 Aktz.: E 4533 g—1 wird der Strafgefangene: Rudolf Klötzer am 4. Mai 1939 als außenarbeitsfähiger Zuchthausgefangener in die Außenarbeitsstelle Rothenburg nach der Strafanstalt Halle (Saale) überführt. Die Personalakten mit den Strafvollstreckungspapieren werden mit nach dort abgegeben.

i. V.

Amtmann

Informationsschreiben des Zuchthausvorstandes Untermaßfeld an die Staatsanwaltschaft Rudolstadt wegen Überführung des Rudolf Klötzer in die Außenarbeitsstelle Rothenburg.

Am 4. Mai 1939 erfolgte seine Überführung in die Außenarbeitsstelle Rothenburg der Strafanstalt Halle (Saale).

Am 20. Juli 1940 bat der Häftling in einem Gnadengesuch die Staatsanwaltschaft Rudolstadt um Erlaß seiner Reststrafe. Darin schrieb er:

»Wenn ich mir nun heute nach Verbüßung von 11 Jahren und 6 Monaten dieses Gesuch um Erlaß oder Bewährungsfrist für den Strafrest an Sie erlaube, so bewegt mich dazu nicht die übliche Dreistigkeit, sondern in erster Linie der heiße Wunsch einer alten Mutter – deren Briefe von immer schmerzlicherer Sehnsucht kündigen – zum 73ten Geburtstag am 10.9. unverhofft die Freude des Wiedersehens zu bereiten. In schweren Jahren zum Manne gereift werde ich mein künftig Geschick tapfer tragend mich stets bemühen Ihres eventuellen Entgegenkommens wert zu sein. Sie dürfen an mich glauben, bitte versuchen Sie es – trotz üblicher Erfahrungen. […]«

Zur Entlassung des Strafgefangenen auf Bewährung kam es nicht, da der Vorstand der Strafanstalt Halle (Saale), begleitend mitteilte:

»Der Antragsteller, der den größten Teil seiner langjährigen Strafe in der Strafanstalt Untermaßfeld verbüßt hat, ist dort im Laufe der Zeit verschiedentlich wegen z. T. grober Disziplinwidrigkeiten bestraft worden. Von Natur etwas phantastisch und abenteuerlich veranlagt, verursachte er besonders mit seinem überheblichen Wesen im Strafvollzug so manche Schwierigkeiten. […] Es mag zugegeben werden, daß der Antragsteller, der bei Begehen der Straftat erst 18 Jahre alt war, mit der Zeit reifer und einsichtsvoller geworden ist. Im Interesse einer erfolgreichen und nachdrücklichen Wirkung der Strafe halte ich jedoch restlose Verbüßung für zweckmäßig. Ich befürworte somit das Gnadengesuch nicht.«

Etwa zwei Monate vor Ablauf seiner Haftzeit teilte die Kriminalpolizeistelle Weimar dem Oberstaatsanwalt beim Landgericht Rudolstadt am 13. März 1941 mit, daß der inzwischen 31jährige Rudolf Klötzer nach Ablauf seiner Strafverbüßung am 26. Mai 1941 nicht in die Freiheit entlassen, sondern als asoziale Person in polizeiliche Vorbeugungslaufhaft genommen und einem Konzentrationslager zugeführt werde. Seine Einweisung in das Konzentrationslager Mauthausen erfolgte am 6. Juni 1941.

KL.: Mauthausen

02.12.87.

Häftlings-Personal-Karte

Häftl.-Nr.: 735 BV

Fam.-Name: Klötzer
Vorname: Rudolf
Geb. am: 26.12.09 Hermsdorf/Thür.
Stand: ledig Kinder:
Wohnort: Hermsdorf/Thür.
Strasse: Naumburgerstr. 21
Religion: evgl. Staatsang.: DR
Wohnort d. Angehörigen: Mutter: Emma Kl.
w. o.
Eingewiesen am: 6.6.41
durch: Kripo Weimar
in KL.: Mauthausen
Grund: BV
Vorstrafen:

Überstellt
am: an KL.
am: an KL.
am: an KL.
am: an KL.
am: an KL.
am: an KL.

Entlassung:
am: durch KL.:
mit Verfügung v.:

Personen-Beschreibung:
Grösse: 173 cm
Gestalt: schlank
Gesicht: oval
Augen: blau
Nase: lang
Mund: normal
Ohren: normal
Zähne: volls.
Haare: dkl.blond
Sprache: deutsch
Bes. Kennzeichen: keine
Charakt.-Eigenschaften:
Sicherheit b. Einsatz:
Körperliche Verfassung:

Strafen im Lager:
Grund: Art:
Bemerkung:

HOLLERITH - ERFASST

Häftlings-Personal-Karte des Konzentrationslagers Mauthausen für Rudolf Klötzer mit der Häftlingsnummer 735 und dem Vermerk BV (Berufsverbrecher).

Zunächst arbeitete der KZ-Häftling in der dortigen Tischlerei und wurde 1944 der Feuerwehr zugeteilt. Im Mai 1945 entließ die amerikanische Armee Rudolf Klötzer aus dem Lager in die Freiheit. Er fand später in Nürnberg eine neue Heimat.

Am 22. April 1966 schrieb er aus der bayerischen Stadt den Internationalen Suchdienst in Bad Arolsen an.

»Ich habe vom Kamerad Otto W. […], dem Leiter der Lagergemeinschaft Mauthausen zu wissen bekommen, daß ich mich an Sie wenden muß, um eine amtliche Bestätigung für meinen Lageraufenthalt zu bekommen. War von Juni 1941 – Mai 1945 zur Umschulung im Lager. Meine Nummer 735, Block 5.

Ich habe und hätte nie an diese Vergangenheit gerührt, denn ich danke Gott, daß ich Überlebender bin.

Jetzt aber will ich mir und den Meinen ein Häuschen bauen und bekomme nicht wie bisher jeder, das Staatsbaudarlehen. Man fordert von mir den Nachweis, daß ich in Mauthausen war […].«[*]

Es ist davon auszugehen, daß dieser Bitte entsprochen wurde.

---

* Auskunft des Arolsen Archives, International Center on Nazi Persecution.

VOM MUTMASSLICHEN JUSTIZIRRTUM ZUM MUTMASSLICHEN JUSTIZMORD

EXKURS HESSEN, THÜRINGEN (1930–1944)

In den folgenden Jahren nach seiner Verurteilung durch das Darmstädter Schwurgericht beschäftigte Baumgarten die hessische Justiz immer wieder erfolglos mit Anträgen zur Wiederaufnahme des Verfahrens.

Schwurgericht Darmstadt, 29. Februar 1932. Wer wollte schon das »Spektakel« verpassen? Das überwiegend Darmstädter Publikum drängte in den Gerichtssaal, um einen der begehrten Sitzplätze zu ergattern. Der Gerichtssaal platzte bald aus allen Nähten und vor dem Gerichtssaal drängten weitere Bürger, um Einlaß zu bekommen.

Eine junge polnische Frau war grausam ermordet worden und drei Personen sollten für die Tat sühnen!

Das Urteil in der Strafsache gegen

1. den Arbeiter Friedrich (auch Fritz genannt) Baumgarten, geboren am 27. November 1905 in Forchheim*, wohnhaft in Sprendlingen**, verwitwet,

---

* Forchheim ist eine fränkische Stadt im Süden des bayerischen Regierungsbezirks Oberfranken.

** Sprendlingen ist heute der größte Stadtteil von Dreieich im südhessischen Landkreis Offenbach.

2. den Arbeiter Heinrich Brandt, geboren am 5. Juli 1906 in Neu-Isenburg*, dort auch wohnhaft, verwitwet und

3. Gertrude Baumeister, geborene Baumgarten am 25. September 1904 in Forchheim, wohnhaft in Sprendlingen, wegen Mordes wurde am späten Nachmittag mit Spannung erwartet.

Der Vorsitzende Landgerichtsdirektor Weiß verkündete: *»Im Namen des Volkes« wird für Recht erkannt:*

»I. Der Angeklagte Heinrich Brandt wird freigesprochen,

II. Der Angeklagte Friedrich Baumgarten ist schuldig des Mordes, Verbrechen nach § 211 StGB und wird deswegen zum Tode verurteilt. Es werden ihm die bürgerlichen Ehrenrechte auf Lebenszeit aberkannt. Das zur Tat benutzte Beil wird eingezogen.

*III. Die Angeklagte Gertrude Baumeister, geborene Baumgarten, wird wegen eines Vergehens nach § 139 StGB** zu einer Gefängnisstrafe von zwei Jahren und neun Monaten verurteilt. Auf die Strafe werden neun Monate Untersuchungshaft angerechnet.*

IV. Die Angeklagten Friedrich Baumgarten und Gertrude Baumeister haben die Kosten des Verfahrens zu tragen, soweit diese durch das Verfahren gegen sie entstanden sind. Im übrigen fallen die Kosten der Staatskasse zur Last.«

---

* Neu-Isenburg ist eine Stadt in der Nachbarschaft von Frankfurt am Main.

** § 139 StGB, Deutsche Reich 1871: Wer von dem Vorhaben eines Hochverrats, Landesverrats, Münzverbrechens, Mordes, Raubes, Menschenraubes oder eines gemeingefährlichen Verbrechens zu einer Zeit, in welcher die Verhütung des Verbrechens möglich ist, glaubhafte Kenntnis erhält und es unterläßt, hiervon der Behörde oder der durch das Verbrechen bedrohten Person zur rechten Zeit Anzeige zu machen, ist, wenn das Verbrechen oder ein strafbarer Versuch desselben begangen worden ist, mit Gefängnis zu bestrafen.

Der Vorsitzende Weiß stellte danach in seinen Ausführungen die Ergebnisse der Voruntersuchungen und des Strafprozesses dar und begründete dabei das Urteil des Schwurgerichts.

Die Prozeßbeobachter erfuhren aus seinem Mund, daß der Ziegeleiarbeiter Friedrich Baumgarten, evangelischen Glaubens, als viertgeborenes Kind des Monteurs Paul Baumgarten und dessen am 1. Juli 1930 an Lungenentzündung verstorbenen Ehefrau Berta, geborene Kleinecke, mit seinen älteren Brüdern Erich und Arthur, der mitangeklagten Schwester Gertrude, später verheiratete Baumeister, und der zuletzt geborenen Schwester Helene, später Ehefrau des auch angeklagten Heinrich Brandt, in schwierigen sozialen Verhältnissen aufwuchs.

1908 errichteten die Eheleute Paul und Berta an einsamer Stelle nahe Sprendlingen ein Wohnhaus, das in den folgenden Jahren durch Anbauten nach und nach erweitert wurde. Die häuslichen Verhältnisse blieben trotzdem beengt und sozial problematisch. Paul Baumgarten, der durch Montagereisen häufig abwesend war und auch sonst sich wenig um Frau und Kinder kümmerte, war schon damals sowohl für die Polizei als auch für die Justiz kein unbeschriebenes Blatt, denn schon vor seiner Verheiratung hatte er wegen »Eigentumsverbrechens« eine vierjährige Zuchthausstrafe absitzen müssen. Auch danach zeigte der Monteur wenig Neigung, sich an Recht und Gesetz zu halten, und erhielt zum Beispiel 1912 eine siebenwöchige Gefängnisstrafe, weil er einem Nachbarn einige Obstbäume abgesägt hatte. Paul wurde von seiner Umwelt als notorischer Querulant wahrgenommen. Nach dem Ersten Weltkrieg arbeitete der Mann in Pommern, wo er mit der Arbeiterin Anna Knuth ein ehebrecherisches Verhältnis anknüpfte. Eines Tages brachte Paul seine Geliebte mit nach Sprendlingen und verlangte deren Aufnahme in den Haushalt der Familie. Die Ehefrau widersetzte sich dieser Forderung, und es kam zum endgültigen Zerwürfnis zwischen den Ehegatten. Mutter Baumgarten holte sich polizeilichen Schutz, worauf der Vater mit der Knuth Sprendlingen in Richtung Pommern wieder verlassen mußte. Er trennte sich kurz darauf endgültig von Berta und heiratete Anna. Es folgten nun jahrelange gerichtliche Ehestreitigkeiten wegen des Anwesens in Sprendlingen, die nach dem Tod der Mutter Baumgarten 1930 zu weiteren heftigen Erbstreitigkeiten zwischen den Familienmitgliedern führten. In allen diesen Auseinandersetzungen waren insbesondere die älteren Brüder Erich und Arthur verwickelt, die sich in der Scheidungsangelegenheit der Eltern bereits auf die Seite des Vaters geschlagen hatten. Die jungen Männer fielen schon in der Vergangenheit durch ihre wiederholten Rechtsverletzungen und den daraus folgenden Gefängnisstrafen unrühmlich auf.

Der Angeklagte Friedrich Baumgarten, der sich wohl mehr zur Mutter hingezogen fühlte, so schätzte das Gericht ein, war auf der Volksschule ein mittelmäßiger Schüler. Nach Beendigung seiner Schulzeit holte ihn der Vater nach Pommern. Das Vorhaben, den Sohn zum Elektromonteur ausbilden zu lassen, scheiterte an der Kurzsichtigkeit des Bewerbers. Daher verdingte sich Friedrich in seiner neuen Heimat als Knecht bei einem Bauern, ging aber bald wieder nach Sprendlingen zurück, um dort einige Jahre als Ziegeleiarbeiter in Lohn und Brot zu stehen. 1929 gab Friedrich die Stellung ohne ersichtlichen Grund auf, angeblich weil er eine besser bezahlte Tätigkeit in Aussicht hatte. Diese Gelegenheit zerschlug sich, und es folgten für ihn Notstandsarbeiten für die Gemeinde Sprendlingen, wodurch wenigstens der Anspruch auf Erwerbslosenunterstützung erhalten blieb.

Im Haus der Baumgartens ging es derweil drunter und drüber. Jeder schien des »anderen Teufel« zu sein, es bildeten sich »wechselnde Allianzen« der Familienmitglieder, und nach Auffassung von Zeugen entstand eine regelechte »Huren- und Kuppelwirtschaft«.

Gertrude Baumgarten, die spätere Angeklagte, verheiratete Baumeister, die »allen Männern nachlief« brachte ein uneheliches Mädchen zur Welt, dessen Vater, ein gewisser Buchhardt, sich seiner väterlichen Verantwortung durch Weggang zur Fremdenlegion entzog. Bald darauf gebar sie ein weiteres uneheliches Kind, einen Jungen. Ihre jüngere Schwester Helene ging mit dem Mitangeklagten Heinrich Brandt 1926 ein Verhältnis ein und heiratete diesen im November 1928, da die Geburt eines Kindes bevorstand.

Friedrich Baumgarten hatte inzwischen auf dem sogenannten »Petershäuser Gutshof« in der Nähe von Sprendlingen die ein Jahr ältere, am 4. Oktober 1904 in Polen geborene Wanderarbeiterin Stanislawa Marczak kennengelernt, mit der er ein Verhältnis einging und sie auf Wunsch seiner Mutter Berta mit ins Haus der Baumgartens brachte. Da sie ein Kind erwartete, heirateten Friedrich und Stanislawa am 19. Februar 1929.

Schwester Gertrude, die, wie bereits beschrieben, zwei unehelichen Kindern das Leben geschenkt hatte, lernte im Sommer 1930 den nach Auffassung des Gerichts schwachsinnigen Christoph Baumeister kennen, heiratete diesen im Oktober 1930 und sorgte so für einen weiteren Bewohner in dem räumlich beengten Anwesen. Friedrich nutzte nach Ansicht der Ermittlungsbehörden Schwager Baumeister weidlich aus und hielt ihn durch Mißhandlungen zur Hausarbeit und darüber hinaus zur Beteiligung an Diebstählen an. Dabei trieb er es so weit, daß sich der Schikanierte gelegentlich aus dem Haus zu Verwandten flüchtete.

In den 20er Jahren hatte Friedrich Baumgarten wiederholt, auch im Zusammenwirken mit den Brüdern, Holzdiebstähle begangen. Bald ging er keiner geregelten Arbeit mehr nach und überließ das Geldverdienen seiner polnischen Ehefrau. Kaum wohnte sie mit ihm zusammen, da nahm Friedrich das gesamte von der Polin mühsam ersparte Geld in Höhe von 300 Mark an sich. Außerdem schickte er »Stara«, wie sie genannt wurde, auf Gutshöfe der Umgebung zur Arbeit und eignete sich stets auch dieses harterarbeite Geld an.

Für die junge Frau erwuchs aus dem Verhalten des Ehemannes ein kaum zu ertragendes Martyrium, denn auch die anderen Familienmitglieder, hauptsächlich Friedrichs Schwester Helene Brandt, die vom ersten Tag an Haß gegen die Polin entwickelte hatte, setzten ihr zu. So nahmen diese und weitere Familienmitglieder ihr übel, daß sie nur gebrochen deutsch sprach und im Haushalt angeblich nicht tüchtig genug sei.

Dagegen schilderten zahlreiche Zeugen Stara als *»fleißige, saubere, freundliche und anständige Person«*. Friedrich Baumgarten und weitere Mitglieder der Familie, so wurde bezeugt, hätten sie wiederholt schwer mißhandelt. So schlug Friedrich ihr eines Tages mit einer Latte in den Rücken und später einmal Beulen an den Kopf. Auch die Angeklagte Gertrude Baumeister und besonders Helene Brandt schlugen sie wiederholt brutal. Es kam hinzu, daß der Angeklagte Friedrich Baumgarten Stara auf offenem Feld an den Haaren riß und ihr ins Gesicht schlug, so daß sie aus Mund und Nase blutete.

Eine Anzeige, die Stara bei dem Gendarmeriemeister Bühner erstattete, zog die junge Frau wieder zurück, weil sie fürchtete, Baumgarten werde es noch schlimmer treiben, wenn er davon erfahren würde. Nachdem die arme

Frau wieder einmal schlimm mißhandelt worden war, bat sie Bühner wiederum um Schutz, der sich aber zu ihrem Verhängnis darauf nicht einließ.

Bald, so der Vorsitzende, reifte wohl in dem Angeklagten Baumgarten der Entschluß, sich ihrer zu entledigen. Er führte aus: *»Sie mag sich ihm wegen seiner zunehmenden Brutalität zuletzt verweigert haben, ihr Geld hatte er an sich gebracht, wenn er sie beseitigte, könnte er eine andere Frau heiraten, die ihm auch wieder etwas Vermögen mitbrächte. Besonderer weiterer Motive bedurfte es bei der primitiven Natur des Angeklagten gar nicht. Es wäre noch denkbar, daß die Stara von sonstigen Straftaten, die er begangen hatte, zu viel wußte. Eifersucht, auf die sich der Angeklagte in der Voruntersuchung herauszureden versucht hat, oder sonstige sexuelle Beweggründe sind ganz unwahrscheinlich. Er fand sich im Haß auf seine Ehefrau mit seiner Schwester Helene einig, einer garstigen, hysterischen Person, die nach Zeugenaussagen eine große Ähnlichkeit mit ihrem angeklagten Bruder aufwies.«*

Am frühen Morgen des 12. November 1930, einem Mittwoch, so bezeugte Nachbar Neumann, habe er gehört, daß im Anwesen der Baumgartens Erdarbeiten stattfanden, ohne eine Person zu erkennen, und habe daher hinübergerufen: *»Bist du auch schon munter?«*

Dann habe er, da war der Zeuge sich jedoch nicht sicher, möglicherweise die Stimme des Friedrich Baumgarten antworten gehört: *»Ja, ich will Sand graben!«*

Aufgrund der frühmorgendlichen, dunklen und nebeligen Sichtverhältnisse habe der Zeuge aber Baumgarten nicht eindeutig erkennen können.

Mittags gegen elf Uhr kam Neumann zurück und sah nun einen Erdaushub an jener Stelle, wo später die Leiche entdeckt wurde.

Baumgarten, so der Vorsitzende, muß am späteren Tag, als er zur Tat schritt, seine Frau in der Stube angetroffen und sie aufgefordert haben, das gemeinsame Kind trockenzulegen. Diese hätte daraufhin erklärt, es gebe dafür zum Zeitpunkt keine Notwendigkeit. Dann sei alles ganz schnell passiert und habe sich wie folgt abgespielt:

Friedrich schrie Stara an, ergriff ein Beil und schlug es ihr mit voller Wucht auf den Kopf. Der Linkshänder habe den Schlag mit der rechten Hand ausgeführt, traf das linke Scheitelbein der Frau und zertrümmerte ihre Schädeldecke. Stara sei sofort tot gewesen! Dann, so der Vorsitzende, schaffte er die Leiche weg und zeigte das Verschwinden der Polin am 17. November bei der Polizei an.

Monate später, nach dem Auffinden der Leiche, entdeckte der Sachverständige Dr. Popp weitere schwere Verletzungen an der Ermordeten. Offensichtlich war der am Boden Liegenden mit dem Beil auf den Hinterkopf geschlagen worden. Außerdem soll Friedrich Baumgarten das Nasenbein der Frau zerschmettert, den Unterkieferknochen im Bereich des Kinns zerbrochen und den Gelenkfortsatz des rechten Unterkieferknochens abgeschlagen haben.

Baumgarten hatte während der Voruntersuchung der Darstellung über die Umstände des Todes seiner Frau immer wieder widersprochen und behauptet, daß er zwar am Tag vor der Tat mit Helene Brandt und der Mitangeklagten Gertrude Baumeisters darüber gesprochen habe, die Stara *»wegzuschaffen«*, aber dies nicht wirklich beabsichtigt, sondern es sei nur eine Stimmungslage gewesen. Zur Zeit des Mordes an seiner Ehefrau habe er im Wald gearbeitet. Dabei beschimpfte Friedrich Baumgarten den ihn verhörenden Untersuchungsrichter Raab und verwünschte ihn samt dessen Familie.

Auch in der Hauptverhandlung beteuerte der Angeklagte immer wieder, den Mord an seiner Ehefrau nicht ausgeführt zu haben. So sei ihm in der Voruntersuchung das Eingeständnis des Mordes von seinem Verteidiger und den Rechtsanwälten der Mitangeklagten eingeredet worden. Als Beschuldigter in Verzweiflung getrieben, habe man ihm dann das Geständnis im Gefühl des Lebensüberdrusses abgerungen.

Der Vorsitzende erklärte dagegen, daß alle Indizien und die Zeugenaussagen, auch seiner Angehörigen, letztendlich in der Hauptverhandlung bewiesen hätten, Friedrich Baumgarten sei der Mörder seiner Ehefrau. Die Tat sei vorsätzlich geschehen und es sei bei der Ausführung mit Überlegung gehandelt worden.

»Denn«, so der Vorsitzende, *»nach dem Gutachten des Sachverständigen Dr. Heid, der über hinreichende Erfahrung zur Beurteilung des Angeklagten verfügt, ist der Baumgarten nicht geisteskrank, und auch im Augenblick der Tat hat er sich trotz seiner Minderwertigkeit nicht in einem Zustand krankhafter Störung der Geistestätigkeit befunden, die seine freie Willensbestimmung ausschloß, wenn er auch, im medizinischen Sinne, als gemindert zurechnungsfähig gelten mag. Dieses Gutachten deckt sich mit dem Eindruck, den Baumgarten in der Hauptverhandlung macht. Der Schutz des § 51 StGB[*] kommt ihm also nicht zugute.«*

Die Schwester des Friedrich Baumgarten, Gertrude Baumeister, wurde nach § 139 StGB[**] zu zwei Jahren und neun Monaten Gefängnis verurteilt, da sie von der Mordtat zu einer Zeit erfahren hatte, in der die Verhütung des Verbre-

---

* Siehe Seite 34.

** Siehe Seite 187.

chens noch möglich war, und es unterließ, ihrer Schwägerin *»rechtzeitig Anzeige zu machen«*.

Heinrich Brandt, dem Ehemann von Helene Brandt, war im Eröffnungsbeschluß zur Last gelegt worden, sich als Mittäter an der Ermordung der Ehefrau des Friedrich Baumgarten beteiligt zu haben. Das Gericht ging im Ergebnis der Hauptverhandlung davon aus, daß sich dieser Vorwurf nicht aufrechterhalten ließ, und sprach den Angeklagten frei.

Wie schwierig sich die Wahrheit in der Voruntersuchung und während des Darmstädter Prozesses finden ließ, belegte unter anderem die Aussage des Heinrich Brandt, daß, als er am Abend des 12. November 1930 heimgekommen sei, ihn Friedrich Baumgarten gefragt habe, ob er schon das Neueste wisse, und ihm mitteilte, die Stara sei wieder weg. Sein Schwager Friedrich Baumgarten sei mit Christoph Baumeister morgens im Wald gewesen, und als sie wieder zurückkamen, sei Stara nicht mehr dagewesen. Baumgarten und er fuhren dann mit dem Motorrad sie suchend mehrere Stunden die nähere Umgebung ab. Wochen später habe ihm seine Frau Helene morgens im Bett gestanden, Stara am Morgen der Tat mit einem Beil in Abwesenheit aller männlichen Familienmitglieder von hinten erschlagen und im Garten vergraben zu haben. Diese Aussage seiner Frau beunruhigte Heinrich lange Zeit und raubte ihm den Schlaf. Wenn er später gelegentlich gegenüber Helene auf die Mordtat zu sprechen kam, wies sie ihn kategorisch mit den Worten ab, er *»solle sich nicht darum kümmern«*. An diese Weisung habe er sich dann auch gehalten.

Am 8. April 1931, während der laufenden Voruntersuchung im Mordfall Stara, erwürgte Helene Brandt in einem Anfall von Schwermut ihr Kind und versuchte, sich mit einem Beil die Pulsadern zu öffnen. Der Versuch mißlang, und nachdem die Frau die ganze Nacht umhergeirrt war, stellte sie sich morgens der Polizei, die Helene in Untersuchungshaft nahm. In der Voruntersuchung gab sie als Grund für die Tötung des Kindes und den Selbsttötungsversuch fehlenden Lebensmut an, weil sich Heinrich ein neues kostspieliges Motorrad anschaffen wolle und ihr gleichzeitig mitgeteilt habe, er verliere möglicherweise in Kürze seine Arbeit. Das Kind habe sie nicht ohne Mutter auf der Welt zurücklassen wollen. Wenig später besuchte Heinrich Brandt Helene im Amtsgerichtsgefängnis und teilte ihr mit, er werde sich von ihr scheiden lassen.

Am 15. Mai 1931 erreichte die Gefangene die amtliche Zustellung eines Sühnetermins zwecks Ehescheidung. Am Pfingstmontag, dem 25. Mai, erhängte sie sich in ihrer Zelle. Helene Brandt hinterließ auf ihrem christlichen Gesangbuch drei Briefe. Die Adressaten waren Schwester Gertrude Baumeister, der mit ihrem Fall beauftragte Untersuchungsrichter und Bruder Friedrich Baumgarten. Letzterem teilte Helene darin in allen Einzelheiten mit, daß ihr Mann Heinrich Brandt, während sie noch schlief, Stara ermordet habe.

Den Brief übermittelten Staatsanwaltschaft und Landeskriminalpolizei Darmstadt Friedrich Baumgarten nicht, sondern nahmen ihn, da er bei den Untersuchungsbehörden weiterhin unter dringendem Mordverdacht stand, und auch den nun beschuldigten Heinrich Brandt als möglichen Mittäter am 28. Mai 1931 in Sprendlingen bzw. Neu-Isenburg fest.

Bei der schon vorn erwähnten Leichenausgrabung wurde Stara genau an der Stelle gefunden, die Helene in einem ihrer Briefe angegeben hatte. In der weiteren Untersuchung stellten die Ermittler fest, daß es keine Beweise für die Täterschaft oder Mittäterschaft des Heinrich Brandt gebe, im

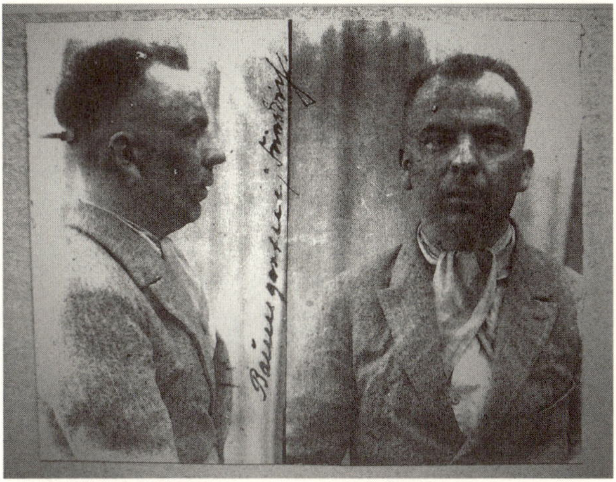

Porträtbilder von Friedrich Baumgarten in seiner Gefangenenakte.

Gegenteil dieser durch verschiedene Zeugenaussagen entlastet wurde, aber Helene sich vermutlich wegen der bevorstehenden Scheidung mit der schweren Beschuldigung an ihrem Mann rächen wollte.

Friedrich Baumgarten, der, wie oben erwähnt, nach Anhörung aller Zeugen und den abgegebenen Gutachten schuldig gesprochen wurde, legten die Justizbeamten sofort nach Verkündung des Todesurteils Handschellen an und führten ihn ab. Sein Rechtsanwalt legte erwartungsgemäß gegen das Urteil fristgemäß Revision ein. Der Ziegeleiarbeiter blieb infolge des weiteren Verfahrens verurteilt, jedoch wandelte das hessische Gesamtministerium seine Todesstrafe in eine lebenslängliche Zuchthausstrafe um.

Baumgarten wurde am 26. August 1932 von Darmstadt kommend in das hessische Landeszuchthaus Marienschloß überführt. Hier hatte er einige Tage später nach schriftlichen Vorgaben des Zuchthausdirektors Hainer handschriftlich seinen Lebenslauf verfassen müssen.

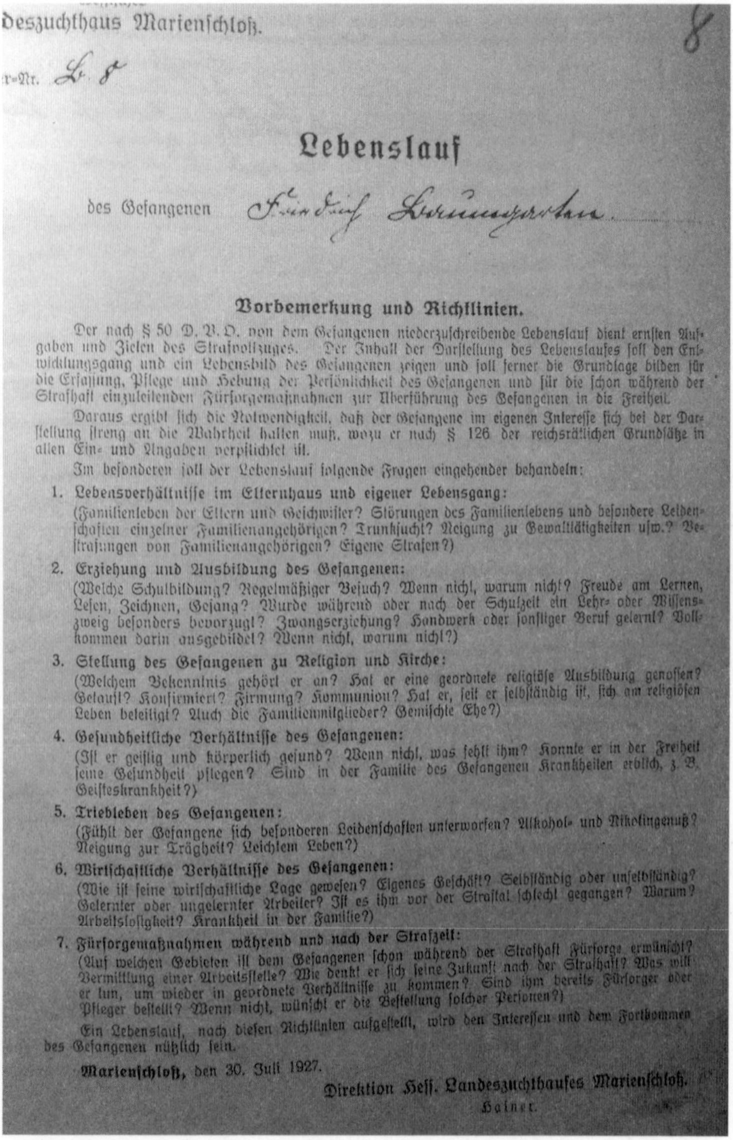
deszuchthaus Marienschloß.

r-Nr. L 8

Lebenslauf

des Gefangenen

Vorbemerkung und Richtlinien.

Der nach § 50 D. V. O. von dem Gefangenen niederzuschreibende Lebenslauf dient ernsten Aufgaben und Zielen des Strafvollzuges. Der Inhalt der Darstellung des Lebenslaufes soll den Entwicklungsgang und ein Lebensbild des Gefangenen zeigen und soll ferner die Grundlage bilden für die Erfassung, Pflege und Hebung der Persönlichkeit des Gefangenen und für die schon während der Strafhaft einzuleitenden Fürsorgemaßnahmen zur Überführung des Gefangenen in die Freiheit.

Daraus ergibt sich die Notwendigkeit, daß der Gefangene im eigenen Interesse sich bei der Darstellung streng an die Wahrheit halten muß, wozu er nach § 126 der reichsrätlichen Grundsätze in allen Ein- und Angaben verpflichtet ist.

Im besonderen soll der Lebenslauf folgende Fragen eingehender behandeln:

1. **Lebensverhältnisse im Elternhaus und eigener Lebensgang:**
(Familienleben der Eltern und Geschwister? Störungen des Familienlebens und besondere Leidenschaften einzelner Familienangehörigen? Trunksucht? Neigung zu Gewalttätigkeiten usw.? Bestrafungen von Familienangehörigen? Eigene Strafen?)

2. **Erziehung und Ausbildung des Gefangenen:**
(Welche Schulbildung? Regelmäßiger Besuch? Wenn nicht, warum nicht? Freude am Lernen, Lesen, Zeichnen, Gesang? Wurde während oder nach der Schulzeit ein Lehr- oder Wissenszweig besonders bevorzugt? Zwangserziehung? Handwerk oder sonstiger Beruf gelernt? Vollkommen darin ausgebildet? Wenn nicht, warum nicht?)

3. **Stellung des Gefangenen zu Religion und Kirche:**
(Welchem Bekenntnis gehört er an? Hat er eine geordnete religiöse Ausbildung genossen? Getauft? Konfirmiert? Firmung? Kommunion? Hat er, seit er selbständig ist, sich am religiösen Leben beteiligt? Auch die Familienmitglieder? Gemischte Ehe?)

4. **Gesundheitliche Verhältnisse des Gefangenen:**
(Ist er geistig und körperlich gesund? Wenn nicht, was fehlt ihm? Konnte er in der Freiheit seine Gesundheit pflegen? Sind in der Familie des Gefangenen Krankheiten erblich, z. B. Geisteskrankheit?)

5. **Triebleben des Gefangenen:**
(Fühlt der Gefangene sich besonderen Leidenschaften unterworfen? Alkohol- und Nikotingenuß? Neigung zur Trägheit? Leichtem Leben?)

6. **Wirtschaftliche Verhältnisse des Gefangenen:**
(Wie ist seine wirtschaftliche Lage gewesen? Eigenes Geschäft? Selbständig oder unselbständig? Gelernter oder ungelernter Arbeiter? Ist es ihm vor der Straftat schlecht gegangen? Warum? Arbeitslosigkeit? Krankheit in der Familie?)

7. **Fürsorgemaßnahmen während und nach der Strafzeit:**
(Auf welchen Gebieten ist dem Gefangenen schon während der Strafhaft Fürsorge erwünscht?
Vermittlung einer Arbeitsstelle? Wie denkt er sich seine Zukunft nach der Strafhaft? Was will
er tun, um wieder in geordnete Verhältnisse zu kommen? Sind ihm bereits Fürsorger oder
Pfleger bestellt? Wenn nicht, wünscht er die Bestellung solcher Personen?)

Ein Lebenslauf, nach diesen Richtlinien aufgestellt, wird den Interessen und dem Fortkommen des Gefangenen nützlich sein.

Marienschloß, den 30. Juli 1927.

Direktion Hess. Landeszuchthauses Marienschloß.
Hainer.

Vorbemerkungen und Richtlinien des Landeszuchthauses Marienschloß für Gefangenenlebensläufe vom 30. Juli 1927.

Darin schilderte Friedrich Baumgarten die ihn stark prägende Kindheit und hob hervor, daß er 1912 in Sprendlingen eingeschult wurde. Er habe immer einen sehr weiten, mühsamen Weg zur Grundschule nehmen müssen, diese aber regelmäßig besucht. In der Schule, so sein Bekenntnis, gehörte er nicht zu den begabten Schülern, denn *»ich sehe sehr schlecht, konnte eben das nicht lesen, was der Lehrer an die Tafel schrieb, dann durch mein Sprachfehler, ich stotterte als Kind ganz furchtbar, konnte nicht lesen und dem Lehrer keine Antwort geben, dadurch kam es, daß ich zum Besten gehalten wurde, wenn etwas war, ist es auf mich geschoben worden, auf mich ist deshalb gut abladen, weil ich mich nicht verteidigen kann. [...] Der Vater war für uns Kinder nicht gut, hielt uns zum Stehlen an, als kleine Kinder schon mußten wir mit ihm stehlen gehen.«*

So habe er schon zeitig wiederholt mit dem Gefängnis Bekanntschaft gemacht.

Die Polin Stara habe er im Frühjahr 1928 kennengelernt. Sie habe sich »unweigerlich« mit ihm abgegeben und es entwickelte sich ein Verhältnis. Nach sieben Wochen sei es zum Geschlechtsverkehr gekommen. Nach seiner Meinung war Stara, mit der er seit dem 19. Februar 1929 verheiratet war und die auf Wunsch seiner Mutter Berta seit Herbst 1928 im gemeinsamen Haushalt der zahlreichen Familienangehörigen wohnte, eine fleißige und sparsame Frau, jedoch im Haushalt und in der Kindererziehung das Gegenteil. Am Schluß des handschriftlichen Lebenslaufes beteuerte Baumgarten nochmals seine Unschuld. Er habe zur Tatzeit im Wald gearbeitet, bei seiner Rückkehr Stara nicht im Haus vorgefunden und dies dann später der Polizei gemeldet.

In den folgenden Jahren nach seiner Verurteilung durch das Darmstädter Schwurgericht beschäftigte Baumgarten die hessische Justiz immer wieder erfolglos mit Anträgen zur Wiederaufnahme des Verfahrens.

Am 17. Juni 1940 erfolgte die Überstellung des Häftlings in das Zuchthaus Kassel-Wehlheiden. In seiner überlieferten Gefängnisakte ist dokumentiert, daß einige an ihn gerichtete und von ihm verfaßte Briefe weder an den Empfänger noch an die Adressaten weitergeleitet wurden. Dies geschah schon während seiner Haftzeit im Landeszuchthaus Marienschloß, wegen *»unsachlicher und beleidigender Äußerungen gegenüber der hessischen Justiz«*, wie in der Akte vermerkt wurde.

Ein Brief des Friedrich Baumgarten an seinen Rechtsanwalt Dr. Carnier in Darmstadt vom 13. Oktober 1942 hätte unter rechtsstaatlichen Bedingungen zur Wiederaufnahme des Verfahrens führen müssen. Darin heißt es:

»Sehr geehrter Herr Rechtsanwalt Dr. Carnier!

Nach langer Zeit möchte ich Ihnen mal schreiben und zwar aus besonderen Gründen. Meine Schwägerin Margarethe Baumgarten [*] *[...] hat mir geschrieben. Sie hätte meinen Vater besucht am 2.1.1938 [...]. Ihr Schwiegervater Paul Baumgarten habe ihr Briefe zum Lesen gegeben von seiner jüngsten Tochter Helene Brandt, geborene Baumgarten. Aus dem Inhalt der Briefe ging einwandfrei hervor, daß Helene Brandt die Mörderin meiner Frau ist. Sie hat es selber ihren Vater wissen lassen und ihn gebeten den Acker ihr zu vermachen, worauf sie meine Frau vergraben hat. Mein Vater soll sie dazu angestiftet haben, auch ihr ältester Bruder Erich. [...] Die Gründe, warum mein Vater seine jüngste Tochter Helene zu dieser Mordtat angestiftet hat, liegen in seiner Erbschleicherei [...]. Ich beauftrage sie*

---

* Aus den Unterlagen geht nicht hervor, ob es sich bei ihr um die Frau von Arthur oder Erich Baumgarten handelt.

als mein Verteidiger, den Vater Paul Baumgarten verhaften zu lassen und ihn unter die Anklage wegen Anstiftung des Mordes zu stellen, die Briefe von der Mörderin Helene Brandt einziehen zu lassen, die der Anstifter, ihr Vater, in Besitz hat. [...] Ich sitze jetzt das zwölfte Jahr in Haft, unschuldig wegen des Vaters Erbschleicherei [...].«

Die Beschwerde des Baumgarten wurde vom 1. Strafsenat des Oberlandesgerichts Darmstadt unter den zeichnenden Juristen Dr. Hansen, Küchler und Gauf am 4. März 1943 mit folgender Begründung zurückgewiesen:

»Die form- und fristgerecht eingelegte zulässige sofortige Beschwerde ist sachlich nicht begründet. [...] Auch wenn alle Angaben des Beschwerdeführers richtig, die aufgestellten Behauptungen und benannten Beweismittel neu sind, bleibt noch übrig, daß er bei der Tat als Mittäter beteiligt war. Somit sind die Behauptungen und Beweismittel nicht geeignet, die Freisprechung des Baumgarten oder in Anwendung eines milderen Strafgesetzes eine gelindere Bestrafung zu begründen.«

Diese Einschätzung der nationalsozialistischen Juristen 1943 erscheint heute mehr als fraglich. Nach Sichtung aller Unterlagen hätte klar sein müssen: Friedrich Baumgarten könnte möglicherweise nicht der Mörder an seiner Frau sein. Zumindest dürften daran erhebliche Zweifel bestanden haben! Das Verfahren hätte unbedingt neu aufgerollt werden müssen, da nicht auszuschließen war, daß Friedrich Baumgarten zwar von der bevorstehenden Ermordung seiner Frau wußte, aber sich nicht an der Tat beteiligte.

Das letzte schriftliche Lebenszeichen des Häftlings ist auf den 26. März 1944 datiert und an seine Eltern, der Vater Paul Baumgarten war wieder verheiratet, gerichtet. Der Brief wurde jedoch vom Zuchthaus Kassel-Wehlheiden mit der Bemerkung *»ungeeignete Ausführungen«* nicht an die

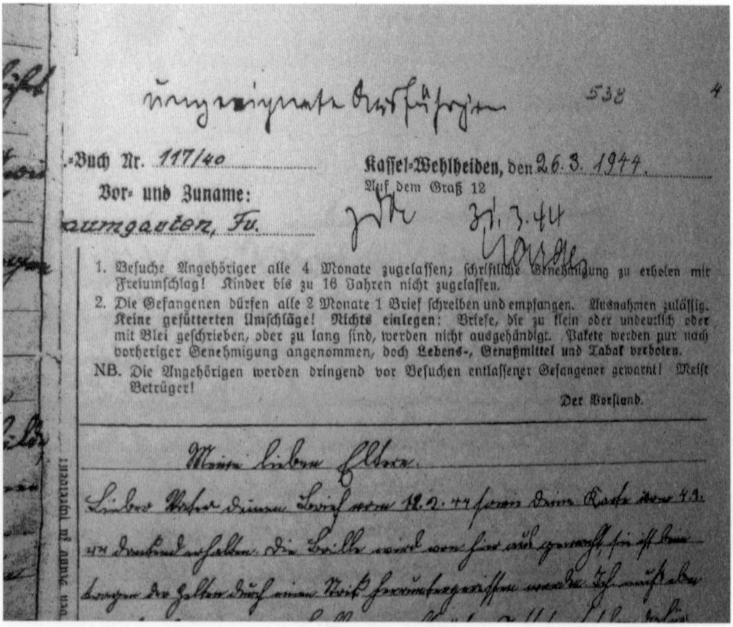

…-Buch Nr. 117/40

Kassel-Wehlheiden, den 26.3.1944.

Auf dem Graß 12

Vor- und Zuname:

…aumgarten, Fr.

1. Besuche Angehöriger alle 4 Monate zugelassen; schriftliche Genehmigung zu erholen mit Freiumschlag! Kinder bis zu 16 Jahren nicht zugelassen.
2. Die Gefangenen dürfen alle 2 Monate 1 Brief schreiben und empfangen. Ausnahmen zulässig. Keine gefütterten Umschläge! **Nichts einlegen:** Briefe, die zu klein oder undeutlich oder mit Blei geschrieben, oder zu lang sind, werden nicht ausgehändigt. Pakete werden nur nach vorheriger Genehmigung angenommen, doch **Lebens-, Genußmittel und Tabak verboten.**

NB. Die Angehörigen werden dringend vor Besuchen entlassener Gefangener gewarnt! Meist Betrüger!

Der Vorstand.

Letzter Brief des Friedrich Baumgarten vom 26.3.1944 auf dafür bereitgehaltenem Formular mit Festlegungen des Zuchthausvorstandes.

Adressaten weitergeleitet, verblieb somit in Baumgartens Gefangenenakte.

Kurz darauf, nach nun bereits ca. 14jähriger Haft, wurde der körperlich entkräftete, verzweifelte Friedrich Baumgarten in das thüringische Konzentrationslager Buchenwald überführt. Hier unternahm der Sträfling einen Selbsttötungsversuch, indem er mit Gewalt einen Eßlöffel in seinen Rachen zwang. Der Mann überlebte schwer verletzt diesen verzweifelten Versuch und mußte weitere Monate das grausame, auf Vernichtung der Gefangenen abzielende SS-Regime im Lager ertragen.

Aus dem Totenbuch des Konzentrationslagers und dem Sterberegister des Standesamtes Weimar ist laut Information der Gedenkstätte Buchenwald zu entnehmen, daß Baumgarten, Häftlingsnummer 13866, Block 47 des Lagers Buchenwald, Sicherungsverwahrter, am 10. Juni 1944 verstorben sei. Als Todesursache wurde Herzschwäche bei Lungenentzündung angegeben. Meist war dies die Umschreibung für Tod durch Entkräftung.

Da der Fall nie wieder juristisch aufgearbeitet werden wird, bleibt der Verdacht, daß es sich bei der Verurteilung des Friedrich Baumgarten um einen Justizirrtum aus der Zeit der Weimarer Republik handelt. Die nationalsozialistische Justiz ermöglichte später seine Ermordung im thüringischen Konzentrationslager Buchenwald.

DER GRAUENHAFTE MASSENMORD IN JENA

THÜRINGEN (1932)

Liebe Tante, wir brauchen nun Deine Güte
nicht mehr in Anspruch nehmen.
Ich bin froh, daß ich das Geld noch nicht genommen
und – wenigstens teilweise – verbraucht habe.
Wie solltest Du es jetzt wiederbekommen?
Nun also – heute habe ich mein Todesurteil
gehört: links vollständige Sehschwäche,
rechts: Netzhautablösung.
In etwa 2 Monaten – blind!
Rosa weiß es jetzt, auch Helene.

Es war ein Massenmord, ein schreckliches Familiendrama. Sieben Pistolenschüsse sollten am 24. März 1932, zwischen 23 und 24 Uhr, wie später festgestellt wurde, einen der größten Justizskandale der Weimarer Republik auslösen! Es gab wohl kaum eine deutsche Tageszeitung, die nicht über die grauenhafte Mordtat in Jena berichtete.

Das Dienstmädchen, gegen Mitternacht von ihrem Ausgang zurückkehrend, betrat die Villa in der Westendstraße, einem Jenaer Nobelviertel, und sah die erschossenen Frauen im Wohnzimmer. Vom Hausherrn wurde sie mit der Begründung des Hauses verwiesen, es sei etwas Entsetzliches passiert, und wenn es ihre Kraft noch zulasse, möge sie sofort einen Arzt holen. Dann krachte es noch dreimal. Kurz darauf trafen Arzt und Kriminalpolizei ein. Die Tatortuntersuchung begann unmittelbar.

Prof Dr. Ernst Giese* teilte später in seinem Bericht mit, daß die Toten auf zwei Etagen in verschiedenen Zimmern aufgefunden wurden. Alle Indizien deuteten darauf hin, daß das Verbrechen im Wohnzimmer am Tisch bei Kaffee und Kuchen sitzend zuerst die Mutter, die Ehefrau, und die Geliebte des Mörders ereilte, die von der Tat offensichtlich völlig überrascht wurden. Zum Tatzeitpunkt müssen die Frauen vor Schreck erstarrt gewesen sein, so daß sie in ihrer Sitzposition verblieben und sich ihrem Schicksal wohl willenlos hingaben. In einem anderen Zimmer des Erdgeschosses fand man den im Rollstuhl sitzenden gelähmten Vater des Täters erschossen vor. Das Kinderzimmer befand sich im zweiten Stock des Gebäudes. Beide Kinder lagen in einer Blutlache. Ein Kind lebte noch, verstarb aber, ohne das Bewußtsein wiederzuerlangen, im Krankenhaus. Ein Kampf, so der renommierte Gerichtsmediziner, habe nicht stattgefunden. Alle erschossenen Personen wurden überrascht und regelrecht hingerichtet.

Nur Stunden nach der Tat, nachts um zwei Uhr, wurde der Präsident des Oberlandesgerichts Jena**, Dr. Bruno Becker***, geweckt und vom Jenaer Polizeidirektor Ferdinand Finke persönlich über die Ereignisse informiert. Eile war geboten, denn die Morde, so war denen mit dem Fall betrauten Kriminal- und Justizbeamten klar, hatten das »Zeug« für einen beispiellosen Justizskandal, da es bei dem Mörder um den Oberlandesgerichtsrat Dr. Kurt Meurer in Jena, also eine herausgehobene Persönlichkeit der Thürin-

* Siehe Seite 176.

** Das Oberlandesgericht Jena war die höchste Instanz für die ordentliche Gerichtsbarkeit in Thüringen.

*** Dr. Bruno Becker (* 1877, † nach 1945) war von 1925 bis 1945 Präsident des Jenaer Oberlandesgerichts.

Villa der Familie Meurer in Jena.

ger Justiz, ging. Nichts hatte vorher auf die Gewalttat hingewiesen. Bei den Opfern handelte es sich um die Eltern des Dr. Meurer, dessen Gattin, seine beiden Kinder sowie die Frau des Oberlandesgerichtrates Dr. Ernst Rittweger*. Der Täter hatte sich durch Selbsttötung der Strafverfolgung entzogen.

Nach der Reinigung der Leichen wurden folgende Verletzungen festgestellt:

Oberlandesgerichtsrat Dr. Kurt Meurer (* 3. Juli 1894): Stirnschuß, Austritt oben im Zwickel des Hinterhauptbeins, Projektil wurde hinter ihm auf dem Fußboden gefunden.

Kind Konrad Meurer (* 17. März 1925): Ein- und Ausschuß in fast gleicher Höhe, Schußkanal von links hinten nach rechts vorn schräg durch das Gehirn verlaufend. Geschoß zerschlug dann den am Boden stehenden Nachttopf. Konrad ist durch den auf seinen Bruder abgegebenen Schuß wohl aufgewacht und aufgesprungen, denn der tödliche Schuß traf ihn nicht im Bett, sondern vor seiner Liegestätte.

Kind Rudolf Meurer (* 20. Januar 1927): Einschuß etwa vier Zentimeter oberhalb der Nasenwurzel mit etwas links der Mittellinie verlaufendem Schußkanal mit Ausschuß am Hinterhauptbein oben. Das Projektil steckte im Kopfkeilkissen. Das Kind wurde im Schlaf erschossen.

Großvater Wilhelm Meurer (zur Tatzeit 65 Jahre alt): Einschuß im Hinterkopf. Kein Ausschuß. Projektil steckte hinter dem stark hervorgetriebenen und stark blutunterlaufenen rechten Auge.

---

* Dr. Ernst Rittweger (* 18. September 1890, † 2. Dezember, 1946 im Speziallager Nr. 1 Mühlberg, einem Lager in der Sowjetischen Besatzungszone in der Nähe der Stadt Mühlberg/Elbe), seit Anfang 1929 Oberlandesgerichtsrat in Jena).

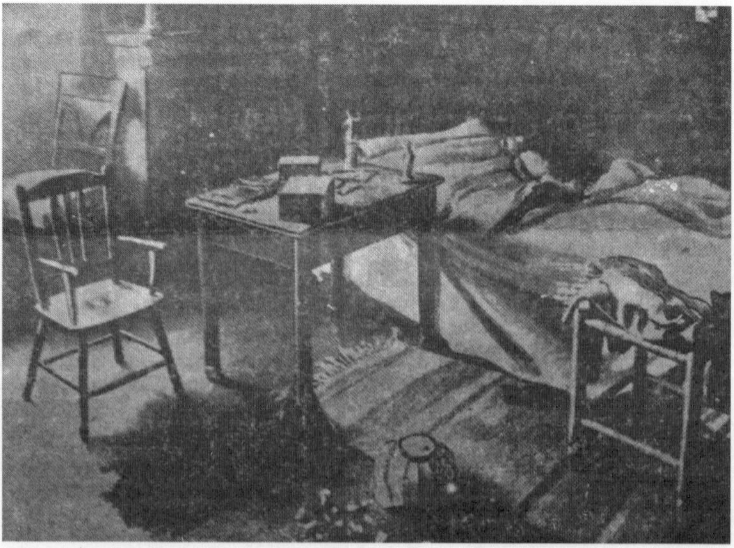

Kinderzimmer von Konrad und Rudolf Meurer.

Großmutter Anna Meurer (zur Tatzeit 63 Jahre alt): Ohne Verletzung der Ohrmuschel drang das Geschoß in das rechte Ohr ein und blieb hinter dem rechten Auge stecken.

Frau Helene Meurer (* 30. Juni 1896): Einschuß in Höhe der rechten Ohrrandleiste zweifingerbreit nach der Schläfe zu, Ausschuß etwa 2 bis 3 Zentimeter oberhalb der linken Ohrrandleiste und etwa 2 bis 3 Zentimeter nach der Schläfe zu.

Frau Rosa Rittweger (* 1. Februar 1896): Einschuß in der Mitte der linken Schläfe, Ausschuß genau in der Mitte der rechten oberen Ohrrandleiste mit starker Knochensplitterung.

Vermutlich wurden zuerst die Frauen im Damenzimmer sitzend ermordet, dann der in einem anderen Zimmer im Rollstuhl sitzende Großvater, und zuletzt richtete Meurer seine Kinder im Kinderzimmer. Nach diesen Morden beging der Jurist Suizid.

Wer war der Mann, der solch verheerende Taten beging? Kurt Meurer erblickte am 3. Juli 1894 in Gotha das Licht der Welt. Er besuchte das Realgymnasium und legte das Abitur am 5. August 1914 ab. Seine Erste juristische Staatsprüfung absolvierte Meurer am 2. März 1921 am Oberlandesgericht Frankfurt am Main. Von 1924 bis 1925 war der Jurist als Ratsassessor beim Ratsvorstand Pößneck mit dem Polizeidezernat beauftragt. Die dort seitdem als fehlend gemeldete Pistole der Herstellungsfirma »Karl Walther in Zella-Mehlis« und spätere Tatwaffe hatte er zum eigenen Gebrauch nebst Munition entnommen und nicht wieder abgeliefert. Der inzwischen als Gerichtsassessor tätige Kurt Meurer wurde mit Wirkung vom 1. März 1928 zum Landgerichtsrat am Landgericht Rudolstadt berufen. Meurers wohnten ab diesem Zeitpunkt für einige Monate in der Schwarzburger Straße Nr. 44 in der Stadt an der Saale. Im Februar 1929 nahm der Jurist seine Tätigkeit am Thüringischen Oberlandesgericht Jena auf. Ab dem 1. April 1932 war vorgesehen, Kurt Meurer als Amtsgerichtsrat in Altenburg anzustellen.

Die Ermittlungen ergaben keinerlei Anhaltspunkte auf einen gemeinschaftlichen Suizid . Tags zuvor hatte Helene Meurer noch Kuchen gebacken und sechs Schnitzel eingekauft, die unberührt in der Speisekammer lagen. Helene und die Großeltern galten als lebensfrohe, optimistische Menschen. Nie, so betonten befragte Nachbarn und Bekannte, hätte Frau Meurer in die Tötung ihrer geliebten Kinder eingewilligt.

Schließlich wurde ein Zettel mit der Handschrift des Oberlandesgerichtsrates, der sich übrigens seit dem 15. Februar 1932 im Urlaub befand, gefunden, der wohl Hinweise auf den Anlaß der Morde gibt und folgendes beinhaltet:

»Jena, den 24.3.1932
Liebe Tante, wir brauchen nun Deine Güte nicht mehr in Anspruch nehmen. Ich bin froh, daß ich das Geld noch nicht genommen und – wenigstens teilweise – verbraucht habe. Wie solltest Du es jetzt wiederbekommen? Nun also – heute habe ich mein Todesurteil gehört: links vollständige Sehschwäche, rechts: Netzhautablösung. In etwa 2 Monaten – blind! Rosa weiß es jetzt, auch Helene. Wir wissen, was nun zu tun […] ist.«

Der labile Meurer, der bekannt dafür war, wenig geschickt mit Geld umzugehen, und ständig finanzielle Probleme hatte, wurde wohl, so nahm die Staatsanwaltschaft an, durch die neuesten Erkenntnisse über seinen Gesundheitszustand schwer im Innersten erschüttert, was aber nach fast einhelligen Pressestimmen die Verzweiflungstat des Dr. Meurer nicht in milderem Licht sehen ließe.

Die Justizpressestelle des Oberlandesgerichts Jena gab noch am 25. März eine amtliche Verlautbarung über das Familiendrama in der Nacht zum Karfreitag 1932 heraus, das in seinem Ausmaß und in Ansehung der Person des Täters weder durch die Bevölkerung noch durch die Bediensteten der Justiz zu begreifen war:

»Die Familien der Oberlandesgerichtsräte Meurer und R. (Rittweger – d. Verf.) standen in freundschaftlichem Verkehr miteinander. Im Laufe der Zeit entwickelten sich daraus nahe Beziehungen zwischen Herrn Meurer und Frau R., die den Bestand beider Ehen gefährdeten. Beide Ehepaare beschlossen in vollem Einverständnis, im Frieden auseinanderzugehen und die Ehen zu lösen. Das Landgericht in Weimar schied im Februar 1932 auf die Scheidungsklagen der Frau Meurer und des Herrn R. beide Ehen. Herr Meurer wurde ans Amtsgericht in Altenburg versetzt, wo er am 1. April 1932 seinen Dienst antreten

sollte. Er beabsichtigte in nächster Zeit Frau R. zu heiraten. Seine geschiedene Frau wollte Anfang April beim Umzuge der Eltern ihres Mannes helfen, die mit ihnen in einem Haus wohnten; dann wollte sie mit ihren beiden Jungen nach Rudolstadt ziehen. Die verschiedenen Umzüge waren schon in die Wege geleitet; die Unterhaltsfragen waren geregelt. Was Herrn Meurer unter diesen Umständen zu seiner unseligen Tat getrieben hat, ist unerklärlich.«

Der Jenaer erweiterte Suizid* des Dr. Meurer löste in der deutschen Presse einen Sturm der Entrüstung und wilde Spekulationen über die Motive des Mörders aus. So wurde in der Rudolstädter *Landeszeitung* am 26. März 1932 gemutmaßt, das merkwürdige Verhalten der beiden Ehefrauen, die offensichtlich freundschaftlich verkehrten, hätte den schon in seiner Studentenzeit wiederholt an nervösen Störungen leidenden Dr. Meurer verunsichert, ja, die vorausgegangenen Ehescheidungen hätten seine seelische Spannung aufs höchste gesteigert. Möglicherweise habe er den bevorstehenden Abschied von seiner Familie nur schwer ertragen können, und dies habe bei dem kränklichen Juristen zu einer psychischen und physischen Überreizbarkeit geführt. Möglicherweise sei es in der Mordnacht zwischen den beiden Frauen und ihm zu einer Auseinandersetzung gekommen, die bei ihm einen Nervenzusammenbruch verursachte und so tragische Folgen hatte.

Die Pressestelle des Ministeriums für Justiz Thüringens sammelte akribisch Dutzende von Berichten deutscher Tageszeitungen, darunter auch Beiträge mit wilden Spekulationen über das Verbrechen. Der Reporter einer Zeitung

* Ein erweiterter Suizid ist eine besonders schwerwiegende Form des Suizids, weil mindestens ein weiterer Mensch in die Tötungshandlung einbezogen wird.

Die Tragödie in Jena.

Die Tat in einem Zustand plötzlichen Nervenzusammenbruchs verübt.

(Telegramm unseres Korrespondenten.)

i. JENA, 26. März.

Das entsetzliche Familiendrama in Jena hat überall grosses Aufsehen hervorgerufen. Während man zuerst annahm, dass Oberlandesgerichtsrat Dr. Meurer im Wahnsinn seine von ihm geschiedene Frau, die beiden 5 und 7 Jahre alten Söhne, seine betagten Eltern, die Gattin seines Kollegen Rittweger und sich selbst erschossen hat, ist man durch die heutigen Vernehmungen mehrerer Zeugen zu der Ansicht gelangt, dass Dr. Meurer die grausame Tat im Zustande einer seelischen Depression begangen hat.

Die Kriminalpolizei in Jena hat festgestellt, dass sich der Oberlandesgerichtsrat gestern nachmittag in seinem Arbeitszimmer mit der Ausarbeit gerichtlicher Entscheidungen beschäftigt und zusammen mit seiner Familie noch Kaffee getrunken habe. Er soll dabei noch seinen Unwillen darüber ausgedrückt haben, dass das im Haushalt beschäftigte Dienstmädchen am Karfreitag Ausgang hatte. Dann hat Dr. Meurer noch Ostergeschenke für seine beiden Kinder besorgt. Später muss es dann zwischen den beiden Ehegatten noch zu einer Aussprache gekommen sein, wobei die finanziellen Auseinandersetzungen besprochen wurden.

dem Mann keine Spur von irgendeiner inneren Erregung oder einem Depressionszustand, der auch nur im entferntesten auf die furchtbare Tat hätte schliessen lassen, entdeckt hätten. Die Familienverhältnisse sind jedenfalls im beiderseitigen besten Einvernehmen geregelt worden, und nichts liess darauf schliessen, dass der Oberlandesgerichtsrat etwa seine Tat von langer Hand vorbereitet haben könnte.

Es bleibt somit nur der Schluss übrig, dass Dr. Meurer die Schreckenstat in einem Zustand plötzlichen und völligen Nervenzusammenbruchs begangen hat.

Zur Charakteristik der Tat sei die Aussage des Dienstmädchens erwähnt, das heute vormittag von der Polizei vernommen wurde. Als das Mädchen gestern abend nach Hause kam, entdeckte sie zu ihrem Entsetzen im Erdgeschoss der Wohnung, dass die beiden Frauen blutüberströmt auf dem Fussboden lagen. Sie eilte in die obere Etage und klopfte dort an der Tür des Arbeitszimmers des Oberlandesgerichtsrats. Daraufhin öffnete auch Dr. Meurer die Tür und sagte zu dem Mädchen in sehr erregtem Ton:

„Hier ist etwas Entsetzliches geschehen, wenn es Ihre Kraft noch zulassen sollte, eilen Sie sofort zu einem Arzt und holen Sie Hilfe.“

Tageblatt *vom 26. März 1932.*

namens *Tageblatt** vom 26. März 1932 schien gute Verbindungen zur Jenaer Kriminalpolizei zu haben, denn dessen Berichterstattung dürfte auf den heutigen Leser faktenstark wirken und überdies im Gegensatz zu manch anderen zeitgenössischen Zeitung seriös.

Am 7. April 1932 wurde noch ein aufschlußreicher Nachtrag in der Personalakte Dr. Meurer aktenkundig. Eine Woche vor der Tat ließ er demnach die Tatwaffe von dem Waffenhändler Heinicke reinigen und holte sie ein oder zwei Tage vor der Tat ab. Dies deute auf keine Kurzschlußhandlung Kurt Meurers, eher auf einen geplanten Massenmord hin. In dem Bericht wird hervorgehoben, daß in der Presse darüber spekuliert wurde, Meurer sei ein guter Schütze gewesen. Jedoch aus allernächster Nähe Menschen durch Kopfschuß zu erschießen, dazu gehöre nur Kaltblütigkeit und außerordentliche verbrecherische Energie.

---

* Die Akte des Ministeriums Rudolstadt, Abteilung Justiz über den Oberlandesgerichtsrat Dr. Kurt Meurer enthält zahlreiche Zeitungsausschnitte. Leider ist nicht vermerkt, wo das *Tageblatt* erschienen ist.

ZUM ABSCHIED EINEN STRICK UND EIN HEIDESTRÄUSSCHEN

THÜRINGEN (1946)

Ich wundere mich über mich selbst,
ich wollte aber ohne ihn selbst nicht weiterleben,
und er sollte nicht weiterhin ein
so schlechter Mensch sein.

Die Tote konnte nicht mehr befragt werden. Aber ihre Zeugenaussage in Form eines Abschiedsbriefes an Verwandte, verbunden mit der Spurensicherung durch die Landeskriminalpolizei, Polizeistelle Gera, brachte schnell Licht ins Dunkel eines in Gera am 19. Oktober 1946 erfolgten erweiterten Suizids.

»Mein lieber W. […], meine liebe A. […]!

Ihr könnt es euch sicher denken. Ich kann nicht anders! Vernichtet den Brief sofort. Ich habe Kurt am Freitagabend Veronal eingegeben, doch er schlief nicht ein. Da habe ich am Sonnabend 10.30 Uhr ihm eine Schlinge um den Hals gelegt. Ich habe ihn aber voll und ganz mit dem Deckbett zugedeckt, um ihn dabei nicht zu sehen. Es war furchtbar, aber er hat es an mir verdient. Ich wundere mich über*

* Veronal ist der Markenname eines Schlafmittels auf der Grundlage von Barbital, das ein lange wirksamer Abkömmling der Barbitursäure ist, die früher als Schlafmittel genutzt wurde. Weil es bei unsachgemäßer Dosierung die meisten Stoffwechselprozesse zu stark hemmt, kann es leicht zum Tode führen.

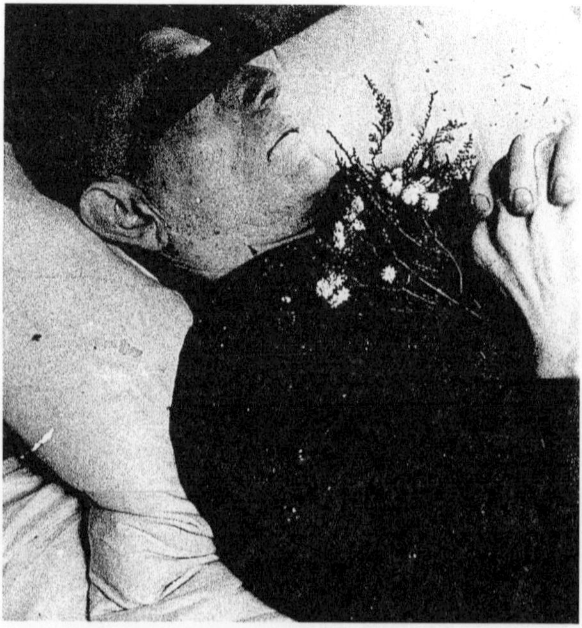

Kurt Kozelsky nach seiner Ermordung im Bett.

mich selbst, ich wollte aber ohne ihn selbst nicht weiterleben, und er sollte nicht weiterhin ein so schlechter Mensch sein. [...] Kurt schläft friedlich. Ich hatte ihn zu lieb. Wenn ihr mich nicht abschneiden könnt, holt bitte Herrn B. [...] zu Hilfe.

Aber seid mir nicht böse, ich bin so müde und sehne mich endlich nach Ruhe. Gönnt sie mir bitte. [...] Nun seid nochmals bedankt für alle Liebe und alles Gute, seid mir bitte nicht böse, ich will nicht mehr, ich bin so müde. Grüßt bitte alle, alle herzlichst. Viele haben es gut mit mir gemeint. [...] Gerda Leipnitz.«

Als die Polizei eintraf, hatten Verwandte der Gerda Leipnitz und der Hausmeister bereits die am Ofenrohr hängende Frau vom Strick getrennt und sie neben den von ihr getöteten Kurt Kozelsky gelegt.

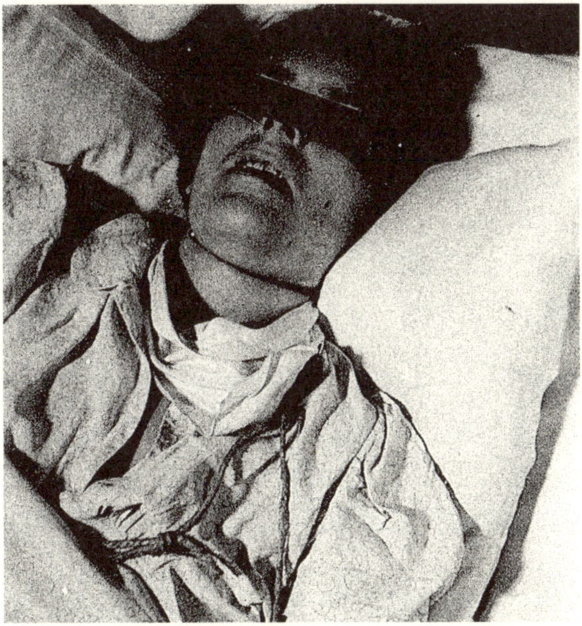

Gerda Leipnitz nach ihrer Selbsttötung im Bett.

Dem am 10. April 1899 in Gera geborenen Kurt Kozelsky wurde in der Tatnacht von seiner Lebenspartnerin Gerda Leipnitz eine hohe Dosis Schlafmittel verabreicht. Als sich der 47jährige Mann in tiefem Schlaf befand, erdrosselte sie ihn, legte ein Heidesträußchen auf die Brust des Toten und tötete sich anschließend durch Aufhängen selbst. Aufgrund der Totenfleckenbesichtigung und der Angaben der Frau Leipnitz in ihrem Abschiedsbrief, so konstatierte die Kriminalpolizei in ihrem Abschlußbericht vom 28. Oktober 1946, erfolgte die Tat in der Nacht vom Freitag zum Sonnabend, dem 19. Oktober, und zwar in den frühen Morgenstunden. Von Zeugen konnte in Erfahrung gebracht werden, daß die am 21. Dezember 1906 in Leipzig geborene Gerda Leipnitz sich schon seit längerer Zeit mit dem Gedanken beschäftigte, im Falle ihres Ablebens Kozelsky »mitzunehmen«.

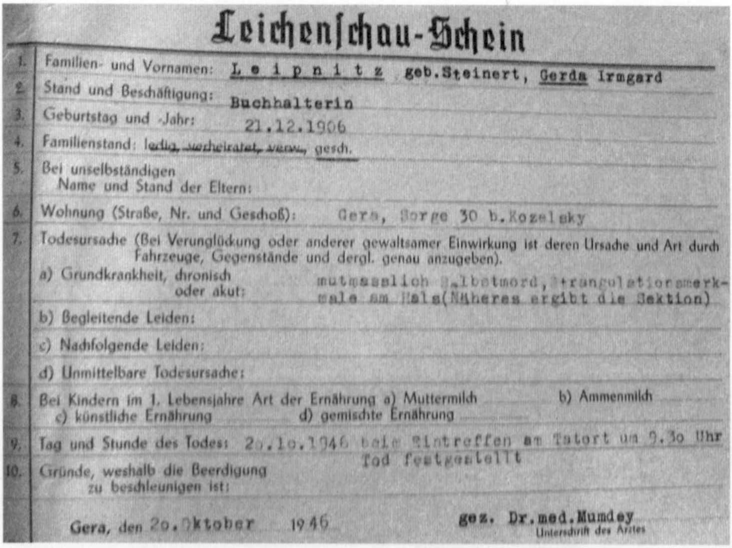

Leichenschau-Schein

1. Familien- und Vornamen: **L e i p n i t z** geb.Steinert, Gerda Irmgard
2. Stand und Beschäftigung: Buchhalterin
3. Geburtstag und -Jahr: 21.12.1906
4. Familienstand: ~~ledig, verheiratet, verw.,~~ gesch.
5. Bei unselbständigen Name und Stand der Eltern:
6. Wohnung (Straße, Nr. und Geschoß): Gera, Sorge 30 b.Kozelsky
7. Todesursache (Bei Verunglückung oder anderer gewaltsamer Einwirkung ist deren Ursache und Art durch Fahrzeuge, Gegenstände und dergl. genau anzugeben).
   a) Grundkrankheit, chronisch oder akut: mutmasslich Selbstmord, Strangulationsmerkmale am Hals(Näheres ergibt die Sektion)
   b) Begleitende Leiden:
   c) Nachfolgende Leiden:
   d) Unmittelbare Todesursache:
8. Bei Kindern im 1. Lebensjahre Art der Ernährung a) Muttermilch b) Ammenmilch c) künstliche Ernährung d) gemischte Ernährung
9. Tag und Stunde des Todes: 20.10.1946 beim Eintreffen am Tatort um 9.30 Uhr Tod festgestellt
10. Gründe, weshalb die Beerdigung zu beschleunigen ist:

Gera, den 20.Oktober 1946

gez. Dr.med.Mumdey
Unterschrift des Arztes

Leichenschau-Schein Gerda Leipnitz.
Der erweiterte Suizid erfolgte am 19. Oktober 1946.
Die Leichenschau fand einen Tag später statt.

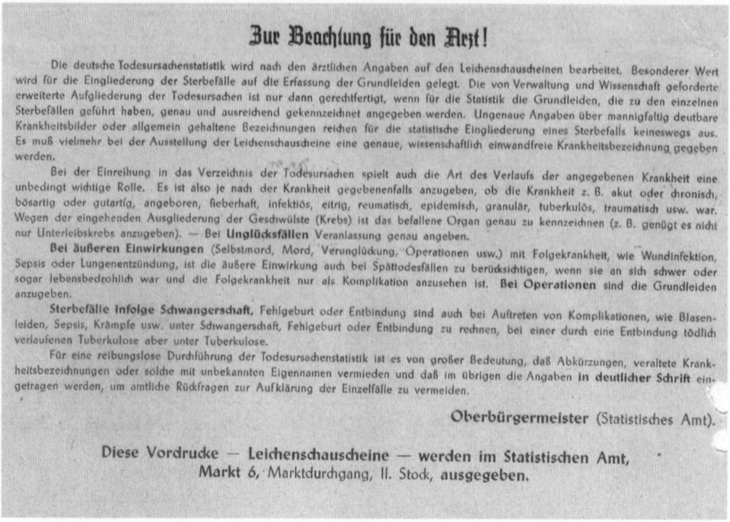

Zur Beachtung für den Arzt!

Die deutsche Todesursachenstatistik wird nach den ärztlichen Angaben auf den Leichenschauscheinen bearbeitet. Besonderer Wert wird für die Eingliederung der Sterbefälle auf die Erfassung der Grundleiden gelegt. Die von Verwaltung und Wissenschaft geforderte erweiterte Aufgliederung der Todesursachen ist nur dann gerechtfertigt, wenn für die Statistik die Grundleiden, die zu den einzelnen Sterbefällen geführt haben, genau und ausreichend gekennzeichnet angegeben werden. Ungenaue Angaben über mannigfaltig deutbare Krankheitsbilder oder allgemein gehaltene Bezeichnungen reichen für die statistische Eingliederung eines Sterbefalls keineswegs aus. Es muß vielmehr bei der Ausstellung der Leichenschauscheine eine genaue, wissenschaftlich einwandfreie Krankheitsbezeichnung gegeben werden.

Bei der Einreihung in das Verzeichnis der Todesursachen spielt auch die Art des Verlaufs der angegebenen Krankheit eine unbedingt wichtige Rolle. Es ist also je nach der Krankheit gegebenenfalls anzugeben, ob die Krankheit z. B. akut oder chronisch, bösartig oder gutartig, angeboren, fieberhaft, infektiös, eitrig, reumatisch, epidemisch, granulär, tuberkulös, traumatisch usw. war. Wegen der eingehenden Ausgliederung der Geschwülste (Krebs) ist das befallene Organ genau zu kennzeichnen (z. B. genügt es nicht nur Unterleibskrebs anzugeben). — Bei **Unglücksfällen** Veranlassung genau angeben.

Bei äußeren Einwirkungen (Selbstmord, Mord, Verunglückung, Operationen usw.) mit Folgekrankheit, wie Wundinfektion, Sepsis oder Lungenentzündung, ist die äußere Einwirkung auch bei Spättodesfällen zu berücksichtigen, wenn sie an sich schwer oder sogar lebensbedrohlich war und die Folgekrankheit nur als Komplikation anzusehen ist. **Bei Operationen** sind die Grundleiden anzugeben.

Sterbefälle infolge Schwangerschaft, Fehlgeburt oder Entbindung sind auch bei Auftreten von Komplikationen, wie Blasenleiden, Sepsis, Krämpfe usw. unter Schwangerschaft, Fehlgeburt oder Entbindung zu rechnen, bei einer durch eine Entbindung tödlich verlaufenen Tuberkulose aber unter Tuberkulose.

Für eine reibungslose Durchführung der Todesursachenstatistik ist es von großer Bedeutung, daß Abkürzungen, veraltete Krankheitsbezeichnungen oder solche mit unbekannten Eigennamen vermieden und daß im übrigen die Angaben **in deutlicher Schrift** eingetragen werden, um amtliche Rückfragen zur Aufklärung der Einzelfälle zu vermeiden.

Oberbürgermeister (Statistisches Amt).

Diese Vordrucke — Leichenschauscheine — werden im Statistischen Amt, Markt 6, Marktdurchgang, II. Stock, **ausgegeben.**

Hinweise der Stadt Gera für Ärzte zur Ausstellung von Leichenschau-Scheinen auf deren Rückseite.

Somit hatte sie zwar vorsätzlich und mit Überlegung gehandelt, aber keinen Totschlag oder Mord begangen, sondern einen erweiterten Suizid. Allerdings dürfe, wie so oft in solchen Fällen, bezweifelt werden, daß sie am Tattag voll zurechnungsfähig war, denn Zeugen belegten, sie sei in den Tagen zuvor *»völlig durcheinander«* gewesen.

Die Sektion der Leichen ergab, daß Kozelsky vor der Tat Alkohol trank und wahrscheinlich mit der Frau vor seiner Ermordung Geschlechtsverkehr hatte, denn seine Hoden waren leer. Vermutlich wurden die Schlafmittel mit dem Alkohol gereicht. Da aber Kozelsky nicht an der Überdosis des Medikaments starb, wurde der Tod von ihr durch Erdrosselung herbeigeführt.

Das Motiv der Tat, so ermittelten die Beamten der Kriminalpolizei, sei die Nichteinhaltung von Versprechen des Kozelsky gegenüber seiner Lebenspartnerin gewesen. Auch habe der Mann, wie Zeugen berichteten, sie oft verschmäht und hatte zuletzt eine Geliebte, was bei Gerda Eifersucht und ständige Verlustängste und Depressionen auslöste.

Gerda Leipnitz, geborene Steinert, wurde von ihrem Mann 1935 geschieden. Das gemeinsame Kind verstarb im Alter von sieben Jahren. Im Mai 1946 zog sie als Wirtschafterin zu Kurt Kozelsky, der vielen Bekannten erzählte er wolle Gerda heiraten. Trotzdem konnte der Mann es nicht lassen, immer wieder Heiratsannoncen aufzugeben. Er meinte, er brauche eine Frau *»die alles habe«*, damit seine Arbeit als Kellner nicht mehr erforderlich sei.

So hatte sich bereits seit Februar 1946 eine Beziehung des Kurt Kozelsky zu der am 27. Oktober 1907 in Eisenberg geborenen Käthe Becker entwickelt, die ihn als ihren zukünftigen Bräutigam ansah.

DER RAUBMÖRDER HARRY R.

THÜRINGEN, BEZIRK GERA* (1952–1962)

Die im Bach liegende Leiche war nicht völlig mit Wasser bedeckt, denn Gesicht, Arme, Brust und Beine ragten aus dem Wasser heraus. In der linken Gesichtshälfte wies die Leiche mehrere Verletzungen auf, die darauf hindeuteten, daß Steiniger vor seinem Tod vermutlich mehrere Schläge ins Gesicht bekommen hatte. Spuren über die eigentliche Tatausführung konnten wegen des Schneefalls nicht festgestellt werden.

Am 29. Februar 1952, gegen 8.30 Uhr, entdeckte der 42jährige Bergarbeiter Adolf Feige auf seinem Nachhauseweg von Sorge-Settendorf** in Richtung Obergeißendorf*** in einem kleinen Bach eine männliche, ihm unbekannte Leiche im Haldengelände des Schachtes Sorge-Settendorf mit dem Gesicht nach oben liegend. Die sofort

* Durch das »Gesetz über die weitere Demokratisierung des Aufbaus und der Arbeitsweise der staatlichen Organe in den Ländern in der Deutschen Demokratischen Republik« vom 23. Juli 1952 wurde den Ländern auferlegt, in ihrem Gebiet die Kreise neu zu gliedern und mehrere Kreise zu Bezirken, als mittlere Verwaltungseinheiten, zusammenzufassen. Anschließend übertrugen die Landesregierungen ihre Aufgaben auf die neuen Bezirke. Diese einschneidende Veränderung in der Verwaltungsstruktur der DDR wurde in den Ländern durch entsprechende Gesetze vom 25. Juli 1952 umgesetzt. In Thüringen entstanden somit die Bezirke Erfurt, Gera und Suhl.

** Sorge-Settendorf ist heute ein Ortsteil der Landgemeinde Mohlsdorf-Teichwolframsdorf im Landkreis Greiz in Thüringen.

*** Obergeißendorf ist ein heute ein Ortsteil der Stadt Berga/Elster im Landkreis Greiz in Thüringen.

herbeigerufene Morduntersuchungskommission (MUK) Gera nahm die Spurensicherung und Zeugenbefragungen erst am späten Vormittag auf, da zunächst kein Auto für die Fahrt zum Tatort zur Verfügung stand.

Der Wismut-Arbeiter Walter Steiniger.

Die Identifizierung des Mannes, der, wie sofort unzweifelhaft anhand der Spuren festgestellt wurde, einer Mordtat zum Opfer fiel, erfolgte sofort kurz nach Eintreffen der MUK durch Zeugen, denn der in Katzendorf* bei der Wismut AG beschäftigte tote Bergarbeiter war in der Gegend kein Unbekannter. Es handelte sich um den am 11. Juni 1913 in Ronneburg geborenen und auch dort wohnhaften ledigen Arbeiter Walter Steiniger. Zeugen schilderten ihn

---

* Katzendorf ist heute eine Wüstung, die durch den Uranabbau im Raum Culmitzsch bei Berga/Elster entstanden ist. Siehe auch Annerose Kirchner: Spurlos verschwunden, Dörfer in Thüringen – Opfer des Uranabbaus, Christoph Links Verlag GmbH, Berlin 2010.

als einen »Gemütsmenschen« der keine Feinde oder sonstige Widersacher habe. Er trinke nicht und lebe auch sonst ganz solide.

Auf eine spätere Anfrage teilte das Volkspolizeikreisamt über Steiniger mit, dieser entstamme einer Arbeiterfamilie. Die Mutter sei im Haushalt tätig, der Vater arbeite in dem VEB Wollweberei Gera, Niederlassung Ronneburg. Im Zweiten Weltkrieg diente der Ermordete aus gesundheitlichen Gründen nicht als Soldat. In Ronneburg war der Bergmann als fleißiger und ehrlicher Mann bekannt, der die Ruhe liebte.

»Er hatte«, so teilte der zuständige Volkspolizeimeister mit, *»keinen Freundeskreis und ging nicht aus. Im Gasthaus verkehrte er überhaupt nicht, sondern seine Pfeife und sein Garten, sowie etwas Kleinvieh, gingen ihm über alles.«*

Bei Eintreffen der MUK hielt der schon in der Nacht eingesetzte Schneefall an. Der aufgeweichte Boden war mit zwei bis drei Zentimetern Schnee bedeckt. Die im Bach liegende Leiche war nicht völlig mit Wasser bedeckt, denn Gesicht, Arme, Brust und Beine ragten aus dem Wasser heraus. In der linken Gesichtshälfte wies die Leiche mehrere Verletzungen auf, die darauf hindeuteten, daß Steiniger vor seinem Tod vermutlich mehrere Schläge dorthin bekommen hatte. Spuren über die eigentliche Tatausführung, zum Beispiel Fußspuren oder zum Verbrechen verwendete Gegenstände, konnten wegen des Schneefalls zunächst nicht festgestellt werden.

Das am Abend des 28. Februar 1952 gegen 19.30 Uhr begangene Verbrechen an Walter Steiniger konnte jedoch trotz der Spurenlage noch am folgenden Tag schnell aufgeklärt werden, wie einem von der Landesbehörde der Volks-

Der ermordete Walter Steiniger, nachdem er aus dem Bach gezogen worden war. Die Stiefel hatte der Täter dem Opfer ausgezogen und unter Zweigen versteckt.

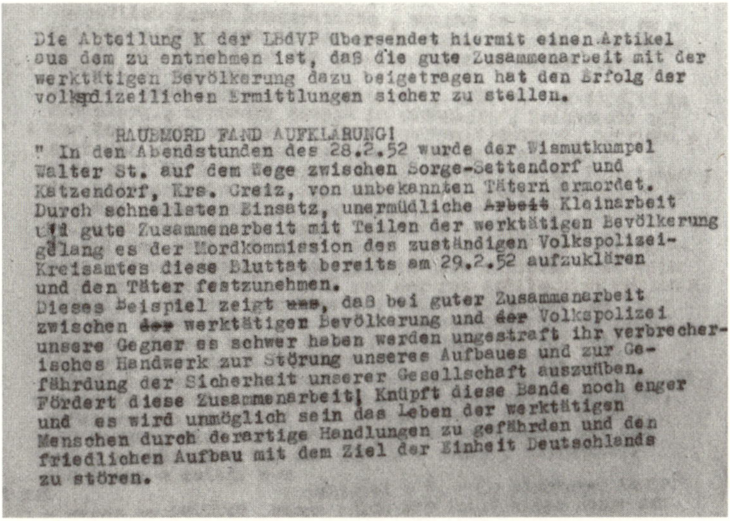

Die Abteilung K der LBdVP übersendet hiermit einen Artikel
aus dem zu entnehmen ist, daß die gute Zusammenarbeit mit der
werktätigen Bevölkerung dazu beigetragen hat den Erfolg der
volkspolizeilichen Ermittlungen sicher zu stellen.

RAUBMORD FAND AUFKLÄRUNG!

" In den Abendstunden des 28.2.52 wurde der Wismutkumpel
Walter St. auf dem Wege zwischen Sorge-Settendorf und
Katzendorf, Krs. Greiz, von unbekannten Tätern ermordet.
Durch schnellsten Einsatz, unermüdliche ~~Arbeit~~ Kleinarbeit
und gute Zusammenarbeit mit Teilen der werktätigen Bevölkerung
gelang es der Mordkommission des zuständigen Volkspolizei-
Kreisamtes diese Bluttat bereits am 29.2.52 aufzuklären
und den Täter festzunehmen.
Dieses Beispiel zeigt ~~uns~~, daß bei guter Zusammenarbeit
zwischen ~~der~~ werktätigen Bevölkerung und ~~der~~ Volkspolizei
unsere Gegner es schwer haben werden ungestraft ihr verbrecher-
isches Handwerk zur Störung unseres Aufbaues und zur Ge-
fährdung der Sicherheit unserer Gesellschaft auszuüben.
Fördert diese Zusammenarbeit! Knüpft diese Bande noch enger
und es wird unmöglich sein das Leben der werktätigen
Menschen durch derartige Handlungen zu gefährden und den
friedlichen Aufbau mit dem Ziel der Einheit Deutschlands
zu stören.

Pressetext über die schnelle Aufklärung des Mordfalles Steiniger durch Unterstützung der Bevölkerung.

polizei Thüringen (LBdVP) an die Presse übergebenen Text zu entnehmen ist.

Im Ergebnis der kriminalpolizeilichen Untersuchungen konnte die MUK Gera in ihrem Schlußbericht* konstatieren, daß die Tat durch den noch am 29. Februar 1952 festgenommenen Bergarbeiter Harry R., einen Kollegen des Opfers, begangen wurde. Das Motiv der Tat sei Habgier, denn R. brachte sich durch den Mord in den Besitz des Geldes und weiterer persönlicher Gegenstände des Walter Steiniger. Der Entschluß, den Kollegen durch Mord um sein Geld zu bringen, wurde vom Täter bereits bei der Gehaltsauszahlung im Betrieb einige Stunden zuvor gefaßt. Die Art der Tatausführung war heimtückisch und grausam. R. hatte den abstinent lebenden Steiniger in der Wismut-Kantine Sorge-Settendorfs dazu verführt, mit ihm gemeinsam einige Flaschen Starkbier zu trinken, bevor sie dann gemeinsam, beide mit ihren Aktentaschen unterm Arm, die Kantine verließen.

An einem Reisighaufen auf dem Weg in Richtung Katzendorf mußte sich das spätere Opfer, weil des Trinkens ungewohnt, übergeben. Nachdem sich Steiniger stark benommen wieder aufgerichtet hatte, schlug ihn der Täter brutal zusammen, traktierte ihn mit den Fäusten und Stiefeln so lange, bis er am Boden liegend kein Lebenszeichen mehr von sich gab. Nun nahm R. seinem Opfer 80 Mark, Lebensmittelkarten und dessen Uhr ab.

Persönliche Dokumente des Ermordeten zerriß R. und trat sie in den Schlamm. Nach der Ermordung und Beraubung schleifte er Steiniger in einen in der Nähe befindlichen Bach. Hier zog R. ihm noch die Stiefel aus und versteckte

---

* Vgl. Landesarchiv Thüringen – Staatsarchiv Rudolstadt, Bezirksbehörde der Deutschen Volkspolizei Gera Nr. 459.

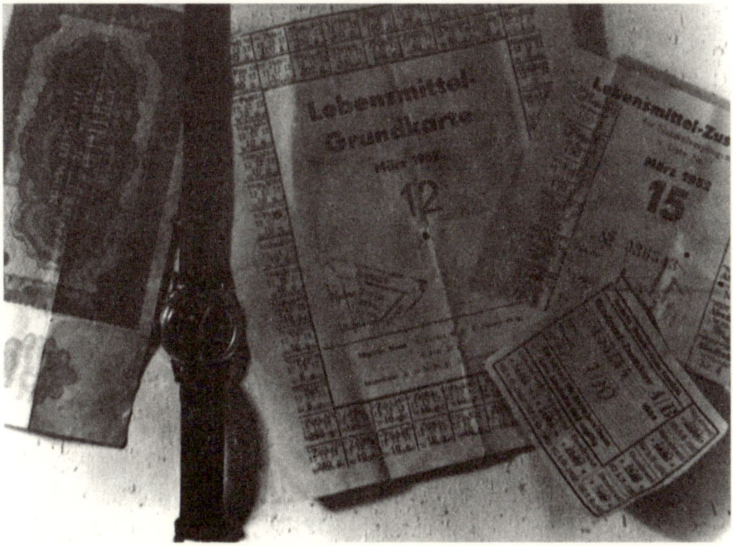

Raubgut. Die Gegenstände wurden bei R. nach dessen Festnahme in seinem Besitz gefunden. Die fehlenden 30 DM hatte der Mörder in einem Ronneburger Lokal vertrunken.

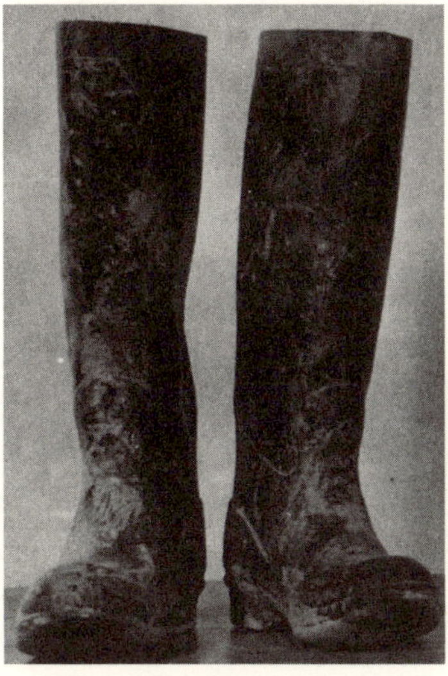

Die in der Nähe des Fundortes aufgefundenen Stiefel des Walter Steiniger.

Aktentasche des Täters,
charakteristisch ist das Schnürband anstelle der Schnalle.

Aktentasche des Täters mit Inhalt.

diese mit der Absicht, sie nach einer gewissen Zeit abzuholen und zu verkaufen, unter einem in der Nähe befindlichen Reisighaufen.

Nach der Tat suchte der Raubmörder in der Dunkelheit verzweifelt die beiden Aktentaschen, die er jedoch nicht fand und daher am Tatort zurückließ.

Noch am späten Abend des 28. Februar begab sich R. in ein Ronneburger Lokal und zechte dort bis in die frühen Morgenstunden. Gegen 13 Uhr begab er sich, als sei nichts gewesen, zur Arbeit, wo er Stunden später um 22 Uhr von Kriminalbeamten verhaftet wurde.

Neben den Zeugenaussagen hatte übrigens die Entdekkung der Aktentaschen, insbesondere die des Mörders mit dem charakteristischen Schnürband nebst Inhalt, in der Nähe des Tatortes zur schnellen Aufklärung der Mordtat beigetragen, da einige befragte Bergarbeiter die Tasche dem Täter sofort zuordnen konnten.

Die Voruntersuchungen belegten auch, daß R. bereits in der Vergangenheit durch Diebstähle und andere Straftaten aufgefallen war. Schon während seiner Schulzeit von 1936 bis 1944, in der er mehrmals nicht versetzt wurde, begann seine kriminelle Karriere. So stahl R. zum Beispiel 1939 einer Mitschülerin die Geldbörse, auch ging er in der Schulzeit in seiner Wut auf Mädchen mit einem Messer los, und die Jungen, die ihn daran hindern wollten, bewarf er mit Schlamm und Unrat. 1943 wurde schriftlich festgehalten, der Schüler lege ein frevelhaftes Benehmen an den Tag und belästige andere Personen. Auch in den folgenden Jahren wurde R. immer wieder straffällig und stellte eine Gefahr für seine Umwelt dar. Im Betrieb galt er als ein fauler, unzuverlässiger Arbeiter, der jeder Arbeit aus dem Weg zu gehen versuchte. Auch habe der Mann mehrere Liebschaften gehabt, die nach Zeugenangaben recht kostspielig waren.

Im Schlußbericht hielt die MUK fest, daß R. vorsätzlich und mit Überlegung handelte, da er schon vor dem gemeinsamen Biertrinken den Entschluß gefaßt hatte, seinen Arbeitskollegen zu ermorden und zu berauben. Der Vorsatz, sich in den Besitz des Geldes zu bringen, wurde durch den Biergenuß nur noch verstärkt.

Das Schwurgericht beim Landgericht Gera verurteilte Harry R. am 20. Juni 1952 wegen Mordes gemäß §§ 211, 249*, 251 und 73 StGB zu einer lebenslänglichen Zuchthausstrafe und der Aberkennung der bürgerlichen Ehrenrechte auf Lebenszeit. Das Urteil wurde am 15. Dezember 1952 rechtskräftig.

Über den Prozeß berichtete sechs Tage später die Zeitung *Das Volk***, Ausgabe Gera:

»Vor dem Schwurgericht in Gera sagte R. [...] aus, wie es zu der grausamen Tat kam. Beherrscht von dem unseligen Gedanken, so oder so, die 80 Mark an sich zu bringen, die er in der Brieftasche seines Opfers wußte, nutzte er die Hilflosigkeit seines Arbeitsgefährten Walter Steiniger aus [...]. Ein wertvolles Menschenleben wurde vernichtet, einer alten Mutter der einzige Sohn geraubt, der sie unterstützte.

Und der Mörder? Ein Mensch mit primitivem Denken, haltlos, von einer außerordentlichen Gefühlskälte, war das Urteil des Sachverständigen. Beschränkt, aber voll verantwortlich zu machen für seine Tat. [...] 1930 in denkbar

---

* § 249 StGB, Deutsches Reich 1871: Wer mit Gewalt gegen eine Person oder unter Anwendung von Drohungen mit gegenwärtiger Gefahr für Leib oder Leben eine fremde bewegliche Sache einem Anderen in der Absicht wegnimmt, sich dieselbe rechtswidrig zuzueignen, wird wegen Raubes mit Zuchthaus bestraft.

** Diese Zeitung wurde von der Landesleitung Thüringen der Sozialistischen Einheitspartei Deutschlands (SED) herausgegeben.

schlechten sozialen Verhältnissen als Sohn eines Elternpaares geboren, das weder lesen noch schreiben konnte, gab es in seiner Kindheit nichts, was ihn hätte zum Guten entwickeln können. In den ersten Schuljahren erst erlernte er das Sprechen. Er war das Gespött der Dorfjugend. Das faschistische Schulsystem kannte keine Humanität. Was kümmerte es damals die Lehrer, wenn vor ihren Augen ein Mensch verkümmerte? Die Jugend sollte hart werden wie Kruppstahl! [...] Jetzt sagte er es dem Staatsanwalt: ›Man hatte mich immer wieder so sehr verhöhnt wegen meiner Sprache.‹ Ein Vorwurf für das Gewissen der Menschen – eine Mahnung für alle Erzieher, Eltern und Kinder!

Unser Gericht weiß das gerechte Urteil zu finden. Gewissenhaft prüfte es alle Umstände. So grausam wie die Tat war, so grausam war das Leben des Mörders [...] Nach dem Plädoyer des Staatsanwaltes, [...] erlebte man die erste Gefühlsregung bei dem Angeklagten. War es das Strafmaß, oder war es wirklich erwachtes Bewußtsein? Mit tränenerstickter Stimme bat er darum, für seine Familie arbeiten zu können, damit er auch die alte Frau Steiniger unterstützen könne, der er den Sohn geraubt hat.«

1962 beantragte die Mutter des R. die Begnadigung ihres in der Strafvollzugsanstalt Brandenburg einsitzenden Sohnes. Die Kanzlei des Staatsrates teilte der Gnadenkommission Gera am 17. Dezember 1962 mit, daß nach Meinung des Staatsrates der DDR bei Berücksichtigung der Umstände der Straftat eine weitere Strafverbüßung erforderlich sei, ehe erneut die Voraussetzungen für eine eventuelle Umwandlung der lebenslänglichen Strafe geprüft werden könnten.

Ob R. viele Jahre später eine Begnadigung erfuhr oder während seiner Haftzeit verstarb, ist den einschlägigen Akten des Thüringischen Staatsarchivs Rudolstadt nicht zu entnehmen, da sie mit der Ablehnung des Gnadengesuches enden.

ZWEIFACHER MORD IM WAHN

THÜRINGEN, BEZIRK SUHL* (1955–1984)

Ich weiß nicht, warum das Gericht gekommen ist.
Mir gefällt es in Hildburghausen ganz gut.
Ich will wieder gesund werden und möchte unter
frohe Menschen. Ich spüre, daß ich krank bin.

Die Beschuldigte wurde aufgrund von Zeugenaussagen noch am Tage der Morde am 19. Januar 1955, gegen 15.30 Uhr, von zwei Volkspolizisten in der Meininger Rohrerstraße gestellt und festgenommen. Dabei stellte man auch die Tatwaffen sicher. Die aus Richtung des Friedhofs kommende Täterin hatte offensichtlich mit ihrer Festnahme gerechnet, denn als der Polizei-Personenkraftwagen auf der gegenüberliegenden Seite hielt und die Polizisten auf sie zugingen, zog sie ein Rasiermesser und wollte sich zur Wehr setzen. Schnell gelang es, die Frau zu überwältigen, wobei die Griffschale des Messers zerbrach. Bei der anschließenden Durchsuchung durch zwei Polizistinnen wurden, an der Kleidung der Festgenommenen, die einen erregten aber nicht geistesgestörten Eindruck hinterließ, Blutspuren vorgefunden. Um den Mund herum waren bräunlich-rote *»Verschmierungen«* festzustellen.

Bei der Beschuldigten handelte es sich um die am 7. Mai 1914 geborene berufslose Charlotte Krech aus Meiningen, die von der MUK der Bezirksdirektion der Deutschen

* Siehe Seite 218.

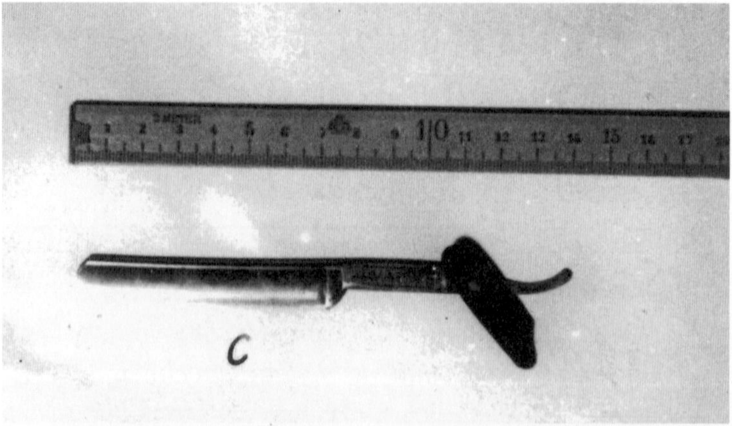

Das bei der zweiten Mordtat benutzte Rasiermesser. Die Griffschale zerbrach bei der mit Gewalt erfolgten Festnahme der Mörderin.

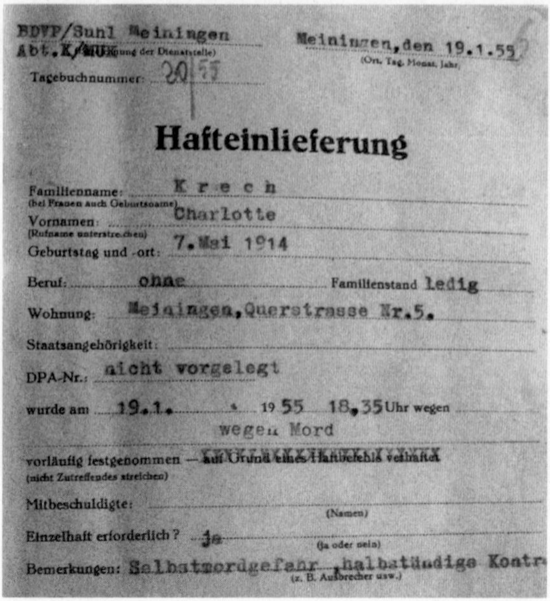

BDVP/Suhl Meiningen
Abt. [illegible] (Bezeichnung der Dienststelle)
Tagebuchnummer: 20/55

Meiningen, den 19.1.55 (Ort, Tag, Monat, Jahr)

Hafteinlieferung

Familienname: (bei Frauen auch Geburtsname) K r e c h
Vornamen: (Rufname unterstreichen) Charlotte
Geburtstag und -ort: 7. Mai 1914
Beruf: ohne Familienstand ledig
Wohnung: Meiningen, Querstrasse Nr. 5.
Staatsangehörigkeit:
DPA-Nr.: nicht vorgelegt
wurde am 19.1. 19 55 18,35 Uhr wegen
wegen Mord
vorläufig festgenommen — [illegible] (nicht Zutreffendes streichen)
Mitbeschuldigte: (Namen)
Einzelhaft erforderlich? ja (ja oder nein)
Bemerkungen: Selbstmordgefahr, halbstündige Kontr (z. B. Ausbrecher usw.)

Dokument zur Hafteinlieferung der Beschuldigten Charlotte Krech in die Haftanstalt der Volkspolizei Meiningen am 19. Januar 1955.

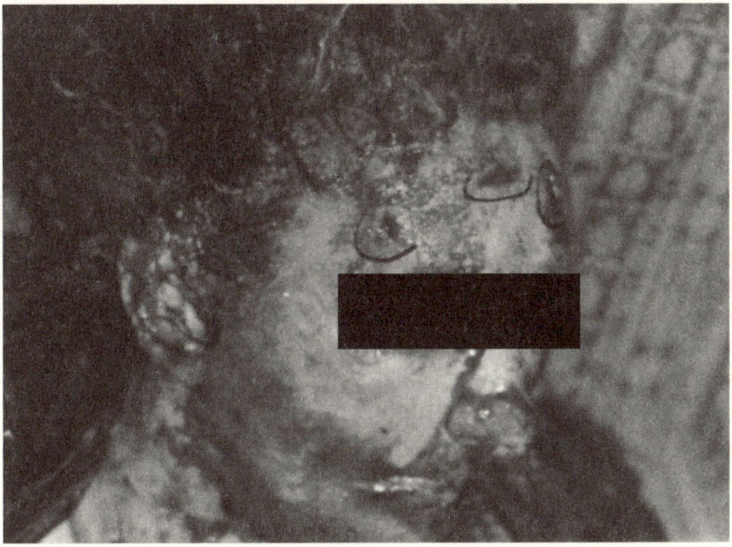

Platzwunden an der Stirnpartie des Kopfes der Leiche der Marie-Luise Krüger.

Volkspolizei (BDVP) Suhl/Meiningen am selben Tag um 18.35 Uhr in die Untersuchungshaftanstalt der Volkspolizei Meiningen eingeliefert wurde. Da bei der Frau Suizidgefahr bestand, ordneten die mit dem Fall betrauten Kriminalisten die halbstündige Beobachtung der in Haft Genommenen an, die mit einer Hand am Bett angeschlossen wurde.

Die einzelnen Tatvorgänge konnten von der MUK der BDVP Suhl/Meiningen dank zahlreicher Zeugenaussagen in nur wenigen Stunden aufgeklärt werden. Die 40jährige Charlotte Krech hatte sich am 19. Januar 1955 in die Meininger Wohnung der 28 Jahre älteren Marie-Luise Krüger begeben und ermordete diese mit einem Hammer und einem Küchenmesser. Die Hammerschläge wurden von der Mörderin so heftig ausgeführt, daß der Hammerstiel abbrach. Der Liegenden durchschnitt sie dann den Hals und führte das Küchenmesser anschließend an die Unterarme,

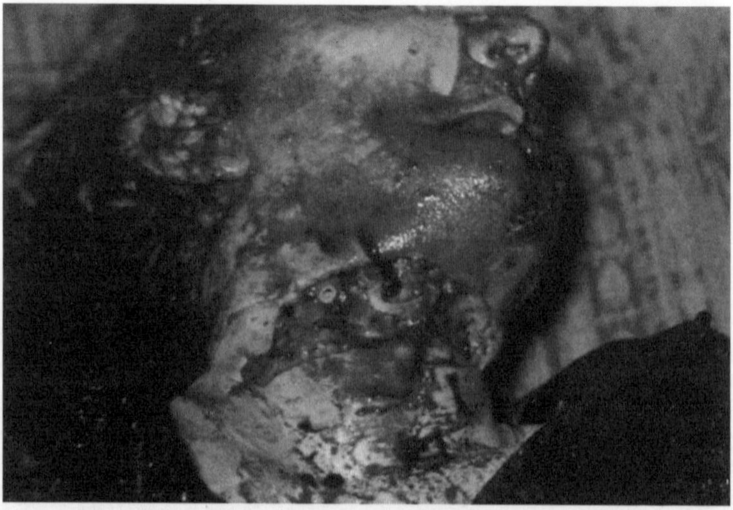

Schnittwunde am Hals der ermordeten Frau Krüger.

denen sie zusätzlich oberhalb der Handgelenke Schnittwunden zufügte.

Vor Verlassen des Tatortes versteckte Krech die Mordwerkzeuge in einer Küchenschublade der Frau Krüger und begab sich anschließend in ihre eigene Wohnung, die sich im selben Haus befand.

Vom Küchenfenster eines Hauses auf der gegenüberliegenden Straßenseite wurde ein kleines Mädchen Zeugin des grausamen Verbrechens und rief durch das geöffnete Fenster Frau Krüger zu, als Charlotte Krech diese gewaltsam anzugreifen begann: *»Tante Krüger, laß dir das nicht gefallen!«*

Zurück in ihrer Wohnung, in der sie mit ihrem Vater lebte, wusch sich die Mörderin die Hände. Das weiße, nun mit Blutflecken übersäte Handtuch verblieb in ihrer Wohnung, genauso wie Haare des Mordopfers, die während der Tat an der Kleidung der Charlotte Krech hängengeblieben waren, von dieser später abgelesen und in den kalten Küchenherd

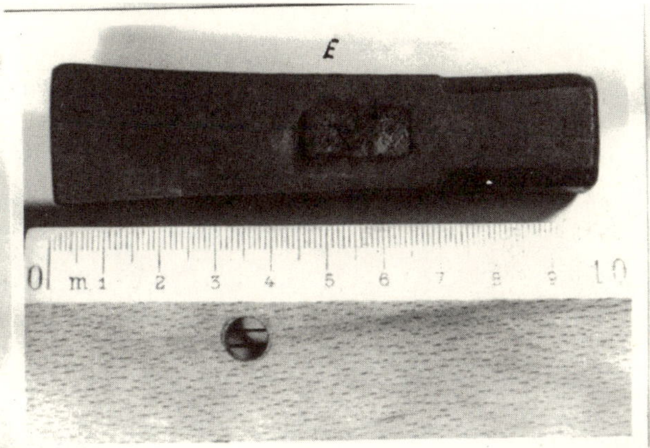

Bild 3

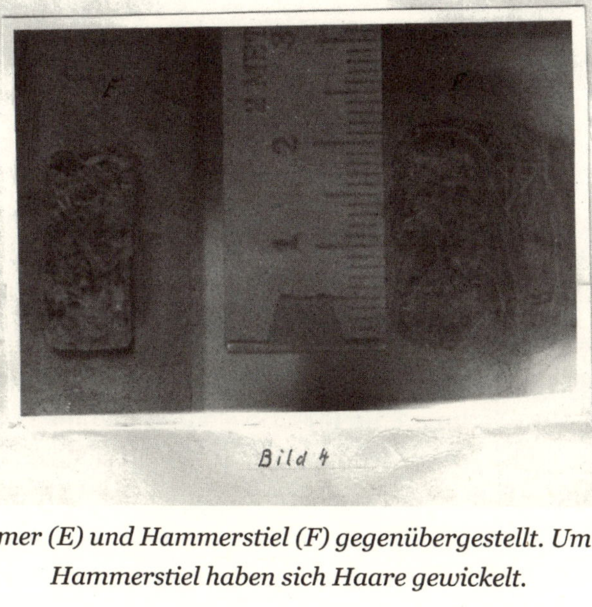

Bild 4

Hammer (E) und Hammerstiel (F) gegenübergestellt. Um den Hammerstiel haben sich Haare gewickelt.

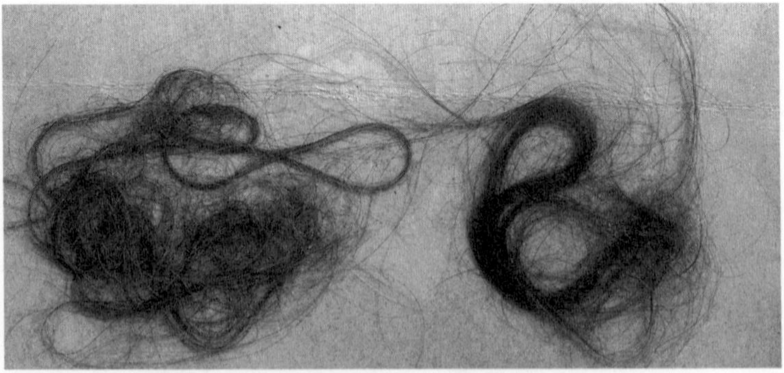

Haare der ermordeten Marie-Luise Krüger.

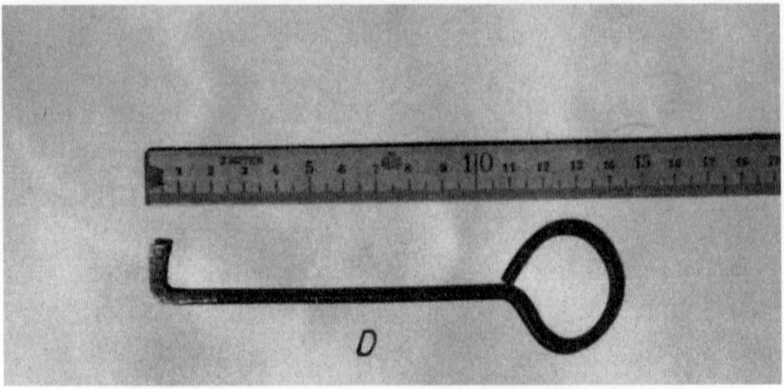

Der zum Einbruch benutzte und sichergestellte Dietrich.

geworfen, später aber von der Kripo bei der Durchsuchung der Wohnung gefunden wurden.

In der Mittagszeit des 19. Januar suchte Frau Krech unter Mitnahme des Rasiermessers ihres Vaters jene Wohnung auf, aus der das kleine Mädchen den Tatvorgang beobachtet hatte. Dort wohnte eine ihr unbekannte Familie mit zwei kleinen Kindern. Die kleine Tochter befand sich zur Tatzeit auf einem Sofa in der Küche und ihr kleinerer Bruder im Kinderzimmer. Die Kindesmutter hatte die Wohnung wegen verschiedentlicher Besorgungen gegen zwölf Uhr verlassen.

Blick von der Küchentür aus in die Küche, A kennzeichnet die Blutverschmierungen auf dem Sofa.

Auch die am selben Korridor wohnende 49jährige Hausfrau Ida Dockhorn war zu dieser Zeit nicht im Haus. Krech verschaffte sich mit einem mitgeführten Dietrich Zugang zur Wohnung der Familie.

Durch die geöffnete Küchentür erblickte sie das vierjährige Mädchen, ging auf dieses sofort zu, durchschnitt dem Kind mit dem mitgeführten Rasiermesser die Kehle bis auf den Halswirbelknochen, trennte ihm die rechte Hand bis

Sofa mit Puppe und Blutverschmierung.

auf eine schmale Hautbrücke ab und brachte ihm am linken Unterarm mehrere tiefe Schnittwunden bei.

Anschließend legte die Mörderin ihr Opfer in eine Sofadecke und brachte es in eine dunkle Stelle des Hauskellers. Kurz nachdem die Mutter des ermordeten Mädchens von ihren Besorgungen zurückgekehrt war, kam Krech an den Ort ihres letzten Verbrechens zurück, verschaffte sich Zutritt zur Wohnung der Frau Dockhorn, behauptete, es würden hier überall Russen wohnen und *»einen feinen Staub verstreuen«*. Nachdem sie weiter wirre Gedanken geäußert hatte und Frau Dockhorn sie der Wohnung zu verweisen

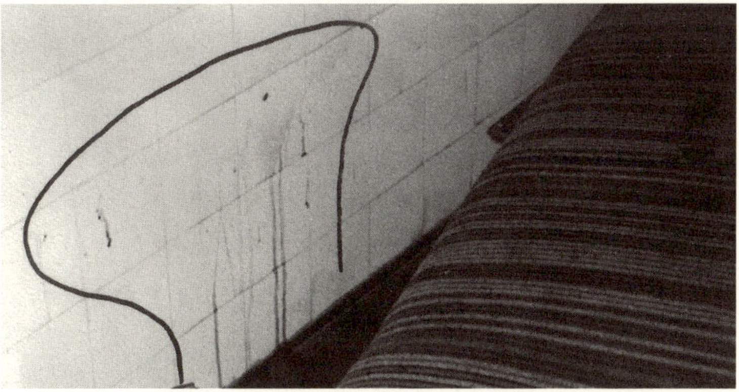

Blut an den Kacheln der Küche,
in der das vierjährige Mädchen ermordet wurde.

suchte, versicherte Charlotte Krech, sie werde die Mutter des kleinen Mädchens umbringen. Frau Dockhorn solle nicht schreien, sonst *»käme sie selbst dran«*. Dabei hatte die Mörderin deren Handgelenk ergriffen, die sich aber von dem Griff lösen konnte, worauf die Mörderin das Haus verließ.

Nun eilte Charlotte zum Friedhof, um das Grab ihrer Mutter Louise Krech (* 10.6.1879; † 6.5.1950) aufzusuchen.

Kurze Zeit nach der Festnahme lagen der MUK Suhl/Meiningen umfangreiche Beweise zu den Taten der Beschuldigten vor. Da jedoch begründete Zweifel an ihrer Schuld-fähigkeit bestanden, erfolgte zunächst die Unterbringung der Charlotte Krech in der Heil- und Pflegeanstalt Hildburghausen.*

Nach längerer Beobachtung durch den Anstaltsleiter der Einrichtung, einem Facharzt für Neurologie und Psychia-

---

* Hildburghausen ist heute die Kreisstadt des gleichnamigen Landkreises im Süden des Freistaats Thüringen.

Das Grab der Mutter Louise Krech. Es wurde mit den Fingern vollkommen vom Schnee befreit, rings um das Grab waren deutlich Schuheindruckspuren zu sehen.

trie, legte dieser als Sachverständiger am 26. April 1955 in seinem Bericht folgende Erkenntnisse dar:

»Nach dem jetzigen Untersuchungsergebnis, sowie der Vorgeschichte ergibt sich, daß bei Krech eine Geisteskrankheit vorliegt und zwar eine Schizophrenie vorwiegend paranoid-halluzinatorischen Charakters.

Rückblickend läßt sich sagen, daß der ›Nervenzusammenbruch‹ im Jahre 1936 die erste Manifestation dieser Krankheit war. [...] Die schizophrene Erkrankung wurde im Laufe der letzten Jahre [...] immer deutlicher, bis es am 19.1.1955 zu der Bluttat an Frau Krüger und an dem Kind [...] kam. Über die Motivierung dieser Taten durch die Krech sind zur Zeit lediglich Spekulationen möglich, da Krech bis zum heutigen Tage noch mit keinem Wort auf diese Taten eingegangen ist und keine Schilderung oder

Motivierung gegeben hat infolge der jetzt noch bestehenden psychologischen Störungen.

Daß sie von den beiden Bluttaten absolut nichts weiß, halte ich für nicht unwahrscheinlich. [...] Es ist jedoch sicher, daß die Krech zur Zeit der Taten geisteskrank und zwar schizophren war und daß sie die beiden Menschen unter dem Einfluß geistiger Störungen, die sich aus der Schizophrenie ergeben, getötet hat.

Aus ärztlichen Gründen ist ihr der Schutz des § 51, Absatz I StGB zuzubilligen. Die öffentliche Sicherheit erfordert es, daß Charlotte Kech in einer Heil- und Pflegeanstalt untergebracht wird.«

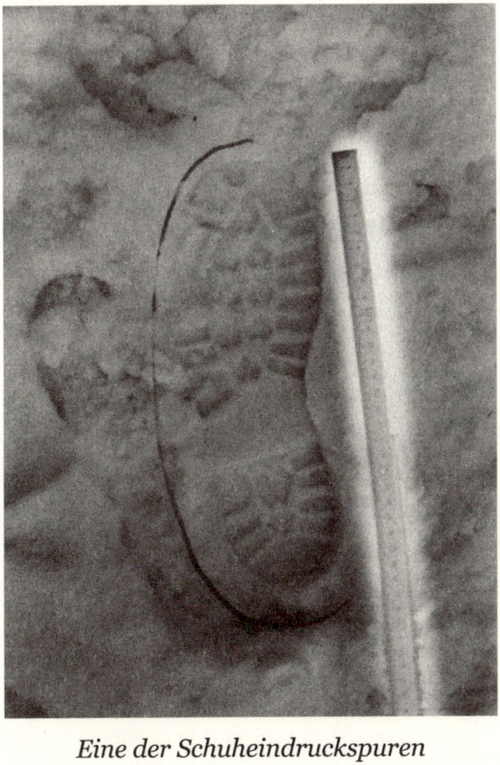

Eine der Schuheindruckspuren
am Grab der Mutter der Charlotte Krech.

Nach ihren Verbrechen hatte Charlotte Krech Handlungen vorgenommen, die durchaus logischen Charakters sein mochten. Dies ließ das Hildburghausener Gutachten in manchen Punkten zweifelhaft erscheinen, weswegen die Bezirksstaatsanwaltschaft Suhl ein Obergutachten von der Universitäts-Nervenklinik Jena einholte, das am 6. September 1955 vorlag und in allen wichtigen Punkten dem Gutachten der Kollegen aus Hildburghausen beitrat.

Das Jenaer Gutachten, ausgearbeitet von dem Dozenten Dr. Rennert, Oberarzt an der Klinik für Psychiatrie und Neurologie der Friedrich-Schiller-Universität Jena, und durch den Direktor der Klinik Prof. Dr. Lemke* aufgrund eigener Untersuchungen bestätigt, belegte vor allem, daß es sich bei Frau Krech um eine Form der Geisteskrankheit handele, die von Laien häufig nicht ohne weiteres erkannt werde, *»weil die Intelligenz der Kranken weitgehend verschont und im formalen täglichen Umgang sich keineswegs deutliche Auffälligkeiten ergeben brauchen. [...] Allerdings war sie (Frau Krech) krankhaft mißtrauisch, träge, glaubte bestohlen zu werden usw. [...] Den Zeugenaussagen ist zu entnehmen, daß die Krech schon seit Jahren unter ausgeprägten Wahnideen leidet. Sie war überaus [...] ängstlich, fühlte sich ständig bestohlen und ergriff hiergegen die verschiedensten Maßnahmen. [...] Sie war der Meinung andere Leute tragen ihre und ihres Vaters Kleidung und zerschnitten diese auch. Sie fürchtete mehrmals vergiftet zu werden [...].«*

Alle diese und viele weitere Verhaltensweisen der an Verfolgungswahn leitenden Frau hatten dann wohl auch dazu

---

* Rudolf Hermann Lemke (* 6. April 1906 in Gollnow; † 27. Oktober 1957 in Jena) war ein deutscher Psychiater, Neurologe und Hochschullehrer, der an der Universität Jena wirkte.

geführt, daß sie sich von der Witwe Krüger bedroht fühlte und die Nachbarin brutal ermordete.

Drei Tage vor dem angesetzten Termin für das Gerichtsverfahren gegen Frau Krech, zu dem naturgemäß zahlreiche Zeugen und Sachverständige geladen waren, wurde die Angeklagte von einem Richter des Bezirksgerichts Suhl in der Heilanstalt Hildburghausen über ihre Taten befragt.

Dabei erklärte sie laut Protokoll, nachdem der Jurist ihr die kriminalpolizeilichen und staatsanwaltschaftlichen Ermittlungsergebnisse vorgetragen hatte:

»Ich weiß nicht, warum das Gericht gekommen ist. Mir gefällt es in Hildburghausen ganz gut. Ich will wieder gesund werden und möchte unter frohe Menschen. Ich spüre, daß ich krank bin. Ich möchte erst ein paar Kämmchen, daß ich nicht so liederlich aussehe. Meine Wohnung interessiert mich nicht. Ich weiß nicht, weshalb das Gericht kommt. Ich kann es auch nicht vermuten. Es ist Unsinn, daß ich die beiden Menschen ermordet habe.«

Dabei lacht sie.

»Das ist Unsinn, großer Unsinn. Ich bin keine Mörderin. Das ist alles gelogen.«

Lacht wieder, schüttelt den Kopf.

»Ich weiß nicht, ob Frau Krüger einen Schlüssel zu meiner Wohnung hatte.«

Lacht. Schaut wieder in die Ermittlungsakte, schiebt sie weg.

Frage des Richters: »Wohnte Frau Krüger ein Stock höher?«

Keine Antwort!

Frage: »Was machen Sie den ganzen Tag?«

Schüttelt den Kopf!

Frage: »Sind Sie augenblicklich sehr müde?«

Hustet!

Das ganze Gespräch dauerte ca. 45 Minuten.

Der 3. Strafsenat des Bezirksgerichts Suhl in Meiningen erkannte in seiner öffentlichen Sitzung am 14. Oktober 1955 in dem gerichtlich-medizinischen Sicherungsverfahren gegen Charlotte Krech wegen Totschlags für Recht:

Die Unterbringung der Beschuldigten in einer Heil- und Pflegeanstalt wird gemäß § 42b StGB angeordnet. Die Beschuldigte hat die Verfahrenskosten zu tragen.

Das Urteil wurde am 23. Oktober 1955 rechtskräftig.

Etwa 29 Jahre später bat die Staatsanwaltschaft des Bezirkes Suhl den Leiter der inzwischen als Bezirkskrankenhaus für Psychiatrie und Neurologie Hildburghausen firmierenden Einrichtung um Auskunft, ob die inzwischen 70jährige Charlotte Krech noch dort behandelt werde. Die Antwort aus Hildburghausen ist nicht überliefert.

Zweifelsohne handelt es sich bei dem geschilderten Tötungsverbrechen um einen sehr tragischen Fall für die Opfer, deren Angehörige und die Täterin selbst. Welch tiefen Schmerz zum Beispiel der Tod des kleinen Mädchens verursachte, ist der Todesanzeige der Eltern, Geschwister und Anverwandten zu entnehmen und dürfte auch noch heute den Leserinnen und Lesern sehr nahe gehen:

»Meine Blümchen haben Durst,
hab' sie wohl vergessen [...]

Ihr Lieblingslied erklingt nicht mehr. Am 19. Januar fand kurz vor ihrem 5. Geburtstag, auf den sie sich so sehr gefreut hatte, das blühende Leben unseres herzallerliebsten Töchterchens, Schwesterchens und Enkelkinds [...] ein jähes, tragisches Ende. Ihre lieben, treuen Augen bleiben für immer geschlossen. Unser Verlust ist unersetzlich.

In tiefem Schmerz [...]«

MORD ZUR BEFRIEDIGUNG DER GESCHLECHTSLUST

THÜRINGEN, BEZIRK ERFURT*
(1957–1977)

Dabei faßte er mit der Hand auch an das Geschlechtsteil der Geschädigten. Als diese instinktiv die Beine übereinanderschlug, um die Handlungen des Angeklagten abzuwehren, sah der Angeklagte darin die Bestätigung, daß sie ihm den Geschlechtsverkehr verwehren würde.

Ein schlanker, dunkelhaariger 20jähriger Mann betrat in Begleitung seines Verteidigers den Saal des Erfurter Bezirksgerichts, in dem nicht wenige Besucher aus dem Ort G. der öffentlichen Sitzung des II. Strafsenats vom 21. bis 22. und am 25. Januar 1958 beiwohnen sollten.

Nachdem der Gerichtsvorsitzende die Namen der Zeugen, der Richter, der Schöffen und des Staatsanwaltes verlesen sowie einige Angaben zur Person des Angeklagten Gerhard B. vorgetragen hatte, trug der Staatsanwalt die Anklage vor.

Dann zur Sache befragt, äußerte der Angeklagte, der seit 28. Oktober 1957, bereits einen Tag nach seinem begangenen Mord, im Erfurter Untersuchungshaftgefängnis einsaß: *»Ich bin schuldig, habe es bereut, aber es ist zu spät, sehe ein, daß ich bestraft werden muß, einen Menschen umzubringen ist das schlimmste, was es gibt.«*

---

* Siehe Seite 218.

Der ledige und noch nicht vorbestrafte Arbeiter Gerhard B. hatte zum Teil wegen erheblicher gesundheitlicher Probleme erst mit drei Jahren das Laufen und relativ spät etwas Sprechen gelernt. Dies, aber auch der Umstand, daß B. bei einem Bombenangriff 1944 verschüttet worden war und zeitweise unter Lähmungserscheinungen litt, hatte zur Folge, daß seine schulischen Leistungen schlecht waren und er in keinem Jahr das Klassenziel erreichte. Lediglich aufgrund seines Alters wurde B. in der Folgezeit in die jeweilige nächste Klassenstufe versetzt.

Schließlich erfolgte 1951 seine Schulentlassung aus der 5. Klasse. Gerhard B. hatte das Lesen, Schreiben und Rechnen nie so erlernt, daß er sich dadurch artikulieren konnte. Der Angeklagte war im Grunde ein Analphabet, was z. T. an seinem angeborenen Sprachfehler, aber auch an seiner mangelnden Lust am Lernen sowie dem fehlenden Interesse an der Schule lag. Oft fehlte er in der Schule, und obwohl dies den Eltern bekannt war, unternahmen sie wenig dagegen. Der Vater versuchte zwar hin und wieder, mit ihm Schularbeiten zu machen, da aber der lernbehinderte, schwer aufnahmefähige Junge nicht sofort die zu lösenden Aufgaben begriff, prügelte ihn der als Autoschlosser tätige Arbeiter sogar so blutig, daß die Mutter sich wiederholt gezwungen sah einzugreifen, um schwerere Mißhandlungen ihres Sohnes zu verhindern.

Möglicherweise waren es auch diese Erfahrungen, die Gerhard B. schon in seiner Schulzeit zu einem ungezügelten, gefühlskalten Menschen werden ließen. Mit *»großer Rohheit«* verprügelte er seine Schulkameraden, quälte gemeinsam mit anderen Katzen und Hunde und beteiligte sich an der Zerstörung von Vogelnestern. Durch derartige Handlungen sich in den Vordergrund zu rücken und von seinen Altersgenossen dann bestaunt zu werden, gelang ihm manchmal und machte ihn dann stolz, änderte aber nichts daran, daß er oft wegen seines Sprachfehlers ausgelacht, gehänselt oder nachgeäfft wurde.

Nach der Schulentlassung arbeitete B. ab April 1952, damals 15jährig, als Hilfsarbeiter in verschiedenen Betrieben und Einrichtungen, wobei er sich oft vor der Arbeit drückte und es durch sein Verhalten zu Konflikten mit Arbeitskollegen kam. Später arbeitete der Angeklagte als Transportarbeiter und zuletzt als Elektrokarrenfahrer im VEB Automobilwerk Eisenach. Obwohl diese Arbeiten gemessen an den damals üblichen Gehältern nicht ausgesprochen schlecht entlohnt wurden, ließ seine Arbeitsdisziplin in dem Großbetrieb zu wünschen übrig. Nach Lohnzahlungstagen blieb der junge Mann nicht selten der Arbeit fern. Darauf vom Schichtleiter angesprochen, erfolgte seinerseits aufsässiges, zum Teil cholerisches Verhalten.

Erschwerend für die Persönlichkeitsentwicklung des B. wirkte sich auch aus, daß die Konflikte in der Familie in den letzten Jahren zunahmen, auch weil der Vater zu einer anderen Frau gezogen war.

Seit 1952 gehörte B. der freiwilligen Feuerwehr des Ortes G. an, ohne sich durch besondere Aktivitäten hervorzutun, und fünf Jahre später meldete er sich als freiwilliger Helfer bei der Volkspolizei. Die Grundorganisation der SED-Betriebsparteiorganisation des VEB Automobilwerkes Eisenach nahm den jungen Arbeiter als Kandidaten* auf. Kandidat dieser Partei sei er nach eigenen Angaben nicht aus »politischer Überzeugung«, sondern deshalb geworden, um dadurch im Betrieb eine bessere Arbeit zu bekommen.

---

* Die Aufnahme in die SED bedurfte eines schriftlichen Antrags auf Mitgliedschaft als Kandidat. Nach Ablauf der Kandidatenzeit (in der Regel ein Jahr) wurde in der jeweiligen Parteigruppe abgestimmt, ob die Aufnahme des Kandidaten als Mitglied erfolgen solle.

Schon frühzeitig, so sollte später das Bezirksgericht Erfurt einschätzen, stellte sich bei dem Angeklagten Geschlechtstrieb ein. Eine sexuelle Aufklärung durch die Eltern erfolgte für den pubertären jungen Mann in keiner Weise. In Gesprächen mit Arbeitskollegen prahlte er mit sexuellen Erlebnissen, ohne je eine Frau näher berührt zu haben. Immer drückender kam in ihm der Wunsch auf, mit Frauen sexuelle Erlebnisse zu haben. Dieser Trieb verstärkte sich bei ihm so sehr, daß er zum Beispiel nachts in der Hoffnung durch die Straßen des Ortes G. lief, um durch beleuchtete Fenster Frauen beim Entkleiden oder Paare beim Geschlechtsverkehr beobachten zu können. Mit zunehmendem Alter wuchs in ihm auch der Wunsch, nun endlich eine Frau zu finden, um mit dieser den Geschlechtsverkehr ausüben zu können. Wegen seines Sprachfehlers und der daraus resultierenden Schwierigkeiten gelang Gerhard B. dieses Vorhaben nicht.

Zu Beginn des Jahres 1957 verstärkte sich sein sexuelles Verlangen derart, daß in ihm der Gedanke aufkam, eine Frau zu vergewaltigen. Nach einem Faschingsvergnügen bedrängte er eine auf dem Heimweg befindliche 18jährige Frau sexuell, doch sie wehrte sich heftig und rief um Hilfe. Darüber in Wut geraten, schlug ihr B. mit der Faust unter das Kinn und ließ von ihr ab. Unmittelbar darauf wiederholte er seinen Angriff, diesmal auf eine 16jährige, die sich ebenfalls auf dem Heimweg von einer Faschingsfeier befand. Da sich die junge Frau ebenfalls heftig wehrte und schrie, entschloß sich der Angreifer, die Flucht zu ergreifen, nachdem er seinem Opfer mehrerer Schläge ins Gesicht gegeben hatte.

Vor und während einer Betriebsfeier im Ort G. am 26. Oktober 1957 trank B. reichlich Alkohol, ohne jedoch betrunken zu werden, wie später von mehreren Anwesenden be-

Ruth B. um 1956.

zeugt wurde. Anschließend besuchte der Angeklagte noch mit seiner Mutter eine silberne Hochzeitsfeier in G., die beide am frühen Morgen gegen 2.30 Uhr verließen, um sich auf den Heimweg zu begeben. Zu Hause angekommen, entschloß sich Gerhard B., zur Betriebsfeier zurückzukehren. Aufgrund der vorgerückten Zeit, waren gegen 3.30 Uhr nur noch wenige Gäste anwesend, darunter die 31jährige ledige Reichsbahnangestellte Ruth B. aus G., die gerade mit einem Musiker tanzte. Gerhard B. entging nicht, daß die junge Frau angetrunken war, und erhoffte deshalb, sie leichter zum Geschlechtsverkehr bewegen zu können. Eine halbe Stunde später bot B. der jungen Frau an, da er Volkspolizeihelfer sei, sie sicher nach Hause zu bringen, was sie aber energisch ablehnte.

Dieser weitere Mißerfolg verärgerte den Angeklagten, und er hatte nun nur noch den einen Gedanken, den Geschlechtsverkehr mit Ruth B. zu erzwingen. Während Gerhard B. der Frau auf deren Heimweg folgte, beschäftigte ihn der Gedanke, wo sich die Gelegenheit für die Tat ergeben könne. Auch zog er zu diesem Zeitpunkt schon in Erwägung, sie zu töten, falls sie ihm den Verkehr verweigere. Sein Vorgehen bei dem nun folgenden Verbrechen wurde im Urteil des Bezirksgerichts Erfurt im einzelnen festgehalten*: *»In kurzen Sätzen sprang er jetzt auf sie zu und von hinten an, umfaßte mit beiden Händen ihren Hals, drückte mit Gewalt die Kehle zu und zog sie gleichzeitig dabei nach hinten, so daß sie auf dem Erdboden zu liegen kam. Durch den plötzlichen Überfall und das starke Würgen war es der Überfallenen nicht möglich, irgendwelche Abwehrbewegungen zu machen oder um Hilfe zu rufen. Nachdem er die B. zu Boden geworfen hatte, kniete er sich mit dem linken Knie auf deren linken Arm, ohne den Würgegriff mit der linken Hand dabei zu lockern. Mit der rechten Hand faßte er der B. nun unter die Kleidung und versuchte ihr den Schlüpfer auszuziehen. Dabei faßte er mit der Hand auch an das Geschlechtsteil der Geschädigten. Als diese instinktiv die Beine übereinanderschlug, um die Handlungen des Angeklagten abzuwehren, sah der Angeklagte darin die Bestätigung, daß sie ihm den Geschlechtsverkehr verwehren würde. Dies war der Anlaß, seinen gefaßten Beschluß, die B. zu töten, zu verwirklichen. Brutal schlug er jetzt mit der Faust mehrere Male in das Gesicht der unter ihm liegenden Ruth B., so daß diese die Besinnung verlor. Um sie am Schreien zu hindern, […]«* knebelte er sein Opfer und da

* Vgl. Landesarchiv Thüringen – Hauptstaatsarchiv Weimar, Bezirksstaatsanwaltschaft Erfurt Nr. 809.

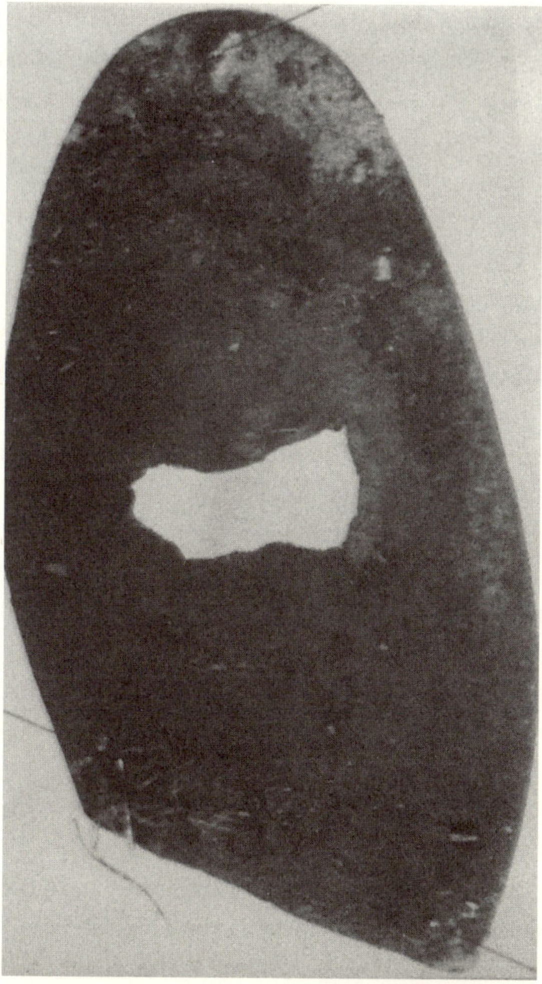

Am Tatort gesicherte rechte Schuhsohle.

die Frau noch Lebenszeichen von sich gab, würgte Gerhard B. sie weiter, trat ihr mehrmals ins Gesicht und erschlug sie schließlich mit einer Zaunlatte. Während der Fußtritte löste sich von seinem Schuh die Sohle, an der später die Spurensicherung der Kriminalpolizei Haarbüschel und Blut der Ermordeten sicherstellte.

Als Gerhard B. feststellte, daß sein Opfer kein Lebenszeichen mehr von sich gab, verlor er das Interesse am Geschlechtsverkehr mit ihr und durchsuchte die Handtasche der jungen Frau. Darin entdeckte der Täter deren Geldbörse und nahm diese an sich. Später vor Gericht befragt, meinte B., sein Opfer sei tot gewesen und brauche nun doch kein Geld mehr. Nach dem Raub des Geldes begab sich der Mörder auf den Heimweg und stellte dabei Überlegungen an, wie er sich nach der Tat verhalten solle. Zu Hause angekommen, versteckte der Täter nun seine blutbeschmierten Kleidungsstücke in der Speisekammer, in der Toilette und unter einem Sofa. Die entleerte Geldbörse, deren Inhalt von ca. 25 DM hatte er vorher entnommen, warf er in die Toilette. Darin hatten sich auch zwei Gehaltsstreifen befunden, die er in den Küchenherd warf, ohne sie zu verbrennen.

Alle diese Beweisstücke wurden noch am Vormittag des 27. Oktober 1957 bei der Durchsuchung seiner Wohnung von der Mordkommission gefunden. Durch Zeugenaussagen und das Verhalten des Gerhard B. waren die Kriminalisten nämlich nur wenige Stunden nach dem grausamen Verbrechen an Ruth B. auf ihn als Mörder aufmerksam geworden.

Nachdem der Täter alle Spuren beseitigt zu haben glaubte, begab er sich an den Tatort zurück, um festzustellen, ob die Leiche inzwischen gefunden worden sei. Wenn dies nicht geschehen sei, so seine Überlegung, sollte die Polizei den von ihm angeblich entdeckten Fundort erfahren und so würde man ihn bestimmt nicht als Täter verdächtigen. Inzwischen hatten Bürger des Ortes G. die Leiche aufgefunden. Als B. am Tatort ankam, fragte er unmittelbar die dort anwesenden Bewohner, was hier passiert sei, es sei wohl ein Mord geschehen und man müsse die Polizei rufen, die von ihm gleich selbst informierte wurde. Durch sein unsicheres und nervöses Auftreten und verschiedene Zeugenaussagen hatte sich bald der Verdacht auf Gerhard B. gerichtet.

Unter der Beweislast legte Gerhard B. nach anfänglichem Zögern noch am Tag des Mordes, dem 27. Oktober 1957, ein umfassendes Geständnis ab, das er während der Hauptverhandlung vor dem Bezirksgericht Erfurt vollständig wiederholte. Ein angefordertes Gutachten enthielt die Aussage, daß Ruth B. von ihrem Mörder vorsätzlich zur Befriedigung seiner Geschlechtslust ums Leben gebracht wurde. Gerhard B. habe sich damit eines Mordes nach § 211 StGB schuldig gemacht. Der Tod sei übrigens durch Erwürgen eingetreten, die anderen Verletzungen seien zwar schwer gewesen, aber für den Tod nicht ursächlich. Der Gutachter stellte die verminderte Zurechnungsfähigkeit des Angeklagten für die Zeit der Tat fest und billigte ihm deshalb von psychiatrischer Seite den § 51, Absatz 2 StGB zu. Der Angeklagte habe sich zur Zeit der Tat in einem erheblichen seelischen Ausnahmezustand befunden, der durch verschiedene Umstände, vor allem einen leichten (bis mittelschweren) Schwachsinn, durch Psychopathie*, durch alkoholische Einwirkung und durch sexuelle Erregung bewirkt wurde. Die Fähigkeit des B., das Unerlaubte der Tat einzusehen oder gemäß der Einsicht zu handeln, sei erheblich vermindert gewesen.

Dieser Einschätzung trat das Gericht einerseits nicht bei, da man der Auffassung war, daß die mangelnden schulischen Kenntnisse nicht auf den leichten Schwachsinn des Angeklagten, sondern auf dessen Charaktereigenschaften und seine Kindheitsentwicklung zurückzuführen seien. Andererseits stimmte man der gutachterlichen Einschätzung zu, bei B. handele es sich um einen gefühlsarmen Men-

* Unter einer Psychopathie versteht man eine schwere Form der antisozialen (dissozialen) Persönlichkeitsstörung.

schen, der einen großen Hang zu Grausamkeit, Brutalität, Jähzorn und Unbeherrschtheit habe.

Der Hauptverhandlung folgte der Angeklagte aufmerksam, stellte den Zeugen selbst Fragen, machte diesen Vorhaltungen, berichtigte manchmal deren Aussagen und gab auf Fragen des Richters, des Staatsanwaltes und seines Verteidigers durchaus folgerichtige beziehungsweise logische Antworten.

Der II. Strafsenat des Bezirksgerichts Erfurt erkannte am 25. Januar 1958 für Recht:

»Der Angeklagte Gerhard B. [...] wird wegen Mordes gemäß § 211 Abs. 3 StGB zu

Lebenslangem Zuchthaus

verurteilt. Ihm werden die bürgerlichen Ehrenrechte auf Lebenszeit aberkannt. Er hat die Auslagen des Verfahrens zu tragen.«

In der Urteilsbegründung hieß es unter anderem:

»In dem Motiv des Angeklagten offenbart sich ein besonders krasser Widerspruch zu den Auffassungen der Werktätigen unserer Republik über die Achtung vor dem Leben des Menschen, über die Achtung gegenüber der Frau, ihrer geschlechtlichen Unantastbarkeit und ihrer freien Willensbestimmung über ihr Geschlechtsleben.

Der Angeklagte sah in der Frau nicht den gleichberechtigten Partner, sondern ein Freiwild zur Befriedigung seiner Geschlechtslust. Er sah in der Frau ein Wesen, das von ihm brutal geschlagen oder sogar vernichtet werden kann, wenn sie sich seinem Willen widersetzt. [...]

Der Angeklagte ist für seine Tat voll verantwortlich. [...] Der Angeklagte hat einen jungen Menschen, ein wertvolles Glied unserer Gesellschaft aus egoistischen Motiven heraus brutal und grausam vernichtet. Er zeigte weder im Ermittlungsverfahren noch in der Hauptverhandlung sicht-

bare Reue über sein abscheuliches Verbrechen – Er erklärte zwar gegenüber dem Senat mehrmals, daß er seine Tat bereue und keine innere Ruhe mehr habe. Im Gegensatz zu diesen Worten stand aber sein Verhalten in der Hauptverhandlung. Selbst bei der Vernehmung seiner Mutter als Zeugin brachte er keine innere Anteilnahme am Leid seiner Mutter zum Ausdruck. [...]«

Den Berufungsantrag von B.s Verteidiger, das Urteil in eine zeitliche Zuchthausstrafe umzuwandeln, wies der 2. Strafsenat das Obersten Gerichts der DDR mit Urteil vom 28. Februar 1958 zurück. Damit wurde es rechtskräftig.

Am 13. März 1958 wurde er von der Untersuchungshaftanstalt Erfurt in die Thüringer Strafvollzugsanstalt Gräfentonna überführt.

Nach über 20 Jahren Haft erließ der Staatsrat der DDR Gerhard B. mit Wirkung vom 1. Dezember 1977 durch Gnadenentscheidung die weitere Verbüßung seiner lebenslänglichen Zuchthausstrafe. Die Aberkennung der staatsbürgerlichen Rechte wurde neu auf die Dauer von fünf Jahren festgelegt. B. verstarb 2009 im Alter von 72 Jahren.

KURT KUMMER – MORD IN ILMENAU

THÜRINGEN, BEZIRK SUHL (1959–1978)

Bei der Durchsetzung dieses Vorhabens griff Kummer zu einem perfiden Mittel. Da er wußte, wie sehr Elfriede an ihrem Sohn H., der inzwischen in die Bundesrepublik Deutschland gegangen war, gelegen war, kam er auf den verwerflichen Gedanken, sie im Betrieb anzurufen und ihr mitzuteilen, daß H. in Westdeutschland verunglückt sei.

Am 20. Oktober 1959 informierte das Volkspolizeikreisamt (VPKA) Ilmenau die Morduntersuchungskommission (MUK) der BDVP Suhl über einen Mord. Am selben Tag hatte der Bürger Paul B. gegen 8.10 Uhr der Kreispolizeibehörde mitgeteilt, daß er an der Haustür seines Schwagers in Ilmenau, des am 1. März 1913 in Stotternheim* geborenen Kurt Kummer, eine Karte gefunden habe, auf deren Rückseite geschrieben stand: *»Wir sind alle beide tot bitte die Polizei verständigen. Kummer«*

Der Schlüsselbund für die Wohnung hing an der Haustür. Die sofort eingeleiteten Ermittlungen führten zu einer Frauenleiche im Keller des Anwesens. Dabei handelte es ich um die am 27. April 1915 in Gehren geborene Ehefrau Elfriede Kummer. Aus der Fundsituation und den Verletzungen der Leiche ergab sich der Verdacht der vorsätzlichen

* Stotternheim ist heute ein Ortsteil von Erfurt.

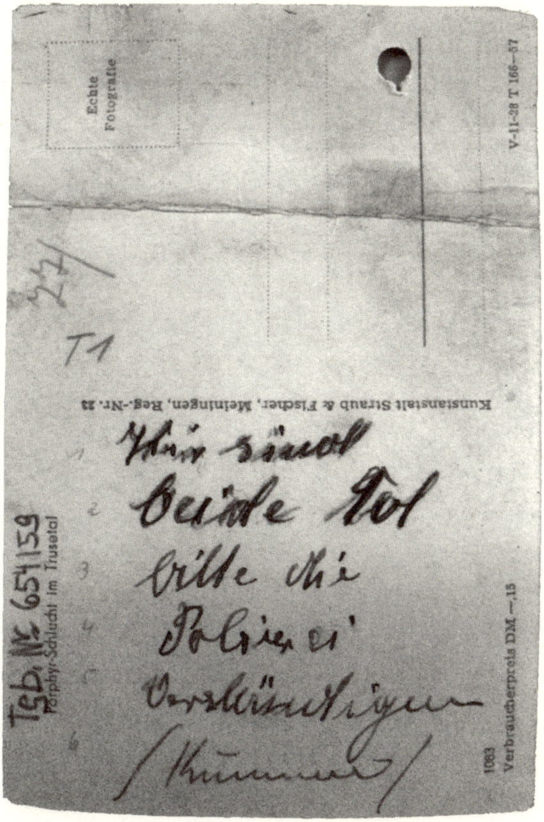

Kurt Kummers Karte an der Haustür.

Tötung. Die Tat wurde offensichtlich am Tag zuvor ausgeführt. Auf dem Körper der Getöteten befand sich ein vom Ehemann Kurt Kummer unterschriebener, an die Polizei gerichteter Abschiedsbrief aus dem hervorging, daß er seine Frau wegen Familienzerwürfnissen getötet habe und beabsichtige selbst den Freitod zu wählen. Die Ermordete war in der Küche getötet und dann von ihrem Mörder aus der ersten Etage in den Keller verbracht worden. Nach dem flüchtigen Arbeiter Kurt Kummer wurde sofort eine Fahndung ausgelöst.

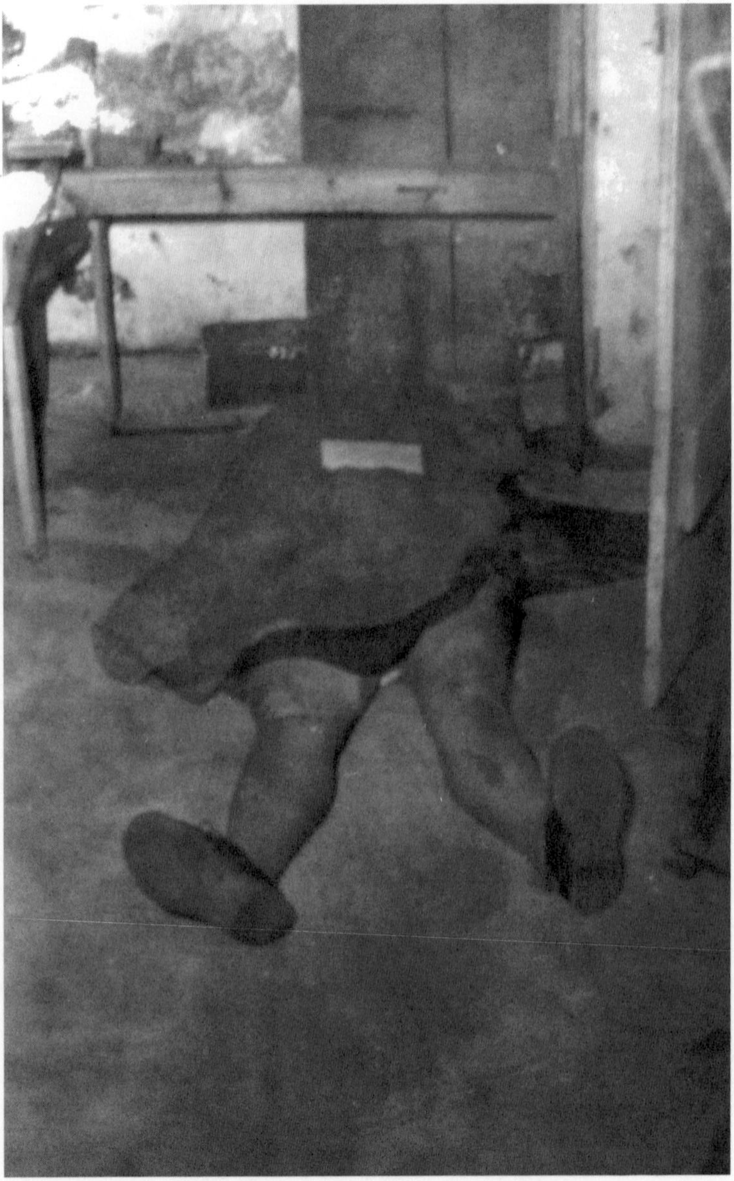

Die im Keller vorgefundene Frauenleiche, in eine Wolldecke eingewickelt. Auf der Decke der Brief an die Kriminalpolizei Ilmenau.

Kurz darauf meldete die Zeitung *Freies Wort* folgendes: »*Mörder gefaßt! Suhl (FW). Wie wir auf der Ilmenauer Kreisseite gestern meldeten, wurde am 19. Oktober die Hausfrau Elfriede Kummer aus Ilmenau von ihrem Ehemann Kurt Kummer ermordet. Der Täter war flüchtig. Gestern Abend erfuhren wir von der Volkspolizei, daß auf Grund der Mithilfe der Bevölkerung Kurt Kummer am 21.10.1959, gegen 18 Uhr, in den Wäldern um Ilmenau gefaßt worden ist.*«

Umgehend erfolgte seine Überführung in die Untersuchungshaftanstalt Meiningen. Die staatsanwaltschaftlichen Voruntersuchungen und die öffentliche Sitzung des 2. Strafsenats des Bezirksgerichts Suhl in Meinigen am 23., 24. und 26. Februar 1960 brachten Licht ins Dunkel des Verbrechens an Elfriede Kummer. Kurt Kummer, dessen Vater 1915 im ersten Weltkrieg gefallen war, entstammte einer Landarbeiterfamilie. Von 1919 bis 1927 besuchte er die Volksschule in Langewiesen. Eine Lehre als Apparatebläser mußte der junge Mann abbrechen, da in dieser Zeit seine Mutter verstarb und der weitere Broterwerb nun in seiner eigenen Hand lag. Es folgten Tätigkeiten in verschiedenen Betrieben.

Im August 1934 ehelichte er die etwa zwei Jahre jüngere Elfriede. In den folgenden Jahren brachte sie vier Kinder, zwei Mädchen und zwei Jungen zur Welt. Ab August 1939 diente der Familienvater nach seiner Einberufung und militärischen Ausbildung in der Wehrmacht zunächst an der Westfront. Das Ende des Krieges erlebte Kummer in Norwegen, wo er im Frühjahr 1945 interniert, aber noch Ende des Jahres in die Heimat entlassen wurde.

Während seiner Militärzeit im Jahr 1941 erfolgte die Scheidung von seiner Frau. Der Angeklagte behauptete, Elfriede habe wiederholt Ehebruch begangen. 1942 wurde die

Ehe ein zweites Mal geschlossen. 1943 reichte Kurt abermals die Scheidung ein, nachdem ihm zugetragen worden war, seine Frau hätte angeblich wiederum Beziehungen zu anderen Männern unterhalten. 1946 erfolgte die zweite Ehescheidung von Elfriede. Kummer war inzwischen nach Erfurt verzogen, wo er im selben Jahr seine verwitwete Cousine Irmgard H. heiratete. Nachdem aus dieser Ehe bereits drei Mädchen hervorgegangen waren, verstarb die Frau 1953 bei der Geburt ihres vierten Kindes.

1954 ging er, angeblich auf Wunsch seiner Kinder aus erster Ehe, das dritte Ehebündnis mit Elfriede ein und holte sie nach Erfurt. In der Folgezeit wechselte der unbeständige, labile und zu cholerischen *»Ausfällen«* neigende Mann wiederholt die Arbeitsstellen. 1957 kehrte die Familie nach Ilmenau zurück, wo er zuletzt eine Tätigkeit als Kraftfahrer ausübte. Während der gesamten Ehezeit kam es zwischen den Partnern immer wieder zu schweren verbalen aber auch tätlichen Übergriffen des Mannes. Vor allem machte er ihr immer wieder Vorhaltungen wegen ihrer angeblichen *»Fehltritte«* in der Vergangenheit. Da der Ehemann die Kinder, wie das Gericht später urteilen sollte, *»unangemessen schlecht behandelte«*, entstanden permanent familiäre Spannungen. Oft jagte Kurt Kummer seine Frau und die Kinder aus dem Haus, so daß sich diese wiederholt in einem unbeheizten Kämmerchen außerhalb der Wohnung aufhalten mußten. Zwar war der Mann bestrebt, nach jeder Auseinandersetzung seine Frau zurückzuholen, versuchte es *»im Guten«* aber scheute auch nicht vor Drohungen zurück. So schickte er ihr einige Jahre vor seiner Tat einen Brief, auf welchen Kummer zwei Dolche abbildete und dazu schrieb: *»Das hat Gott für uns bestimmt.«*

Schon damals drohte er damit, sie und sich selbst zu töten. Nach dem Umzug aus Erfurt erklärte der Mann seiner

Gattin beim Einzug in das Ilmenauer Haus: *»Hier bleibst du und hier verreckst du!«*

Bei einer weiteren Auseinandersetzung zwischen den Eheleuten Ende September 1959 schrie der Angeklagte seine Frau an: *»Mach das du verschwindest du Vieh ...«*, worauf ihm Elfriede erklärte, dies brauche er nicht zweimal sagen. Die Frau ergriff eilig einige Kleidungsstücke, verließ das Haus und begab sich zu ihrer Schwester nach Gehren, wo sie in der Folgezeit eine Arbeit in der Firma Mittelbach in Langewiesen aufnahm.

Nach einiger Zeit erfaßte den Angeklagten, wie so oft in der Vergangenheit, der Gedanke, seine Frau zurückzuholen, da ihn die Haushaltsaufgaben neben der beruflichen Tätigkeit überforderten. Bei der Durchsetzung dieses Vorhabens griff Kummer zu einem perfiden Mittel. Da er wußte, wie sehr Elfriede an ihrem Sohn H., der inzwischen in die Bundesrepublik Deutschland gegangen war, gelegen war, verfiel er dem Gedanken, sie im Betrieb anzurufen und ihr mitzuteilen, daß H. in Westdeutschland verunglückt sei. Er habe, so ließ der Mann am 19. Oktober 1959 seine Frau wissen, ein entsprechendes Telegramm erhalten, und wenn sie es haben wollte, möge sie es bei ihm abholen. Als Elfriede gegen 11.30 Uhr weinend in der gemeinsamen Wohnung angekommen war und das Telegramm sehen wollte, verkündete Kurt Kummer: *»Glaubst du wirklich an ein Telegramm?«* Worauf sie antwortete: *»Ich wußte ja, daß du mich belogen hast!«*

Kummer forderte nun seine Frau auf, zu ihm zurückzukehren. Da sie dazu keinerlei Bereitschaft zeigte und die Eheleute sich auch in dieser Situation gegenseitig Vorwürfe über ihre unehelichen Kinder unterbreiteten, nahm die Unterhaltung einen immer aggressiveren Verlauf. Kurt Kummer geriet in Wut, ergriff eine auf dem Küchentisch stehen-

Blick in die Küche. Der dunkle Fleck auf der Tischdecke zeigt, daß hier Milch verschüttet wurde. Rechts daneben liegt der zum Mord verwendete Schlüsselbund.

de halbvolle Milchflasche und schlug diese zweimal an Elfriedes rechte Schläfe, die dadurch blutend auf das dort befindliche Sofa sank.

Nach der Aussage des Täters habe sie geröchelt, einen Arm bewegt und versucht, wieder aufzustehen. Kummers Wut nahm zu. Er ergriff einen auf dem Küchenschrank liegenden Schlüssel, legte ihn in seiner Hand zurecht, so daß das Schlüsselohr aus der Hand herausragte und schlug damit seiner wehrlosen Frau über die rechte Augenbraue sowie auf die Stirnmitte, wodurch zwei blutende Wunden entstanden.

»Nach diesen brutalen Handlungen«, so stellte das Gericht in der öffentlichen Gerichtssitzung nach der Beweisaufnahme im Gerichtsurteil fest, *»stand der Angeklagte kurze Zeit sinnend vor seiner schwer verletzten Frau. In diesem Moment, in dem bei jedem Menschen ein Gefühl des*

Mitleids mit dem hilflosen Opfer aufgetreten wäre, erfaßte den Angeklagten ein grenzenloser Haß gegen seine Frau und ihre Kinder [...]« und er habe daher den Entschluß gefaßt, seine Frau zu töten. *»Er nahm zwei Taschentücher und entfernte das Blut aus dem Gesicht seiner Frau. Die blutgetränkten Tücher steckte er in die Feuerung des Küchenherdes. Danach entnahm er einem Schubfach des Küchenschrankes einen Strick, etwa einer Gardinenschnur ähnlich [...] legte die Schnur um den Hals zu einer Schleife und zog so lange zu, bis ›es nicht mehr ging‹, bis er ›nicht mehr konnte‹, wie er sich selbst ausdrückte. Bei dieser Handlung beobachtete er seine Frau und da er bemerkte, daß noch Leben in ihr steckte, umfaßte er mit beiden Händen ihren Hals, drückte mit den Daumen auf den Kehlkopf, bis seine Frau kein Lebenszeichen mehr von sich gab.«*

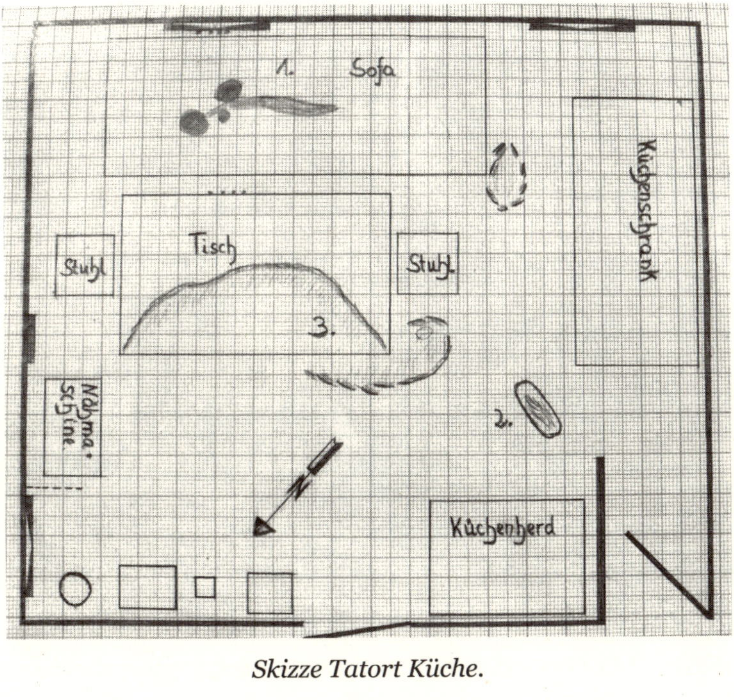

Skizze Tatort Küche.

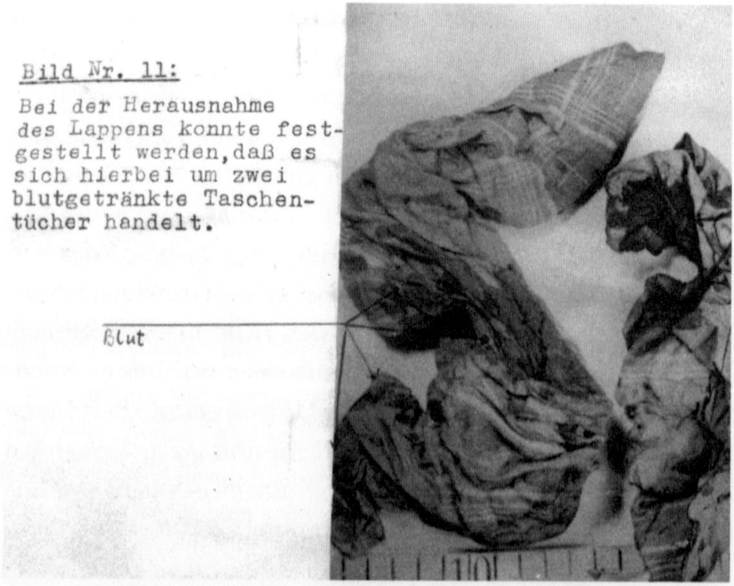

Die im Herd vorgefundenen Taschentücher.

Der zum Mord verwendete Strick mit zahlreichen Blutspuren.

Das Verbrechen beging Kurt Kummer gegen 16 Uhr. Die Leiche verbrachte er eingewickelt in eine Sofadecke anschließend in den Keller des Hauses.

Nach Beseitigung einiger Spuren seines Verbrechens, verfaßte der Täter verschiedene Schriftstücke, unter anderem einen Brief an die *»Kriminalbehörde«* Ilmenau, den er auf der Leiche im Keller plazierte. Später begab sich Kurt Kummer zum Schuppen und wollte, wie er behauptete, sich erhängen. Angeblich habe eine in der Nähe befindliche Person ihn dabei gestört, sein Vorhaben auszuführen. Daher sei er ins Haus zurückgegangen. Dort versorgte der Mann sich mit Lebensmitteln, einigen Getränken, steckte ein Messer sowie zwei Stricke ein und verließ gegen 19 Uhr das Anwesen. In den folgenden zwei Tagen und Nächten konnte

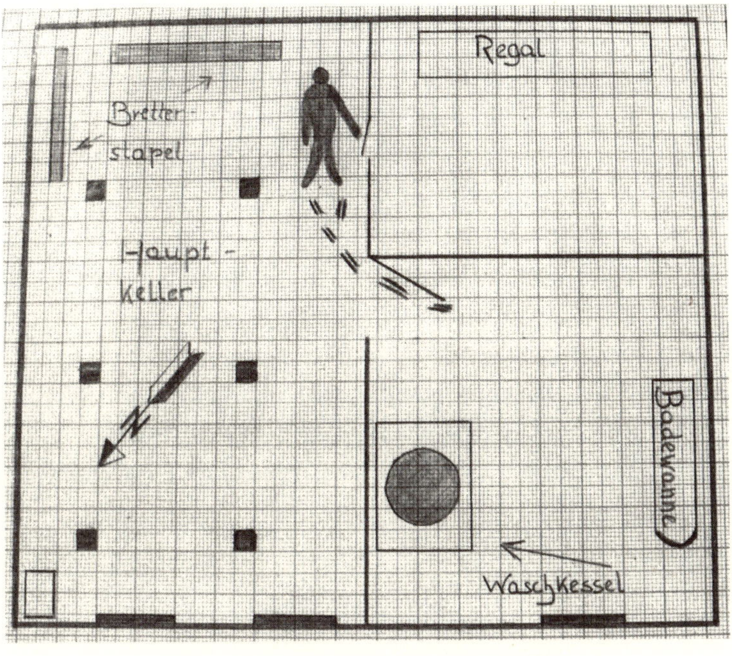

Skizze Fundort der Leiche im Keller.

sich der Täter nicht dazu entscheiden, seinem Leben ein Ende zu setzen.

Am Nachmittag des 21. Oktober 1959 stellte ihn die Polizei, nachdem er bei der Flucht mit einem Fahrrad gestürzt war.

Durch die Einlassungen des Angeklagten in der Voruntersuchung, die Zeugenaussagen und im Prozeß aufgeführten Beweismittel, wie zum Beispiel seine am Tatort hinterlassenen Aufzeichnungen und die verwendeten Mordwerkzeuge, konnte es das Gericht als erwiesen ansehen, daß Kummer seine 44 Jahre alte Ehefrau Elfriede vorsätzlich getötet hatte.

Nach einem Gutachten des Bezirkskrankenhauses für Psychiatrie und Neurologie in Hildburghausen vom 24. Dezember 1959 war der Angeklagte zum Zeitpunkt der Tat weder geisteskrank noch geistesschwach. Er habe sich auch nicht in einem Zustand krankhafter Störung der Geistestätigkeit befunden, sondern sei vielmehr als voll zurechnungsfähig und für seine Tat verantwortlich zu betrachten, weshalb die Anwendung des § 51 StGB nicht in Betracht kam.

Das Gericht verurteilte Kurt Kummer am 26. Februar 1960 wegen Mordes gemäß § 211 StGB zu lebenslangem Zuchthaus.

Der verurteilte Mörder verbüßte seine Haftstrafe in den Strafvollzugsanstalten Untermaßfeld, Brandenburg und Berlin-Rummelsburg, bis zu seiner Begnadigung durch den Vorsitzenden des Staatsrates der DDR, Erich Honecker, mit Wirkung vom 1. September 1978. Damit betrug seine Haftzeit fast 19 Jahre.

EIN SÜDTHÜRINGISCHES EIFERSUCHTSDRAMA

THÜRINGEN, BEZIRK GERA (1960)

Ich habe meine Frau so gern,
ich bin so eifersüchtig.

Ein Lautsprecherwagen des Volkspolizeikreisamtes Lobenstein fuhr langsam durch den südthüringischen Ort und blieb immer wieder stehen. Aus dem Wartburg 311* war zu vernehmen *»Achtung! Mord! Von der Volkspolizei wird der Eisenbahner Manfred G., 28 Jahre alt, wohnhaft gewesen in D. wegen Mordes gesucht. Der Täter ist seit den Morgenstunden des 22.4.1960 flüchtig. Beschreibung: ca. 1,70 m groß, schlanke Gestalt, schwarzes, nach hinten gekämmtes Haar, linkes Fußgelenk steif. Bekleidung: weißen langärmeligen Pullover, dunkle, lange Hose, braune Halbschuhe. Die Volkspolizei ruft die Bevölkerung auf, die Fahndung nach dem Täter zu unterstützen! Wer hat den Täter gesehen? Wer kann Angaben über seinen vermutlichen Aufenthalt machen? Wo wurde Kleidung entwendet? Auf aufgebrochene Schuppen, Scheunen und ähnliches, die auf den Aufenthalt einer Person schließen lassen, ist besonders zu achten. Zweckdienliche Hinweise, die zur Ergreifung des Täters führen können, nimmt die Kriminalpolizei Lobenstein und jede andere Volkspolizei-Dienststelle ent-*

---

* Der Wartburg 311 wurde im Automobilwerk Eisenach von 1955 bis 1965 hergestellt. Seit 1959 wurde er von der Polizei eingesetzt.

gegen. Auf Wunsch werden gegebene Hinweise vertraulich behandelt!«

Einige Stunden zuvor, am 22. April 1960, gegen 17 Uhr, hatte Minna V. ihre 26jährige Schwiegertochter Regina G. im Bett ihres Schlafzimmers erwürgt aufgefunden und die Tat sofort bei der Polizei angezeigt.

Gegen 21.15 Uhr traf die MUK der BDVP Gera am Tatort ein, die sofort die Fahndung nach dem Täter auslöste.

Außer der weiblichen Leiche wurden am Tatort keine Spuren vorgefunden. Die Tatortuntersuchung endete am 23.4. gegen 4.30 Uhr. Inzwischen waren auch die Fährtenhunde »Anka« und »Celli« eingetroffen.

Noch am Abend des 22. April begannen die Zeugenvernehmungen. Minna V. wurde darüber belehrt, daß sie auf Grund des Aussageverweigerungsrechtes keine Angaben machen müsse, da der Beschuldigte Manfred G. ihr Sohn sei. Die 52jährige Frau gab zu Protokoll, sie wolle davon keinen Gebrauch machen und die Wahrheit sagen.

Ihr unehelich geborener Sohn habe ihr nie Anlaß zu Klagen gegeben und keine Erziehungsschwierigkeiten bereitet. Vor sieben Jahren heiratete er Regina. Aus der Ehe gingen zwei Kinder hervor, die 1953 und 1954 das Licht der Welt erblickten. Ihr Sohn lebte mit Regina, wie sie ausführte, *»gut zusammen und man kann sagen, daß sie ein Herz und eine Seele waren. Dieses ging ungefähr bis vor einem Jahr so. Ich habe dann feststellen müssen, daß mein Sohn auf seine Frau sehr eifersüchtig war, was immer schlimmer wurde. Den Grund kann ich nicht sagen. Auf Grund dessen gab es dann laufend Auseinandersetzungen. [...]. Es muß im Februar gewesen sein, als mein Sohn mit seiner Frau und zwei Bekannten zu einer Tanzveranstaltung ging und danach ist seine Frau ausgerissen nach T. zu Bekannten. Was sich hier nun zugetragen hatte, weiß ich nicht. Nach*

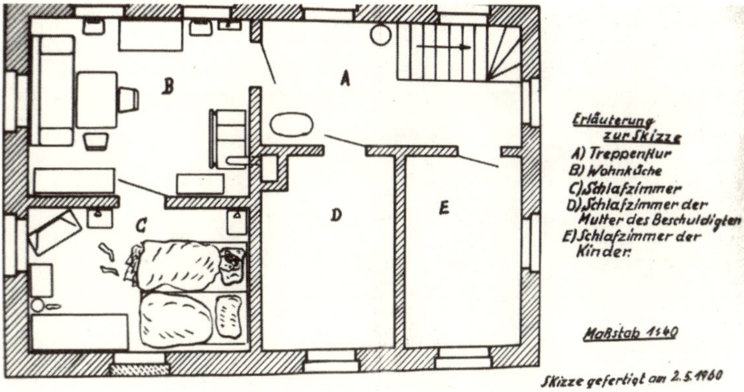

Skizze der Wohnung mit Tatort.

zwei Tagen war seine Frau wieder da. Seit Ostersonnabend weilt bei uns im Haus der Sohn von meinem Stiefbruder aus Westdeutschland zu Besuch. Ich habe festgestellt, daß mein Sohn und seine Frau mit diesem zu Tanz waren. Was sich hierbei im einzelnen zugetragen hat, kann ich nicht sagen. Ich habe aber feststellen müssen, daß sich seit Ostersonnabend die Auseinandersetzungen zwischen meinem Sohn und seiner Frau noch verstärkt haben. [...] Am heutigen Tage gegen 5 Uhr bin ich aufgestanden und als ich in die Küche kam, stand mein Sohn dort. [...] Mein Sohn sagte: ›Ich habe meine Frau so gern, ich bin so eifersüchtig.‹«

Noch während der laufenden Zeugenvernehmungen wurde Manfred G. am 23. April 1960, gegen sechs Uhr, von einer Suchgruppe beim Durchkämmen eines Waldgebietes namens »Sauberg« an einer sechs Meter hohen Fichte erhängt aufgefunden.

Die weiteren Ermittlungen gegen den Eisenbahner wegen Totschlages nach § 212 StGB ergaben, daß es seit ca. einem Jahr zu verstärkten Differenzen zwischen den Ehepartnern kam, die auf unbegründete Eifersucht des Ehemannes zu-

Auffindung des erhängten Manfred G.

rückzuführen waren. In immer kürzeren Abständen fanden heftiger werdende Eifersuchtsszenen zwischen dem Paar statt, wobei es beiderseits zu Tätlichkeiten kam.

Ab dem 19. April 1960, im Zusammenhang mit dem männlichen Besuch aus der BRD und von zwei gemeinsamen Tanzvergnügen, spitzten sich die Auseinandersetzungen zwischen den Eheleuten zu, wobei Manfred G. seiner Frau vorwarf, sie hätte Zärtlichkeiten eines anderen Mannes während eines Tanzes und danach geduldet. Jedoch

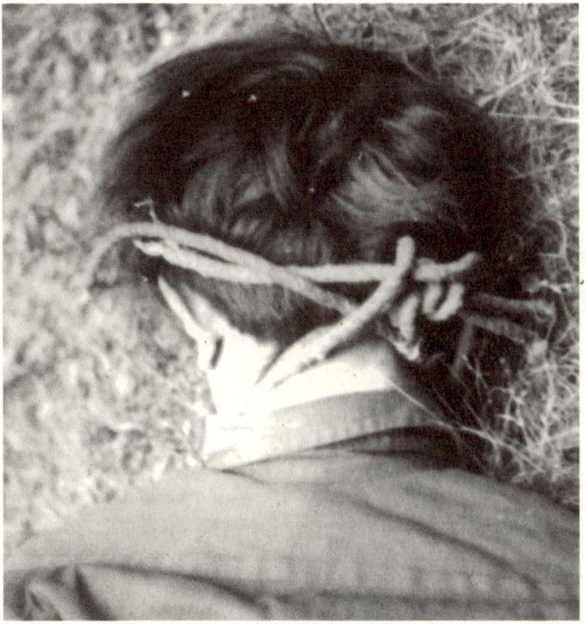

Verknotung des Seils, mit dem sich Manfred G. erhängte.

entsprachen diesbezügliche Vorwürfe nicht der Wirklichkeit.

Die gerichtsmedizinische Untersuchung der Leiche und des Tatortes ergab, daß der Tod der Regina G. in den frühen Morgenstunden des 22. April 1960 durch Erwürgen eingetreten war. Zur Tatzeit, so stellte die MUK im Schlußbericht fest, befanden sich nachweislich nur Manfred und Regina G. in ihrer Wohnung. Der Täter habe vorsätzlich seine Ehefrau aus Gründen der Eifersucht erwürgt. Es liege demnach Totschlag gemäß § 212 StGB vor. Von den Tatbeständen des Mordes gemäß § 211 StGB sei hier keiner zutreffend. Nach der Tat habe sich Manfred G. durch Erhängen selbst getötet und könne daher nicht zur Rechenschaft gezogen werden. Man schlage deshalb vor, das Verfahren durch den Staatsanwalt einstellen zu lassen. Dies geschah am 8. Juli 1960.

QUELLEN- UND LITERATURVERZEICHNIS

Der Würger von Schmiedehausen; Sachsen-Meiningen (1915–1919)

Landeszeitung für Schwarzburg-Rudolstadt und angrenzende Gebiete 1919

Rudolstädter Zeitung 1919

Der perfide Doppelmord in Rabis; Sachsen-Altenburg, Thüringen (1918–1944)

Christine Biedermann: Chronik zu Rabis, Teil 1, 2016 und Teil 2, 2017

Landesarchiv Thüringen – Staatsarchiv Altenburg, Landratsamt Roda Nr. 889

Landesarchiv Thüringen – Hauptstaatsarchiv Weimar, Thüringisches Oberlandesgericht Jena Nr. 2025

Landesarchiv Thüringen – Staatsarchiv Altenburg, Landesfachkrankenhaus für Psychiatrie und Neurologie Stadtroda Nr. 3997

Geraisches Tageblatt – Unabhängige Zeitung und Anzeiger für Ostthüringen 1918

Geraer Zeitung 1918

Jenaer Volksblatt 1918

Jenaische Zeitung 1918

Stadtarchiv Apolda, Geburtseintrag Standesamt Ulrichshalben Nr. 12/1882

Auskunft des Arolsen Archives, International Center on Nazi Persecution

Albert Kellner – das Schicksal eines zum Tode verurteilten Zweifachmörders; Sachsen-Meiningen, Thüringen (1918–1940)

Landeszeitung für die Fürstentümer Schwarzburg 1918

Rudolstädter Zeitung 1918

Saalfelder Kreisblatt 1918

Kreisarchiv Nordhausen, Standesamt Niedersachswerfen, Geburt Nr. 11/1886

LWL-Archivamt für Westfalen, Bestand 656, Patientenakte Albert Kellner

Herbert Breitrück: Preilipper Chronik, 1999, Stadtarchiv Rudolstadt S/Bab

Manja Rabenau: Der Doppelmord in den Wäldern bei Preilipp im Kriegsjahr 1918. In: Rudolstädter Heimathefte, 65. Jg. (2019) Heft 5/6 (Mai/Juni), Herausgeber: Landkreis Saalfeld-Rudolstadt, Presse und Kulturamt, S. 134 ff.

Der Revierjägertotschlag auf dem Rathsfeld bei Frankenhausen; Schwarzburg-Rudolstadt, Thüringen (1918–1926)

Landesarchiv Thüringen – Thüringisches Staatsarchiv Rudolstadt, Thüringische Staatsanwaltschaft beim Landgericht Rudolstadt Nr. 149

Rudolstädter Zeitung 1918

Frankenhäuser Zeitung 1918

Saalfelder Doppelmord – ein Mord mit Kollateralschaden; Sachsen-Meiningen, Thüringen (1919–1945)

Saalfelder Volksblatt 1919

Rudolstädter Zeitung 1919

Landeszeitung Rudolstadt 1919

Landesarchiv Thüringen – Thüringisches Staatsarchiv Rudolstadt, Thüringische Staatsanwaltschaft beim Landgericht Rudolstadt Nr. 152
Auskünfte des Arolsen Archives, International Center on Nazi Persecution

Ungesühnte Geraer Mordopfer; Volksstaat Reuß, Thüringen (1920–1943)
Stadtarchiv Gera, Gemeindevorstand Langenberg III D/1 279
Landeszeitung für Schwarzburg-Rudolstadt und angrenzende Gebiete 1920

Ein Kriminalpolizeiinspektor als Mörder; Exkurs Hessen (1921–1924)
Hessisches Staatarchiv Darmstadt, G 30 Butzbach Nr. 2 (Buchstabe W) und Nr. 3 (Buchstabe H)
Darmstädter Tageblatt 1923
Darmstädter Zeitung 1924
Auskünfte des Arolsen Archives, International Center on Nazi Persecution

Die Großgölitzer Mordprozesse; Thüringen (1925–1944)
Landesarchiv Thüringen – Thüringisches Staatsarchiv Rudolstadt, Thüringische Staatsanwaltschaft beim Landgericht Rudolstadt Nr. 163 und 164
Landeszeitung für Schwarzburg-Rudolstadt 1925 und 1928
Auskünfte des Arolsen Archives, International Center on Nazi Persecution

Der Strafbarkeit entzogen; Thüringen (1926)

Landesarchiv Thüringen – Staatsarchiv Rudolstadt, Thüringische Staatsanwaltschaft beim Landgericht Rudolstadt Nr. 166

Landeszeitung für Schwarzburg-Rudolstadt und angrenzende Gebiete – Allgemeiner Anzeiger für Thüringen 1926

Saalfelder Zeitung 1926

Strangulation wegen vorgetäuschter Schwangerschaft; Thüringen (1927–1946)

Landesarchiv Thüringen – Staatsarchiv Meiningen, Staatsanwaltschaft beim Landgericht Meiningen Nr. 71

Thüringer Allgemeine Zeitung 1927

Damit der Tod sie vereint; Thüringen (1927–1934)

Landesarchiv Thüringen – Thüringisches Staatsarchiv Rudolstadt, Thüringische Staatsanwaltschaft beim Landgericht Rudolstadt Nr. 672

Saalfelder Kreisblatt 1927

Landeszeitung für Stadt und Kreis Rudolstadt und angrenzende Gebiete – Allgemeiner Anzeiger und Tageblatt 1927

Seine Abhängigkeit von der jungen Frau wurde ihm zum Verhängnis; Thüringen (1928–1944)

Landesarchiv Thüringen – Staatsarchiv Rudolstadt, Thüringische Staatsanwaltschaft beim Landgericht Rudolstadt Nr. 180

Landeszeitung Rudolstadt 1929
Rudolstädter Zeitung 1929
Auskunft des Arolsen Archives, International Center on Nazi Persecution

Vom mutmaßlichen Justizirrtum zum mutmaßlichen Justizmord; Exkurs Hessen, Thüringen (1930–1944)

Hessisches Staatsarchiv Marburg, Bestand 251 Wehlheiden Nr. 1391

Der grauenhafte Massenmord in Jena; Thüringen (1932)

Landeszeitung für Stadt und Kreis Rudolstadt und angrenzende Gebiete – Allgemeiner Anzeiger und Tageblatt 1932
Landesarchiv Thüringen – Thüringisches Staatsarchiv Rudolstadt, Ministerium Rudolstadt, Abteilung Justiz Nr. 8033, 8034
Landesarchiv Thüringen – Thüringisches Hauptstaatsarchiv Weimar, Thüringisches Oberlandesgericht Jena Nr. 867
Einwohnerbuch der Städte Rudolstadt und Bad Blankenburg 1930

Zum Abschied einen Strick und ein Heidesträußchen; Thüringen (1946)

Landesarchiv Thüringen – Staatsarchiv Rudolstadt, Bezirksbehörde der Deutschen Volkspolizei Nr. 445

Der Raubmörder Harry R.;
Thüringen, Bezirk Gera (1952–1962)

Landesarchiv Thüringen – Staatsarchiv Rudolstadt, Bezirksbehörde der Deutschen Volkspolizei Gera Nr. 459

Landesarchiv Thüringen – Staatsarchiv Rudolstadt, Staatsanwaltschaft des Bezirkes Gera Nr. 1067

Das Volk, Ausgabe Gera 1952

Zweifacher Mord im Wahn;
Thüringen, Bezirk Suhl (1955–1984)

Landesarchiv Thüringen – Staatsarchiv Meiningen, Bezirksstaatsanwaltschaft Suhl Nr. 28 und 30

Mord zur Befriedigung der Geschlechtslust;
Thüringen, Bezirk Erfurt (1957–1977)

Landesarchiv Thüringen – Hauptstaatsarchiv Weimar, Bezirksstaatsanwaltschaft Erfurt Nr. 809

Das Volk, Ausgabe Erfurt 1958

Kurt Kummer – Mord in Ilmenau
Thüringen, Bezirk Suhl (1959–1978)

Freies Wort 1959

Landesarchiv Thüringen – Staatsarchiv Meiningen, Bezirksstaatsanwaltschaft Suhl Nr. 87–89

Ein südthüringisches Eifersuchtsdrama
Thüringen, Bezirk Gera (1960)

Landesarchiv Thüringen – Staatsarchiv Rudolstadt, Bezirksbehörde der Deutschen Volkspolizei Gera Nr. 434

ABBILDUNGSNACHWEIS

Foto auf dem Bucheinband: Kunstpostkarte um 1910, Sammlung Verlag Kirchschlager, Arnstadt.
S. 7: Foto A. Kranert.
S. 25: »Rudolstädter Zeitung« vom 25. Mai 1919.
S. 29, 31: Christine Biedermann: Chronik zu Rabis, Teil 1 »Das Wachsen und Werden von Rabis«, Rabis, Juli 2016.
S. 37–41: Landesarchiv Thüringen – Staatsarchiv Altenburg, Landesfachkrankenhaus für Psychiatrie und Neurologie Nr. 3997.
S. 46, 47: Arolsen Archives, International Center on Nazi Persecution.
S. 50: Foto Frank Esche.
S. 55: »Landeszeitung für die Fürstentümer Schwarzburg« vom 28.2.1918.
S. 56: Bildersammlung Stadtarchiv Rudolstadt.
S. 67, 69: LWL-Archivamt für Westfalen, Bestand 656, Patientenakte Albert Kellner.
S. 70: Foto Frank Esche.
S. 73: Sammlung Regionalmuseum Bad Frankenhausen.
S. 74: Schloßmuseum Sondershausen.
S. 75: »Frankenhäuser Zeitung« vom 27.7.1918.
S. 76: »Frankenhäuser Zeitung« vom 29.7.1918.
S. 77–79, 82: Landesarchiv Thüringen – Staatsarchiv Rudolstadt, Staatsanwaltschaft beim Thüringischen Landgericht Rudolstadt Nr. 149.
S. 87: Sammlung Frank Esche.
S. 89: »Saalfelder Volksblatt« vom 15.5.1919.

S. 93–95, 97: Landesarchiv Thüringen – Staatsarchiv Rudolstadt, Staatsanwaltschaft beim Thüringischen Landgericht Rudolstadt Nr. 152.
S. 98: »Landeszeitung Rudolstadt« vom 15.11.1919.
S. 100, 101: Arolsen Archives, International Center on Nazi Persecution.
S. 104: Stadtarchiv Gera A 1597.
S. 106: Stadtarchiv Gera A 2762.
S. 107–109: Stadtarchiv Gera, Gemeindevorstand Langenberg III D/1 279.
S. 111: Foto Christel Gäbler.
S. 121, 122, 124, 128, 129, 132, 134: Landesarchiv Thüringen – Staatsarchiv Rudolstadt, Staatsanwaltschaft beim Thüringischen Landgericht Rudolstadt Nr. 163 und 164.
S. 136–139: Arolsen Archives, International Center on Nazi Persecution.
S. 141–143, 145–147: Landesarchiv Thüringen – Staatsarchiv Rudolstadt, Staatsanwaltschaft beim Thüringischen Landgericht Rudolstadt Nr. 166.
S. 149, 151–153, 159: Landesarchiv Thüringen – Staatsarchiv Meiningen, Staatsanwaltschaft beim Landgericht Meiningen Nr. 71.
S. 161, 163: Landesarchiv Thüringen – Staatsarchiv Rudolstadt, Staatsanwaltschaft beim Thüringischen Landgericht Rudolstadt Nr. 212.
S. 172, 175, 177, 178, 182: Landesarchiv Thüringen – Staatsarchiv Rudolstadt, Staatsanwaltschaft beim Thüringischen Landgericht Rudolstadt Nr. 180.
S. 184: Arolsen Archives, International Center on Nazi Persecution.
S. 197, 198, 202: Hessisches Staatsarchiv Marburg, Bestand 251 Wehlheiden Nr. 1391.

S. 206, 208, 212: Landesarchiv Thüringen – Thüringisches Hauptstaatsarchiv Weimar, Thüringisches Oberlandesgericht Jena Nr. 867.
S. 214–216: Landesarchiv Thüringen – Thüringisches Staatsarchiv Rudolstadt, Bezirksbehörde der Deutschen Volkspolizei Nr. 445.
S. 219, 221, 223, 224: Landesarchiv Thüringen – Thüringisches Staatsarchiv Rudolstadt, Bezirksbehörde der Deutschen Volkspolizei Nr. 459.
S. 230–239: Landesarchiv Thüringen – Staatsarchiv Meiningen, Bezirksstaatsanwaltschaft Suhl Nr. 28 und 30.
S. 247, 249: Landesarchiv Thüringen – Hauptstaatsarchiv Weimar, Bezirksstaatsanwaltschaft Erfurt Nr. 809.
S. 255, 256, 260–263: Landesarchiv Thüringen – Staatsarchiv Meiningen, Bezirksstaatsanwaltschaft Suhl Nr. 87.
S. 267–269: Landesarchiv Thüringen – Staatsarchiv Rudolstadt, Bezirksbehörde der Deutschen Volkspolizei Gera Nr. 434

IMPRESSUM

Alte Rechtschreibung
2. Auflage Arnstadt 2026

Layout und Satz: Ute Schmidt, Geraberg
Umschlaggestaltung: Ute Schmidt, Geraberg,
Michael Kirchschlager, Arnstadt
Druck und Bindung: PBtisk s. r. o., Příbram

ISBN 978-3-934277-77-9